albanien

europas neue top-destination für individualisten

hobo-team.de – Martina Kaspar & Günther Holzmann GbR
4. komplett aktualisierte und erweiterte Auflage 2018

Baumgarten 18a
83236 Übersee am Chiemsee
Deutschland

Texte, Recherche, Bilder:
Martina Kaspar

Layout, Bilder, Gesamtgestaltung:
Günther Holzmann

Quelle Karten:
OSM; Freytag-Berndt und Artaria KG

Druck: PrintHouseDB.com

Die reisetechnischen Informationen zu diesem Reiseführer stammen grundsätzlich aus eigenen Erfahrungen. Geschichtshistorische Daten, Fakten zu Flora und Fauna, Politik, Wirtschaft und Kultur sowie die Hintergrundinformationen zu den Exkursen wurden sowohl im Internet, wie auch in repräsentativer Lektüre eingehend ermittelt. Hierbei dienten als Quellen die offiziellen Angaben des albanischen Tourismusverbandes, die Internetseiten der Städte, Kommunen und öffentlichen Organisationen, Wikipedia und deren Einzelnachweise, als auch die Literatur renommierter, internationaler Fachautoren. Alle Informationen wurden sorgfältig recherchiert und auch mehrfach überprüft. Dennoch weisen wir im Rahmen des Produkthaftungsgesetzes darauf hin, dass für die sachlichen und inhaltlichen Angaben keinerlei Haftung, Garantie und Verantwortung übernommen werden können.

Wir freuen uns über die Meinung unserer Leser! Sämtliche Anregungen, Verbesserungsvorschläge, Infos, Kritik und Kommentare erbitten wir per E-Mail an: **info@hobo-team.de**

Die beiden Autoren und Herausgeber des Reiseführers bereisen seit 2011 Albanien sehr intensiv, daraus ist 2013 die erste Auflage dieses Reisehandbuches entstanden. Um den vorliegenden Albanien-Reiseführer aktuell zu halten, werden die Routen im Zuge ihrer häufigen Tourenaktivitäten immer wieder überprüft und ergänzt.

Titelbild: Bürgermeistermutter in Shulbatër
ISBN: 978-3-98-19273-9-9

Cover hinten: Herren-Friseur in Gjirokastër,
4-sitzer-Moped bei Butrint,
Reiter im Osum-Canyon (Titelbild der 3. Auflage)

weitere Informationen

BR 4422A

die Flagge der stolzen Nation

"Fischkauf" auf albanisch

großsartige Landschaften

Ursprünglichkeit in Albanien

Eine Legende besagt: Als Gott sich nach langer Zeit seiner Schöpfung der Welt auf den Weg machte, um festzustellen, was die Menschen aus seinem Werk gemacht haben, kam er am Ende seiner Reise nach Albanien. Ganz erstaunt und beglückt rief er aus: "Hier ist noch alles so, wie ich es geschaffen habe!"

Der aufmerksame Albanienreisende merkt schnell, Gottes Reise muss vor einer sehr, sehr langen Zeit stattgefunden haben. Zwar konnte sich dieses kleine Land, im Vergleich zu seinen Nachbarstaaten, noch viel von seiner Ursprünglichkeit erhalten, doch offensichtlich ist auch die überaus rasante Entwicklung der letzten Jahre, von der nur noch wenige dörfliche Regionen verschont geblieben sind, aber absehbar ist, dass auch hier der Tourismus bald Einzug hält.

Doch was zeichnet dieses Albanien genau aus, wovon sich immer noch zu viele Menschen fragen, wo dieses Land denn eigentlich exakt liegt, ob eine Reise dorthin überhaupt möglich sei und ob es sicher wäre? Albanien ruft in den meisten Menschen immer noch viele negative Reflexionen hervor, die sich auf unbegründete Vorurteile stützen - Diktatur, Mafia, Drogen, Flüchtlinge, Feindseligkeit gegenüber Fremden. Nur langsam gelingt es den Medien mit positiven Berichten, Internetreportagen, der steigenden Anzahl an Reiseveranstaltern und begeisterten Urlaubsrückkehrern den negativen Assoziationen Platz zu machen und Neugier zu wecken. Sie verdeutlichen, dass die Zeiten Enver Hoxhas längst vorbei sind, der Reisende sowohl mit Kleinkriminalität, als auch dem organisierten Verbrechen nicht konfrontiert wird, die Flüchtlingswelle längst vorüber ist und die Abneigung sich als Aufgeschlossenheit entpuppt. Immer mehr Reisende überwinden ihre Scheu und Angst vor Albanien und kommen mehr als positiv überrascht, ja regelrecht verliebt in das kleine Land von dort zurück. Dies alles wirkt sich auf die jährlich rasant steigenden Besucherzahlen aus.

Doch Albanien überrascht noch auf einer ganz anderen Linie – das Land besitzt einen ganz besonderen Flair, einen einzigartigen Charakter, präsentiert sich noch als eine wilde, ungeschminkte und ungezähmte Schönheit, was auf den Besucher einen außerordentlichen Reiz ausübt.

Albanien - das sind Traumstrände und Buchten vor einmaligen Kulissen, oftmals noch unberührte Natur mit einer üppigen und artenreichen Vegetation, bizarre Berglandschaften mit grünen Almwiesen und abgelegenen Dörfern. Das sind wasserreiche Landschaften mit ungebändigten Flussläufen, tiefen Schluchten, imposanten Wasserfällen, klaren Seen und warmen, gesunden Thermalquellen.

Albanien bietet ein schier unerschöpfliches Potenzial an Kulturdenkmälern aus Epochen, die Jahrtausende zurückreichen - stattliche antike Ruinenstätten mit Festungen und Burgen der Illyrer, Römer, Griechen und Venezianer. Kirchen und Klöster aus der byzantinischen, Wehrbauten und Moscheen aus der osmanischen Ära und neuzeitliche Architektur. Auch die Relikte der kommunistischen Zeit wurden informativ aufbereitet. Zudem verfügt das Land über vier UNESCO-Weltkulturerbestätten und hat auch sonst noch viele Superlative zu bieten: Anteile am größten Binnensee des Balkans sowie dem tiefsten und klarsten See der Halbinsel, die lagunenreichste Küste Südosteuropas. Albanien verfügt über die stattliche Anzahl von 14 geschützten Nationalparks mit einer wertvollen Flora und Fauna, viele Arten in Europa sind vom Aussterben bedroht bzw. in dieser Region endemisch. Ein Paradies für Naturliebhaber. Sportbegeisterte finden eine Vielzahl von Möglichkeiten und besonders der Wandertourismus entwickelt sich dank der vorzüglichen Voraussetzungen zu einer populären Outdoor-Aktivität, immer mehr Trails werden hierfür erschlossen und eine entsprechende Infrastruktur geschaffen. Und Albanien besitzt eine unglaublich herzliche, gastfreundliche Bevölkerung, die den Gast wie ein heimgekommenes Familienmitglied empfängt und auf deren Hilfe man immer zählen kann.

freundliche Menschen - überall

Kultur - verteilt übers ganze Land

Bald 30 Jahre nach dem Fall der Diktatur unter dem kommunistischen Regime Enver Hoxhas und seinem Nachfolger Ramiz Alia ist Albanien mehr und mehr in einem rasanten Wandel zur Moderne begriffen. Mit viel Engagement und internationalem Support versucht man hier, auch mit viel Gelingen unter der neuen Regierung, in der Entwicklung an den Rest Europas anzuknüpfen. Dennoch bleiben die alten Traditionen und Werte nicht ungelebt. Aber leider bildet sich hierbei auch immer mehr eine Kluft zwischen der armen Land- und Bergbevölkerung und den "neureichen" Stadtbewohnern. Die Aufholjagd nach Standorten für renommierte europäische Firmen ist gelungen und schreitet weiter voran. BMW- und Mercedes-Fabrikate der Oberklasse sind längst keine Seltenheit mehr und bestimmen neben den gängigen Mittelklassewagen das Verkehrsbild der entwickelten Regionen. Einkaufszentren in den großen Städten können durchaus mit jenen anderer europäischer Länder konkurrieren. Die junge Bevölkerung kleidet sich modern und gibt sich selbstbewusst, wohingegen die Generation der älteren Männer sich weiterhin ungeniert morgens bei Kaffee und Raki in der Bar trifft, um dann anschließend den Tag Domino spielend im Park zu verbringen. In vielen Dörfern wird die Landwirtschaft immer noch komplett per Hand erledigt, wobei in den stadtnahen Gebieten schon entsprechend Gerätschaften vorhanden sind. Die Öffnung hin zum restlichen Europa kann man anhand der steigenden Akzeptanzfreudigkeit gegenüber des Euros bemerken.

Für das Abenteuer Albanien sollte man Entdeckergeist, Offenheit, Flexibilität, ein wenig Zeit und wenn möglich ein Fahrzeug mitbringen, welches für Abstecher jenseits der Hauptrouten und die Bergregionen geeignet ist. Mit diesen Voraussetzungen wird sicher kein Besucher enttäuscht nach Hause zurückkehren, sondern gerne wiederkommen.

Folgende Ziele sollte man vorrangig bei einer Reise durch das Land ansteuern:

Shkodër Highlight (Seite 21)
Eine der faszinierendsten und schönsten Städte des Landes mit einem historisch wertvollen Ortskern.

Rozafa Top-Tipp (Seite 26)
Bedeutende, antike Burganlage vor toller Alpenkulisse mit einem traumhaften Blick über die Stadt Shkodra, den Skutari-See sowie die Flüsse Buna, Drin und Kir.

Vermosh Highlight (Seite 32)
Ist das erste der schroffen Alpentäler, kürzlich erst komplett erschlossen, vielleicht das schönste?

Theth Highlight (Seite 34)
Lediglich die schlechte Zufahrtsstraße bewahrt die traumhafte Bergidylle noch vor einem Ansturm.

Valbona Highlight (Seite 37)
Die Perle der Alpentäler entwickelt sich zunehmend zu einer der Top-Destinationen des Landes.

Koman Highlight (Seite 40)
Norwegen läßt grüßen - die Minivariante der skandinavischen Hurtigrouten, eine abenteuerliche Fährfahrt über den tief türkisgrünen Koman-Stausee in den Osten des Landes.

Patok Top-Tipp (Seite 46)
Eine der schönsten Lagunenlandschaften des Nordens lädt zum Verweilen und Fisch genießen ein.

Kruja Highlight (Seite 47)
Die bedeutendste Festung des Nationalhelden Skanderbeg in beeindruckender Berglage mit original Mittelalterbazar und zwei der sehenswertesten Landesmuseen.

Sari Saltik Top-Tipp (Seite 49)
Mystische Wallfahrtsstätte hoch oben auf dem Bergmassiv über Kruja mit einem sehr eindrucksvollen Blick auf die Stadt und bei gutem Wetter bis zur Adriaküste.

Tirana Highlight (Seite 50)
Ein inzwischen attraktiver Höhepunkt voller historischer Gegensätze, großstädtischem Flair und landschaftlichen Besonderheiten in der Umgebung.

Kap Rodon Highlight (Seite 64)
Gleich mehre kulturelle und landschaftliche Einmaligkeiten auf kleinstem Raum: einsame Kap-Spitze, Kirchenjuwel, Skanderbeg-Festung und sehenswerte Großbunker.

Festung Bashtova Top-Tipp (Seite 71)
Geisterhafte Festung, einsam inmitten einer Wiesenlandschaft an der Mündung des Shkumbin.

Markt in Elbasan Top-Tipp (Seite 73)
Ein quirliges, buntes Treiben auf Albaniens schönstem Markt mit besten Produkten der Region.

Devoll Top-Tipp (Seite 75)
Das ehemals wilde Flussbett ist durch den Bau der Wasserkraftwerke nicht minder eindrucksvoll.

Berat Highlight (Seite 76)
UNESCO-Weltkulturerbestadt mit drei geschichtsträchtigen und überaus sehenswerten Stadtteilen - Entdeckungstour in der "Stadt der tausend Fenster".

Berat Aussichtspunkt Top-Tipp (Seite 77)
Der allerschönste Ausblick von der Altstadt Berats auf die alten Siedlungen am Fuße des Hügels.

Osum-Canyon Highlight (Seite 82)
Eine der absolut eindrucksvollsten Naturbesonderheiten im Herzen Albaniens, für echte Abenteurer kombiniert mit einer spektakulären Canyonwanderung.

Apollonia Top-Tipp (Seite 84)
Sehr eindrücklich präsentiert sich der zweitbedeutendste Archäologiepark in der Mitte des Landes.

Byllis Top-Tipp (Seite 85)
Schon in der Antike wusste man die Aussicht von strategisch bedeutenden Plätzen zu schätzen.

Zvërnec Top-Tipp (Seite 90)
Die klösterliche Inselidylle inmitten einer der schönsten Lagunenlandschaften lädt zu kurzen Wanderungen ein, inklusive bizarrer Küstenformationen und Badebuchten.

Riviera Highlight (Seite 94)
Eindrucksvoller Küstenabschnitt mit malerischen Bergdörfern, traumhaften Badebuchten mit tiefblauem Wasser und imposant hohen Gebirgszügen im Hintergrund.

Gjipë Top-Tipp (Seite 96)
Es war einmal ein einsamer Robinson-Crusoe-Traumstrand vor einer Traumkulisse - und heute?

Porto Palermo Top-Tipp (Seite 98)
Ali Paschas geräumige Katakomben, ein verlassener U-Boot-Hafen, weite Agavenfelder und ein sensationeller Blick über Teile der albanischen Riviera-Küste.

Shushica-Tal Top-Tipp (Seite 101)
Eine der eindrücklichsten und weitgehend noch unerschlossensten Landschaften des Südens.

Gjirokastër Highlight (Seite 106)
Eine mystisch wirkende Stadt vor einer Traumkulisse, die schönsten Wehrhäuser des Landes inmitten verwinkelter Gassen, eine fast tote UNESCO-Stätte zu neuem Leben erwacht.

Labova e Kryrit Top-Tipp (Seite 111)
Eine der schönsten byzantinischen Kirchen, im Inneren mit faszinierenden Besonderheiten.

Festung Lëkurzi Top-Tipp (Seite 115)
Einer der schönsten Aussichtspunkte mit Blick über weite Teile der südlichen Riviera und Korfu.

Butrint Highlight (Seite 118)
Top-UNESCO-Weltkulturerbe und DAS Flaggschiff unter den albanischen Ausgrabungsstätten.

Peshkopia Top-Tipp (Seite 122)
Eine liebenswerte, abgelegene Provinzhauptstadt im Osten - erwacht aus dem Dornröschenschlaf.

Ohrid-Prespa-Region Highlight (Seite 124)
Ein Flora- und Fauna-Paradies am Grünen Band Europas wartet mit landschaftlichen Superlativen auf.

Pustec - Maligrad Top-Tipp (Seite 125)
Ein ursprüngliches, albanisch-mazedonisches Dorf und eine einsame Insel mit Felsenkirchlein.

Korça Top-Tipp (Seite 127)
Die Wiege der Kultur und Literatur des Landes und absolut berechtigte Hauptstadt des Bieres.

Benja Highlight (Seite 135)
Schönste Steinbogenbrücke des Landesteils, warme Schwefelquellen mit mehreren Badebecken und Canyonwanderung vor einer absolut eindrucksvollen Gebirgskulisse.

Name: Republika e Shqiperisë
Staatsform: Parlamentarische Republik
Staatsoberhaupt: Präsident Ilir Meta
Regierungschef: Ministerpräsident Edi Rama
(zweite Amtszeit der Sozialisten, wiedergewählt 2017)

Sprache: Albanisch (indogermanische Sprachfamilie)

Fläche: 28.748 km²
Länge: Küstenlinie 362 km
Breite: ca. 140 km

Einwohnerzahl: 2.876.000 (Anfang 2017)
Bevölkerungsdichte: 100/km²
Bevölkerung: 82,5% Albaner, 0,9% Griechen, Rest: Roma, Aromunen, Mazedonier, Balkan-Ägypter, Montenegriner;
Religion: etwa 57% Muslime, 10% Katholiken, 20% Orthodoxe, 2,5% Atheisten, 10% Sonstige;

Klima: Mediterran mit heißen Sommern und gemäßigten Wintern;

Hauptstadt: Tirana (ca. 900.000 EW mit Vororten)
Weitere größere Städte: Durrës, Elbasan, Vlorë, Shkodër, Korça, Fier, Berat, Pogradec, Sarandë, Gjirokastër, Lezhë, Kukës, Kruja, Peshkopi;
Staatsgrenzen: Montenegro, Kosovo, Mazedonien, Griechenland;

Höchster Berg: Jecerza in den Alpen mit 2.694 m, alleinig in Albanien;
Korab-Massiv mit 2.764 m Grenzberg zu Mazedonien;
Längster Fluss: Schwarzer Drin mit 285 km, entspringt im Ohrid-See, fließt bei Shkodër zusammen mit dem Kir in die Buna;

Wirtschaftswachstum: ca. 4 %, Inflationsrate: ca. 2,3 % durchschnittlich (2017), steigend;
Arbeitslosigkeit: ca. 16 % (Ende 2016);
Jedoch geben die offiziellen Zahlen nicht annähernd den hohen Grad der Unterbeschäftigung auf dem albanischen Arbeitsmarkt wieder. So gelten zum Beispiel die Angehörigen von Kleinbauernfamilien nicht als arbeitslos, auch wenn ein halbes Dutzend erwachsene Familienangehörige zusammen kaum zwei bis drei Hektar Land bebauen.

Landeswährung: ALL Albanischer Lek
(1 € = 131 Lek, 2017 in den Wechselstuben, in den Banken etwas weniger, Tendenz sinkend);

Zeitzone: UTC + 1 St. (= MEZ), Deutsche Zeit;

Autokennzeichen: AL (rot = alt, bis 2011; blau = neu, ab 2011);

Vorwahl: +355, **Internetkennung:** .al

Mitgliedschaften: UNO, OSZE, CEFTA, WTO, Europarat, NATO;

Zwischen 1600 und 450 v. Chr. entstehen die ersten befestigten Siedlungen und später Königreiche der ansässigen illyrischen Stämme über das ganze Land verteilt.

7. Jahrhundert v. Chr.: Griechische Kolonien entstehen; 627 v. Chr. Gründung des heutigen Durrës.

350 v. Chr.: Shkodër wird illyrische Hauptstadt des gleichnamigen Königreiches.

229 - 168 v. Chr.: Römisch-Illyrische Kriege im Königreich Illyrium.

168 v. Chr.: Das Illyrische Reich wird dem Römischen Reich angegliedert.

168 - 395 n. Chr.: Römische Epoche, 30 v. Chr. entstehen römische Kolonien, Illyrium wird zur Provinz Illyricum des Römischen Reiches.

395 - Ende des 6. Jhd.: Völkerwanderung, Belagerung durch Goten, Illyricum gerät unter byzantinischen Einfluss (Oströmisches Reich).

7. Jhd.: Der Einfall slawischer Völker bewirkt den Rückzug der verbliebenen Illyrer in den Süden des Landes.

896 - 1018: Besetzung durch das Bulgarische Großreich unter Zar Samuel.

1018 - Ende des 11. Jhd.: Das Gebiet steht erneut unter byzantinischer Herrschaft.

1081: Einfall der Normannen, erste Kreuzzüge.

1190 - 1216: Es entsteht das erste albanische Fürstentum "Arberien".

1205: Vierter Kreuzzug, Zerfall des Byzantinischen Reiches, Vorherrschaft der Venezianer über weite Teile des Landes.

1343 - 47: Albanien wird Teil des Serbischen Reiches unter Zar Dusan.

1389: Auf der Schlacht von Amselfeld (Kosovo) unterliegen die Serben und Albaner den Osmanen.

1444 - 68: Befreiung durch den Nationalhelden Skanderbeg, 25 bedeutende Kämpfe gegen die Osmanen.

1478 - 1912: Besatzung durch türkische Truppen, jahrhundertelang andauerne Fremdherrschaft.

28.11.1912: Unabhängigkeitserklärung durch Ismail Qemali vom Osmanischen Reich.

1914 - 1918: Erster Weltkrieg, Besatzung durch Griechen, Italiener, Serben, Montenegriner und Österreicher.

1920: Bildung einer ersten Regierung, Tirana wird Hauptstadt.

1939 - 1944: Zweiter Weltkrieg - Besatzung durch Italiener und Deutsche.

1946 - 1985: Diktator Enver Hoxha regiert über die Volksrepublik Albanien; Abschottung vom Rest der Welt. Bündnisse mit der UdSSR und China. Hoxha stirbt 1985.

1990: Gründung der ersten demokratischen Partei, 1992 folgte der Gewinn der Wahlen.

1997: Pyramidenskandal (private Investitionen wurden veruntreut) und Zusammenbruch des Staatssystems, Stationierung ausländischer Schutztruppen.

1999: Die neue Verfassung tritt in Kraft.

2014: Albanien wird als Beitrittskandidat zu EU (geplant für 2024) anerkannt.

Seit einigen Jahren ist die politische Lage, nach langer Wechseltätigkeit der Demokraten und Sozialisten, welche seit 2013 die Regierung bilden, sehr stabil und man muss lediglich vor Neuwahlen mit leichten, harmlosen Unruhen rechnen.

Ein paar Fakten zu Geographie, Flora & Fauna, Klima und Bevölkerung

Albanien ist landschaftlich ein sehr abwechslungsreiches Land. 2/3 seiner Fläche liegen über 1.000 m, somit gehört der Balkanstaat zu den am höchsten gelegenen Ländern Europas.

Das Bergland bzw. die Hochgebirgsregionen durchziehen die gesamte Republik und sind nur dünn besiedelt. Den Rest bildet eine breite Schwemmlandebene an der Adriaküste vom Skutari-See bis Vlorë, hier liegen natürlich auch die Ballungszentren des Landes.

Wegen seiner geologischen Voraussetzungen ist Albanien erstens öfter von Erdbeben bedroht und zweitens reich an Bodenschätzen wie Erze, Erdöl, Nickel, Kohle und Kupfer, deren Förderung jedoch aufgrund der Unzugänglichkeit der Gebiete sehr schwierig ist.

8 größere und 13 kleinere Flüsse durchziehen das Land, die meisten von ihnen werden inzwischen zur Energiegewinnung genutzt, in regenreichen Jahren kann Strom sogar exportiert werden. Der Schwarze Drin, mit 282 km der längste Fluss, wird an mehreren Stellen gestaut, am Devoll entstanden zwei Kraftwerke. Es gibt zahlreiche Binnengewässer, darunter hat Albanien Anteile am größten (Skutari) und tiefsten (Ohrid) See des Balkans. Die Küstenlinie der Adria und des Ionischen Meeres beträgt 362 km, der nördliche Teil ist durch Sandstrände und Lagunen geprägt, südlich von Vlorë erstreckt sich die Felsenküste der Riviera mit kiesigen Stränden, glasklarem Wasser und den steil aufragenden Bergen des Ceraunischen Gebirges.

Durch seine Unberührtheit konnte sich im Land über lange Zeit eine sehr artenreiche Flora und Fauna entwickeln und noch erhalten, wobei auch hier bereits zahlreiche Umweltprobleme, illegaler Holzabbau, Überweidung und unkontrollierte Fischerei ihre negativen Auswirkungen zeigen. Die geschützten Landesteile betragen nun jedoch bereits über 12%. Die zahlreichen Lagunen an den Küsten bieten ideale Rückzugsgebiete für Fische, Reptilien, Kleintiere und Vögel, darunter auch der seltene Krauskopfpelikan. Insgesamt zählt man an die 350 Vogelarten und 260 verschiedene Salz- und Süßwasserfische. In den ursprünglichen Bergregionen leben Bären, Luchse, Wildschweine, Hirsche, Wölfe und Füchse. Auch die Vegetation ist sehr vielfältig und üppig. Über 3.220 Arten soll es geben, 40 davon alleinig in Albanien. In den Bergen findet man noch seltene Alpenblumen und zahlreiche Heilkräuter, in den Tälern säumen Obst-, Mandel- und Walnussbäume die Flüsse. In den Wäldern wachsen rare Arten aller bekannten Nadel- und Laubbäume, wie z.B die Schlangenhautkiefer oder Steineichen. An der Küste gedeihen Oliven- und Zitrusbäume, Feigen, Palmen, Lorbeer und Eukalyptus. Albanien verfügt über die stattliche Anzahl von 14 Nationalparks, um diesen Artenreichtum zu schützen.

Landfrauenküche in Benja

Tante und Onkel-Emma-Laden

Das Klima ist an der Küste mediterran geprägt mit heißen, trockenen Sommermonaten, wobei meist ein angenehmer Wind weht. Die Winter sind kühl und regenreich. In den Bergregionen ist es im Sommer angenehm warm, Gewitter können öfter unerwartet auftreten. Die höher gelegenen Dörfer sind aufgrund ziemlich großer Schneemengen im Winter monatelang von der Außenwelt abgeschnitten, deren Bewohner sind ausschließlich Selbstversorger.

Albaniens Bevölkerung ist äußerst gastfreundlich, ehrlich, hilfsbereit und zuvorkommend. Aber auch stolz, national- und selbstbewusst. Das haben alle Albaner gemeinsam. Doch wer genauer hinsieht, erkennt Unterschiede der Bewohner aus dem Norden und dem Süden. Die Grenze verläuft fast in der Mitte, entlang des Flusses Shkumbin. Nicht nur sprachlich unterscheiden sich die Gegen aus dem Norden und die Tosken aus dem Süden. Weltoffen, lebenslustig und typisch südländisch wirken die Südalbaner, traditionsbewusst, freiheitsliebend und ehrvoll die Nordalbaner.

von der Dorfjugend umringt

Die junge Generation gibt sich in allen Landesteilen bereits sehr modern und fortschrittlich, wobei jedoch auch noch die überlieferten Traditionen gewahrt und gelebt werden.

Die Bevölkerungszahlen waren lange etwas rückläufig, viele versuchten (und versuchen nun wieder) durch Arbeiten im Ausland ihre Familien zu unterstützen bzw. den Bau ihres Eigenheimes zu finanzieren. Durch den wachsenden und sichtbaren „Wohlstand" im Land entstanden auch hier Perspektiven, die sich auf die steigenden Einwohnerzahlen auswirken, besonders in den größeren Städten und deren Einzugsgebieten.

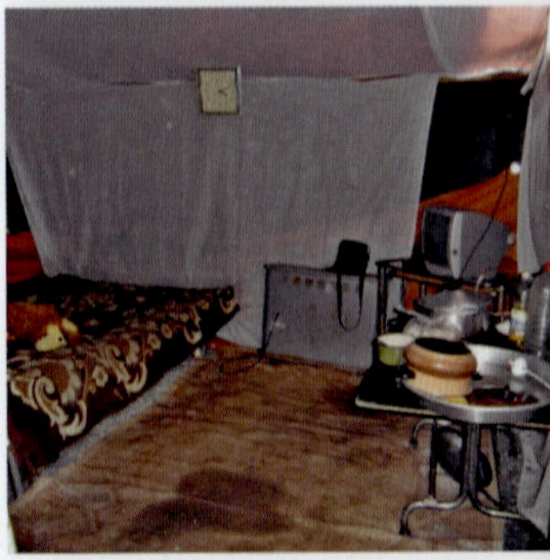

in einem Romazelt-Wohnzimmer

Nach und nach entledigt sich der junge Staat seiner Altlasten aus der kommunistischen Ära unter dem Diktator Enver Hoxha. Aus Angst vor Einflüssen aus den benachbarten Ländern ließ er tausende Bunker errichten, unterband jegliche Religionsausübung, der Besitz von Privatfahrzeugen war verboten. 18 Jahre später sind die Gotteshäuser wieder das, wofür sie gebaut wurden und die Bunker verschwinden. Viel Geld wird in den Straßenbau und die Sicherheit investiert, wobei die immer noch mangelnde Qualität des Netzes der rasant steigenden Fahrzeugquantität nicht standhält.

Festtag: Landesfarben und Tracht

Die Politik und das Staatswesen orientieren sich an Westeuropa, jedoch ist hier die Vetternwirtschaft noch alltäglich und in den Systemen weit verbreitet. Doch die aktuelle Regierung (seit 2013 die linksgerichtete PS unter Edi Rama) wirbt stolz mit zahlreichen Verbesserungen und Fortschritten. Zur Versorgung des Volkes dient der Sozialstaat als Vorbild. Es gibt Arbeitslosen-, Kranken- und Rentenversicherung. Die medizinische Versorgung ist inzwischen weit vorangeschritten, es existieren bereits mehrere hochmoderne, private Krankenhäuser mit sämtlichen Behandlungsmethoden. Das Bildungssystem wurde mit der Schaffung von neuen Universitäten, Ausbildungsplätzen und Schulen enorm verbessert und erweitert.

Auch das bis vor kurzem noch überall präsente Müllproblem bekommt man ganz langsam in den Griff. In den Kommunen gibt es zwischenzeitlich Müllcontainer mit regelmäßiger Leerung und Endstation Landfills, die Straßen werden gepflegt und sauber gehalten...

...... es ist schon enorm vieles erreicht worden, aber es gibt noch mehr zu tun......

fangfrischer Fisch

"Meeresfrüchte-Pizza-4-Käse"

Albaniens kulinarische Vielfalt - von mediterran bis orientalisch, von deftig bis leicht.

Die typische Mittelmeerküche an der Küste wechselt mit Balkan- und Orienteinflüssen im Landesinneren.

So vielfältig wie das Land, präsentiert sich auch dessen Speiseangebot. Die albanische Küche ist verwandt mit vielen anderen Küchen des Balkans. Insbesondere formte auch der türkische Einfluss durch die 400 Jahre währende Fremdherrschaft des Osmanischen Reiches die albanischen Kochgewohnheiten. In den einzelnen Regionen wird sie aber auch sehr von benachbarten Küchen wie der griechischen, serbischen oder bulgarischen bestimmt. An den Küsten weit verbreitet findet man eine Vielzahl mediterraner Spezialitäten, meist mit frischem Fisch und Meeresfrüchten. Generell kann man sagen, dass das, was in Albanien auf den Tisch kommt, auf dessen Standort ankommt. Daher ist die albanische Küche geprägt von einer Vielzahl unterschiedlichster Zutaten, abhängig von der Region.

Zu den Grundnahrungsmitteln gehören Reis, Mais, Weizenprodukte, Gerste, Roggen, Kartoffeln, Bohnen und andere Hülsenfrüchte, sowie verschiedenste Kohlarten, Frucht-, Blatt- und Wurzelgemüse (perimë). Stets gibt es ein gutes Angebot an saisonalen Früchten (fruta), natürlich alles BIO und sehr geschmackvoll. Inzwischen werden auch etliche Produkte importiert. So findet man neben Bananen, Mango und Ananas auch Sellerie, Ingwer, Spargel und Avocado.

Fisch (peshkë) gibt es durch die Küstenlage und die zahlreichen Flüsse überall frisch. Das Fleischangebot (mish) beinhaltet alles, vom Geflügel über Schwein, Rind, Kalb, Ziege und Lamm, auch sämtliche Innereien werden schmackhaft verwertet. Zubereitet mit ausgewählten Gewürzen sind die Gerichte allesamt Köstlichkeiten. Hackfleisch wird gerne mit Würzkräutern und Schafskäse verfeinert und in verschiedenen Formen angeboten. Schafs- und Ziegenkäse gibt es in zahlreichen wohlschmeckenden Varianten. Die Albaner gelten zudem als sehr gute Pizzabäcker. Und selbst an feinsten Wurstwaren mangelt es nicht, besonders im Norden. Reichhaltig ist auch das Angebot an Produkten aus Italien. Bei den Süßspeisen dominiert der orientalische Einfluss.

Albanisches Nationalgetränk ist der Raki, ein Schnaps, gebrannt hauptsächlich aus Weintrauben, Maulbeeren, Pflaumen oder Wacholder. Aniçe ist ein ebenfalls hochprozentiger Schnaps, dem Ouzo ähnlich. Albanien kann bereits auf eine Jahrhunderte alte Weinbaukultur zurückblicken, die im Ausland jedoch nicht bekannt ist. Zu den typischsten Sorten gehören der albanische Merlot, Riesling und Kabernet. Der Skënderbeu-Konjak (albanische Schreibweise!) zählt neben dem Raki ebenfalls zu den Nationalgetränken. Einheimisches Bier der Sorten Elbar, Korça (vor allem das Dunkle!), Tirana, Norga, Kaon oder Stela ist sehr schmackhaft und gegenüber den importierten Sorten durchaus konkurrenzfähig. Boza, ein Gemisch aus Bulgur (Weizenschrot), Wasser, Zimt und Vanille, wird in etlichen ländlichen Gegenden getrunken. Die albanische Buttermilch ist ebenfalls ausgezeichnet und sehr erfrischend. Das Mineralwasser stammt fast ausschließlich aus zahlreichen landeseigenen Produktionen, manche Sorten werden inzwischen sogar in europäische Nachbarländer exportiert.

In den Städten und größeren Ortschaften hat sich die Gastronomie bereits voll entwickelt, inzwischen existieren auch exotische Spezialitätenrestaurants. In abgelegenen Orten gibt es in den Bars/Restaurants meist nur ein Gericht "auf Bestellung", d.h. die Zutaten werden kurzfristig im nächsten Dorfladen besorgt.

Mahlzeiten stellen ein wichtiges gesellschaftliches und kulturelles Ereignis dar. "Kuvendim" heißen diese Zusammenkünfte, bei denen über Gott und die Welt geplaudert wird.

Das Frühstück fällt in Albanien eher dürftig aus, meist nur ein starker Kaffee (kafe turke), Gäste werden jedoch fürstlich bewirtet. Die Hauptmahlzeit der Albaner ist je nach Familientradition und Jahreszeit das Mittag- oder Abendessen. Zwischen 14 und 16 Uhr oder ab 20 Uhr. Es besteht aus mehreren Gängen: Salat mit Tomaten, Gurken und Oliven, daneben ein Gericht aus Teig- oder Getreideprodukten und Beilagen. Kartoffeln, Reis oder Hülsenfrüchte, mit Gemüse, Fleisch oder Fisch oder ein deftiger Eintopf gehören als Hauptgericht dazu. Das späte Abendessen fällt etwas sparsamer aus, meist bestehend aus kalten Zutaten. Brot wird stets ausreichend serviert. Verbreitet sind auch Meze, viele kleine Speisen auf extra Tellern, die zu den Mahlzeiten gereicht werden. Die Zubereitungsarten reichen von gegrillt, gebraten, gekocht bis zu geräuchert, getrocknet und gepökelt. Olivenöl bildet immer einen wichtigen Bestandteil in der Küche. Anschließend darf ein Raki zur Verdauung nicht fehlen.

Die Zubereitungsarten der Fische und Meeresfrüchte an der Küste müssen italienische Konkurrenz nicht fürchten. Muscheln in Weinsoße, gefüllte Tintenfische, gegrillte Fischplatten mit mariniertem Gemüse sind hier Spezialitäten. Ebenso saftig gebratene Steaks vom Lamm und Rind, sowie raffinierte Nudelgerichte. An den Binnenseen sollte man unbedingt die heimischen Forellen, Aale und Karpfen probieren. Nicht nur gebraten oder gegrillt, auch getrocknet oder geräuchert. Als Delikatesse gilt der Koran, eine kleine, schmackhafte Forellenart aus dem Ohrid-See. In den zahlreichen Fischrestaurants der Lagunen speist man ebenfalls hervorragend. Sehr zu empfehlen sind sie in der Lagune Patok, hier sitzt man stilvoll in kleinen Stelzenhäuschen und genießt den Blick auf die Fischeridylle. An vielen Straßenrestaurants werden Spanferkel oder Lamm frisch gegrillt und mit einer Auswahl an Gemüsen und Salaten serviert. Ebenso alltäglich ist das Angebot an Hähnchen vom Grill bzw. Schafsköpfen, welche entgegen des Anblicks jedoch köstlich schmecken. An den Schnellimbißbuden werden Byrek angeboten, Blätterteigtaschen gefüllt mit Feta oder Spinat, manchmal auch mit anderem Gemüse wie Zwiebeln oder mit Fleisch. Alle Regionen haben ihre unterschiedlichsten Zubereitungsarten der Gerichte mit saisonal wechselnden Zutaten. Überall im Land gibt es deftige Bohneneintöpfe. Qoftë sind leckere, kleine Hackfleischröllchen, ähnlich Cevapcici, wobei es wiederum unterschiedlichste Würzungen gibt. Manche Orte rühmen sich mit den besten Zickleins Albaniens, einer davon ist das Dorf Dukat südlich von Vlorë. Fërgëse, ein Eintopf aus Gemüse, Leber, Quark, Gewürzen und Ei ist ebenfalls sehr schmackhaft und wird von Region zu Region unterschiedlich zubereitet. Auch Pilav (eine Art Reiseintopf) ist im ganzen Land verbreitet und unterliegt unterschiedlichsten Zubereitungsarten.

Schaf am kleinen Osum-Camping

freundliche Zugabe zum Bier

Turli - Gemüseeintopf aus gemischten Gemüsen der Saison, oft mit Fleisch oder Wurst;

Tarator - kalte Gurkensuppe. Hierzu werden Gurken, Knoblauch, Dill, Olivenöl und zerstampfte Walnusskerne in eiskalten, flüssigen Joghurt eingerührt;

Tavë Elbasani - gebackenes Lammfleisch (seltener Rind oder Kalb) mit einer würzigen Sauce aus Dickmilch oder Joghurt, serviert mit Reis. Hauptsächlich in der Region um Elbasan bekannt;

Fërgëse Tirana - ein Hauptgericht bestehend aus gebratener Leber, Paprika, Tomaten, Quark oder weichem Käse, in einer Auflaufform mit Ei überbacken;

Fasule - ein würziger Eintopf aus grünen Bohnen (je nach Saison auch mit dicken, weißen Bohnen, dann Burani genannt), Karotten, Knoblauch und regionalen Gewürzen, oft mit gekochtem Lamm- oder Rindfleisch;

Oshmarë Korça - ein in der östlichen Region typisches Gericht aus Maismehl, Käse, Eiern, in Butter als Art Schmarrn zubereitet, oft als Frühstück;

Turshia - eingelegtes und mariniertes Gemüse (vor allem grüne Tomaten, rote Paprika, Sauerkraut, Auberginen, Peperoncini etc.) in Essig, Salz, Pfeffer, Knoblauch, Zwiebeln, Petersilie und anderen Gewürzen und Kräutern;

Byrek - gefüllte Teigtasche aus Blätter-, Strudel- oder Filoteig mit einer würzigen Füllung aus Schafskäse, Hackfleisch, Spinat und anderen Gemüsen. Ein beliebter Snack, warm oder kalt überall im Land erhältlich;

Lakër - Kohlsuppe mit Kalb- oder Lammfleisch und Kartoffeln;

Albanische Sarma - Hackfleisch und Reis mit Pfeffer gewürzt, mit Wein- oder Kohlblättern umhüllt;

Revani - Nudeln mit Zucker und Zimt gebacken;

Sheqerpare („Zuckergeld") - gebackene Klößchen und anschließend in Zuckersirup eingelegt;

Halva - süße Grießspeise mit Zimt-, Schokopulver oder Vanilleguß;

Hasude - trockenes Buttergebäck;

Baklava - Blätterteiggebäck mit Nüssen und Zuckersirup;

Eklera - Brandteiggebäck mit Frucht- oder Puddingfüllung;

Bei Mahlzeitbeginn wünscht man den Leuten am Tisch "Ju bëftë mirë!" (albanisch für Guten Appetit!, wörtlich übersetzt jedoch: Es soll euch gut munden!), diese erwidern es dann mit "Faleminderit, edhe ju gjithashtu!" (wörtlich übersetzt: Danke, euch auch!). Tradition ist auch, dass man den essenden Gast immer wieder fragt, ob er noch mehr wolle. Man gibt ihm dann mehr, obwohl er vielleicht schon nicht mehr will, mag oder kann, doch es ist beleidigend oder gar unhöflich abzulehnen. Bei Mahlzeitende sagt man zu dem Aufstehenden, der mit dem Essen fertig ist: A je ngopur? (wörtlich übersetzt heißt es: Bist du satt?).

Kulinarische Köstlichkeiten, modische Outfits und seltene Antiquitäten - Europas neues Einkaufsparadies

Albanien ist noch immer eines der Länder, wo der Verkauf von Lebensmitteln direkt an der Straße noch erlaubt ist. So sind die kleinen und großen Märkte in allen Ortschaften des Landes immer einen Halt wert und ein Erlebnis. Bunte Obst- und Gemüsestände locken mit saisonalen, günstigen Angeboten. Oft werden auch frischer Fisch, aromatischer Käse sowie köstliche Fleisch- und Wurstwaren angeboten. Auf den weitläufigeren Bazaren zudem alle erdenklichen Dinge des täglichen Gebrauchs. In den größeren Städten gibt es gleich mehrere Märkte mit unterschiedlichem Angebot. Sehr empfehlenswert ist der Besuch des Marktes in Elbasan in der Rr. Thoma Kalefi.

Jedes noch so kleine Dorf hat mindestens einen Tante-Emma-Laden, welcher die täglichen Bedürfnisse an Brot, Keksen, Milch, Getränken wie Wasser, Säfte, Bier und Wein, Obst und Gemüse, nützlichem Kleinkram, Drogerieartikel und natürlich selbstgebranntem Raki decken kann.

In den Provinzstädten existieren neben gut sortierten, günstigen Supermärkten inzwischen richtige Einkaufszentren wie das TEG (Tirana East Gate) im Osten Tiranas oder das Toptani im Zentrum, das QTU, gleich in mehreren Großstädten und der City-Park an der Autostrada Tirana-Durrës, zudem das Flagship- und Blue-Center in Durrës. Hier findet man nach europäischem Vorbild alles unter einem Dach: Elektronikshops, Schuhgeschäfte, Designerkleidung, Spielzeugläden, Juweliere, Drogerien sowie Filialen großer Supermarktketten wie Carrefour und Spar.

die Supermärkte sind gut sortiert

"Schafkauf" auf albanisch

der Käse darf probiert werden

Verkäufer auf dem Weg zum Markt

Elektroartikel gibt es in Albanien nicht unbedingt viel günstiger, es werden keine „No name Produkte" verkauft, ebenso wenig Designerkleidung und Schuhe. Bei Schuhen sollte erwähnt werden, dass alles, was einmal in Deutschlands Läden zu finden sein wird, hiesige Produzenten oder Einkäufer schon ein halbes Jahr eher den Italienern abgeschaut haben.

Wer auf Markenware keinen so großen Wert legt, findet auf den Märkten und in kleinen Shops auch absolut Modisches im italienischen Stil zu günstigen Preisen. Was Souvenirs betrifft, wird man in jeder Stadt fündig. Das Angebot reicht von Kitsch über Nützliches bis hinweg zu Antiquitäten, welche meist aus der osmanischen oder kommunistischen Zeit stammen, sowie handgefertigte Kunstgegenstände, Schnitzereien und kulinarische Besonderheiten. Die größte Auswahl findet man auf dem Mittelalterbazar in Kruja. Hier werden auch handgewebte Teppiche und Stoffe, Silberschmuck, Trachten, Antiquitäten und vieles mehr angeboten. Handeln gehört hier unbedingt zum Geschäft, anderswo sollte man jedoch angesichts der niedrigen Löhne darauf verzichten. Aber Vorsicht: Viele Artikel stammen inzwischen aus Fernost!

Für Kunstinteressierte gibt es in den Städten Shkodra, Tirana, Korça, Pogradec, Berat und Gjirokastra private Ateliers von lokalen Künstlern mit Objekten für jeden Geschmack. Bücher in anderen europäischen Sprachen (auch deutsch) findet man in Tirana in der internationalen Buchhandlung Adrion im Gebäude der Oper oder am Flughafen.

Wer Zeit hat, sollte unbedingt dem größten Baumarkt des Landes "Megatek" an der Schnellstraße Tirana-Durrës einen Besuch abstatten. Das Angebot und die Auswahl erwartet man in diesem Land nicht und erinnert sehr an westeuropäische Großmärkte, inkl. Gartencenter. Jedoch gibt es bei den Elektrogeräten keine "billigen" Eigenprodukte sondern nur Firstclass Handwerker-Werkzeuge. Wieder einmal wundert man sich, welcher Albaner kann sich das leisten?

Die an den Straßenständen erhältlichen regionalen Produkte sind ebenfalls gute Mitbringsel, meist sehr günstig und von ausgezeichneter Qualität. Hier bekommt man Honig (eher teuer aber sehr lecker, bio und regional unterschiedlich), Käse, frisches Obst, Raki, getrocknete Feigen, Kräuter, Olivenöl, Çaj Mali - ein sehr schmackhafter Kräutertee und vieles mehr. Wer hier kauft, unterstützt dabei direkt das Einkommen der produzierenden Familien.

Empfehlenswert: Beim Kauf am Straßenrand sollte man vorher unbedingt nach dem Preis fragen: Sa kushton kjo - „sa kuschton kjo" - was kostet das?

In Albanien gibt es zahlreiche Anlässe für festliche Aktivitäten.
Die offiziellen Feiertage werden im ganzen Land zu Feierlichkeiten in und mit der Familie genutzt. Dazu gibt es unzählige Festivitäten und Veranstaltungen, je nach Region, Anlass und Jahreszeit. Und im Zusammenhang der gegenseitigen Toleranz wurden sogar den ethnischen Minderheiten eigene Festtage zugestanden, so begehen die Türken, die Roma, die Ashkali, die Bosniaken und die Goraner ihre eigenen Gedenktage. Mit jedem Jahr ziehen die öffentlichen Veranstaltungen immer mehr Besucher aus dem Ausland an und werden professionell organisiert.

Offizielle Feiertage:
1. Januar: Neujahr
7. Januar: Orthodoxe Weihnachten
14. März: Frühlingsfest
April: Osterfest
1. Mai: Tag der Arbeit
Juli/August: Ramadan-Ende (jährlich wechselnd)
15. August: Mariä Himmelfahrt (trotz des hohen muslimischen Anteils)
19. Oktober: Seligsprechung von Mutter Theresa
28. November: Unabhängigkeitsfest
29. November: Tag der Befreiung
8. Dezember: Tag der Jugend
25. Dezember: Weihnachten

Eine kleine Auswahl an sehenswerten Festen:
Februar: Karneval in Shkodër - prächtig kostümierte Leute jeden Alters ziehen singend und tanzend durch die Straßen und über zentrale Plätze.
14. März: Frühlingsfest - in vielen Städten des Landes wird das Ende des Winters ausgiebig gefeiert. Große Märkte mit regionalen Produkten locken zahlreiche Besucher, es finden Umzüge und Folkloreveranstaltungen statt, besonders schön in Berat und Elbasan.
April: In der ersten Woche des Monats findet in Berat das Fest der Weinblätter statt; das dazugehörige Fest der beginnenden Ernte Anfang September.
21. Juni: Seefest in Pogradec mit Gastteilnehmern aus den Nachbarländern.
Anfang Juni: Volksfest in Korça über mehrere Tage mit Umzügen, Musik und Kinderprogramm.
Juli: Jazzfestival in Tirana mit Teilnehmern aus der ganzen Welt (www.jazzinalbania.al).
Juli oder August: Segelwettbewerb zwischen Vlorë und Otrant (Italien) mit Volksfest in Vlorë.
Juli: Internationales, mehrtägiges Theaterfestival „Butrint 2000" im Gelände der Ausgrabungsstätte mit Theaterstücken, Konzerten und Musicals aus etlichen Balkanländern.
Ab 15. August: Wallfahrt und Opferfest zur Pilgerstätte der islamischen Bektashi-Sekte auf den Tomorri (mehrere Tage). Auch Katholiken nehmen an dem Spektakel teil.
Mitte August: Bei Lepushë im Vermosh-Tal (albanische Alpen) findet ein prächtiges Trachtenfest statt - das „Llogu i Bjeshkevë. Das farbenfrohe Spektakel zieht zahlreiche Bewohner der umliegenden Bergregionen an, welche hier die schönste Frau des Nordens bestimmen.
Mitte August: Bierfest in Korça mit Straßen- und Volksfest, Hotels sind lange vorher ausgebucht.
Oktober: Theaterfestival in Elbasan mit Teilnahme zahlreicher Gastländer.
Oktober: Erntefest in Peshkopi – eine farbenfroh dekorierte Fußgängerzone mit Marktständen gehört zu den Feierlichkeiten einer erfolgreichen Saison.
Anfang November: "Vjeshta e Tiranës" Herbstfestival der modernen Musik in Tirana.

Traditionelle Lebensweisen, spektakuläre Naturschönheiten und historisch bedeutungsvolle Orte, hier zeigt sich das Land in seiner ursprünglichsten Form.

- Skutari-See
- Shkodër
- Festung Rozafa
- Mesi-Brücke
- Velipoja
- Lezha
- Lagunen Kuna, Vain, Tale
- Vermosh
- Theth
- Valbona
- Koman-Fähren
- Kukës

Fischer am südwestlichen Ufer

die Berge spiegeln sich im See

Romantik pur

Bis zu 2.700 m hohe, teilweise auch im Sommer mit Schnee bedeckte Berge, tiefe Täler und Schluchten, glasklare Gebirgsflüsse, Seen und kulturträchtige Städte. Überall in dieser Region birgt das Land unzählige Überraschungen. Abseits der Touristenzentren an den Küsten erwarten den Besucher hier meist noch Ruhe und Abgeschiedenheit. Die spektakulären Alpen laden zu ausgedehnten Wanderungen ein, die Großstadt Shkodër in der Ebene des Skutari-Sees präsentiert bemerkenswerte kulturelle Besonderheiten.

Hier im "Großen Bergland" haben sich die überlieferten Bräuche der Bevölkerung erhalten wie nirgendwo sonst im Land.

Skutari-See (Karte 1:150.000 von freytag & berndt: D/E 4)
Zwischen 370 km² und 540 km² nach der Schneeschmelze misst der größte See der Balkanhalbinsel. Er ist durchschnittlich 48 km lang, 14 km breit und nur bis zu 9 m tief. An manchen Stellen wird das Gewässer von unterirdischen Quellen gespeist, diese sind teilweise bis zu 44 m tief. Ein Drittel des Sees gehört zu Albanien und steht seit 2005 unter Naturschutz, zwei Drittel zu Montenegro, dort heißt er Skadarsko Jezero und ist seit 1983 als Nationalpark ausgewiesen. Der See ist Rückzugsgebiet zahlreicher und auch seltener Vogelarten, seit 2014 nistet nach langer Pause der Krauskopfpelikan wieder hier. Auch für Zugvögel aus Nordeuropa ist das sensible Ökosystem mit etlichen endemischen Tier- und Pflanzenarten ein wichtiger Rast- und Brutplatz. Das Gewässer ist sehr fischreich (Angeln ohne Lizenz erlaubt). Im Südwesten trennen die bis zu 1.600 m hohen Gipfel des montenegrinischen Rumija-Gebirges den See von der etwa 20 km entfernten Adria. Östlich, auf albanischer Seite, erstreckt sich ein breiter Streifen sumpfiges Flachland. Seine Höhe befindet sich fast auf Meeresspiegelniveau. Neben den unterirdischen Zuflüssen wird er auch von der montenegrinischen Morača gespeist, der Abfluss erfolgt über die Buna, einen albanisch-montenegrinischen Grenzfluss, in die Adria. Der Skutari-See ist relativ jung, seine heutige Form erreichte er erst in den letzten 18.000 Jahren. Das Klima um den See ist sub-mediterran geprägt, seine Temperatur erreicht im Sommer bis zu 27°.

Bei einer Anreise nach Albanien über Muriqan/Sukobin (südlich des Sees) bietet die Straße auf montenegrinischer Seite oberhalb des Seeufers wunderschöne Ausblicke auf mehrere Klosterinselchen und die bereits in Albanien liegende Bergwelt. Die Einreise über Hani i Hotit ist eine landschaftlich ebenso reizvolle Strecke, die ufernahen Berge spiegeln sich meist in Originalfarben im still liegenden See.

Die beiden idyllisch gelegenen Dörfer Shirokë und Zogaj (vor der großen, neuen Brücke in Shkodër ausgeschildert, 2 km bis Shirokë, 10 km bis Zogaj), am südwestlichen Ufer am Fuße des 593 m hohen Tarabosh-Berges, eignen sich gut für einen kurzen Badeaufenthalt und sind auch aufgrund der Ausflugslokale mit guten Fischgerichten einen Abstecher wert.

Tipps für Camper:

Lake Shkodra Resort direkt an der Ostküste des Sees bei Omarë/Grilë, etwa 10 km nördlich von Shkodër, mit Restaurant, (www.lakeshkodraresort.com; 42°08'18.4"N 19°28'02.1"E).

Camping Legjenda direkt am Fluss Buna - Rruga Agron 1, ausgeschildert, mit Pool und Restaurant, (www.campinglegjenda.com; 42°02'37.5"N 19°29'20.1"E).

Shkodër (Karte 1:150.000 von freytag & berndt: E 5) (Highlight)

Die fünftgrößte Stadt (etwa 112.300 EW) Albaniens ist eine der interessantesten, in jeder Hinsicht. Das wirkt sich auch an den Bevölkerungszahlen aus, sie haben in den letzten Jahren einen rasanten Zuwachs erfahren. Der altehrwürdige Ort ist reich an Kultur, besitzt eine sehr reizvolle Lage am Skutari-See am Fuße der Albanischen Alpen und bietet tiefe Einblicke in ein typisch städtisches, albanisches Alltagsleben, obwohl durch die grenznahe Lage zu Montenegro inzwischen sehr moderne europäische Einwirkungen spürbar sind. Zudem ist er eine ideale Basis für Touren und Ausflüge in die phantastische Bergwelt.

Shkodër ist die einzige Siedlung des Landes, welche auf eine immerwährende große Bedeutung in ihrer fast 2.500 Jahre alten Geschichte zurückblicken kann. Mächtige Völker hinterließen ihre einflussreichen Spuren. Gegründet von den Illyrern, war sie bis zuletzt Regierungssitz deren Könige. 168 v. Chr. wurde sie von den Römern eingenommen, daraufhin bald Hauptstadt der römischen Großprovinz Dalmatia und mit der Verbreitung des Christentums hat man im 4. Jhd. das Erzbistum Scodra gegründet. Im 6. Jhd. übernahmen Slawen die Stadt, bis ab dem 11. Jhd. für etwa 350 Jahre Adelsgeschlechter und Fürstentümer die Region regierten. Im Anschluss fiel das Gebiet an die venezianische Großmacht und erlebte einen Aufschwung und blühenden Wohlstand. 1479 bekundeten die Osmanen etwas verspätet auch hier Ihre Herrschaft. Shkodër wurde Hauptstadt des nördlichen Landesteiles. Zu dieser Zeit konvertierten fast alle Bewohner der sonst katholischen Provinz zum Islam. Zur Zeit der albanischen Nationalbewegung um 1870, welche hauptsächlich hier ihren Ursprung hatte und von hier kontrolliert wurde, entstanden zahlreiche Bildungsstätten. Nachdem während der Balkankriege 1912/13 die Montenegriner sich einige Zeit die Stadt unterstellten, wurde sie 1914 endgültig Albanien zugesprochen. Nach dem 1. Weltkrieg und auch während des Kommunismus unter Enver Hoxha erlebte sie einen rasanten Verfall ihres Reichtums und zahlreicher Kulturstätten, vor allem religiöse Häuser wurden zerstört. Heute ist davon kaum noch etwas zu sehen und Shkodër hat ihren Status als Erzdiözese wiedererlangt. Als politisches, kulturelles und wirtschaftliches Zentrum des Nordens hat sie zudem unübersehbar ihren ursprünglichen Wohlstand zurückgewonnen. Ein weiterer, tourismusfördernder Segen ist der komplett erhaltene, historische Ortskern mit einem Mix aus venezianischer und osmanischer Architektur. Aufwendig restauriert ist er heute eine der wichtigsten Sehenswürdigkeiten der Stadt. Viele Künstler und eine besondere Lebensart verleihen der Stadt ihren Flair und das Engagement der Stadtverantwortlichen macht aus ihr ein Beispiel für den Erhalt von Tradition und Architektur im Einklang mit modernen Einflüssen.

unrenovierte und fertige Nachbarn

! Shkodras Verkehr ist chaotisch !

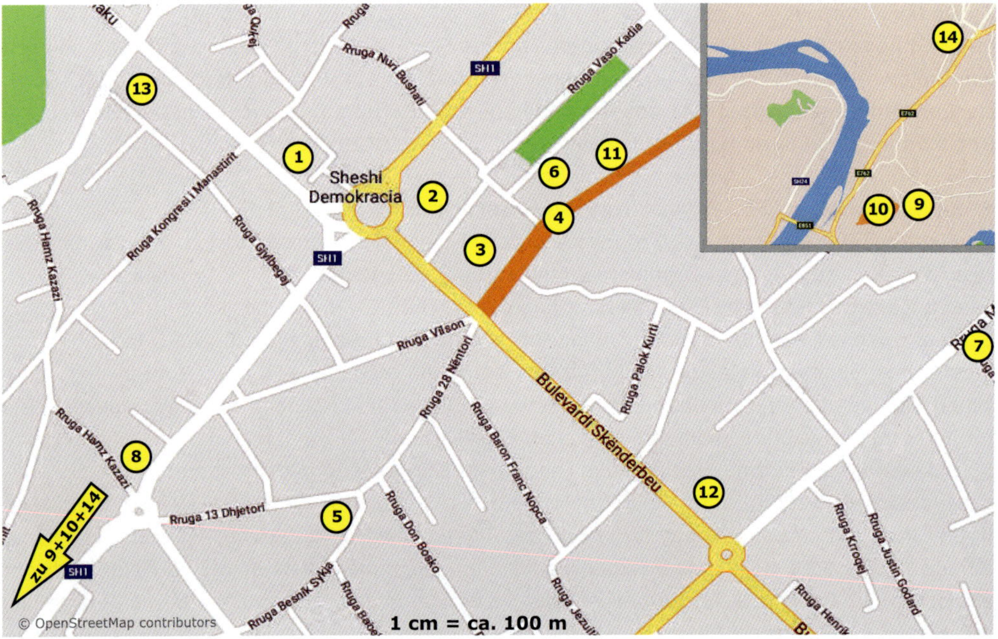

1 - Migjeni-Theater
2 - Uhrturm
3 - Hauptmoschee "Ebu Bekr"
4 - Fußgängerboulevard
5 - Rathaus
6 - Orthodoxe Kathedrale
7 - Stephanskathedrale
8 - Parrucë-Moschee
9 - Bleidachmoschee
10 - Festung Rozafa
11 - Fotografiemuseum Marubi
12 - Ort des Zeugnisses und Gedächtnisses
13 - Historisches Museum
14 - Historischer Bazar

Sehenswertes in der Stadt

Ausgangspunkt ist der zentral gelegene Sheshi Demokracia (Platz der Demokratie), hier thront ein futuristisches Säulenmonument mit Springbrunnen, welches das ausgediente Denkmal der fünf Helden (Partisanenkämpfer im 2. Weltkrieg, dies befindet sich nun an der nördlichen Stadtzufahrt) ersetzt hat. Direkt am Platz liegt das **Migjeni-Theater**, benannt nach einem sehr jung verstorbenen albanischen Dichter (1911-38). Bereits 1879 inszenierte man in einem Vorgängerbau das erste, in albanischer Sprache verfasste Theaterstück. Während der kommunistischen Ära wurden hier viele Stücke von Bertold Brecht aufgeführt. Vom runden, ockergelben Bau aus sendet täglich Radio Shkodra. Östlich des Sheshi Demokracia passiert man den alten **Uhrturm**, auch „English Tower" genannt. Ein englischer Lord namens Paget ließ das Ensemble 1880 als Kirche erbauen, um den Protestantismus in Albanien zu verbreiten, heute befindet sich darin ein Café. Etwas weiter gelangt man zur neuen, markanten **Hauptmoschee "Ebu Bekr"**, in ihrem Baustil erinnert sie stark an die Hagia Sofia in Istanbul. 1994 von einem arabischen Scheich finanziert und 2008 renoviert, bietet sie Platz für über 1.300 Gläubige. Die beiden Minarette sind über 41 m hoch und die zentrale Kuppel misst 24 m Höhe. Biegt man links in den **Fußgängerboulevard** ab, eröffnet sich die Lebendigkeit des wunderschön und aufwendig restaurierten Stadtteils "Gjuhadol". Hier reihen sich Cafés, Boutiquen und Souvenirshops aneinander, ebenso die Ateliers und Galerien der bildenden Künstler - ein Ort zum Bummeln und Verweilen. Die prächtigen Häuserfassaden wurden bereits im 20. Jhd. vom angesehenen Maler, Fotografen und Architekten Kolë Idromeno konzipiert, nach dem diese Flaniermeile benannt wurde. Sie setzt sich inzwischen bis in die angrenzende Rruga Gjuhadol fort.

Ein ähnliches Viertel entstand entlang der Rruga 28 Nëntori bis hin zum Sheshi Parrucë, hier befinden sich das **Rathaus**, einige Präfekturgebäude sowie das Gymnasium. Östlich der Moschee, zu Beginn des Boulevards, hat man kürzlich erst ein Denkmal zu Ehren Mutter Theresas gesetzt.

Nur eine Häuserzeile nördlich des islamischen Gebetshauses, in der Rruga Hasan Riza Pasha, gelangt man zur prächtigen, **neuen Orthodoxen Kathedrale** der Geburt des Herrn mit ihrem freistehenden Glockenturm. Sie wurde erst 2000 fertiggestellt, der kleine, hölzerne Vorgängerbau fiel 1998 einem Sprengstoffanschlag zum Opfer. Die Kirche mit ihrer aufwendig geschnitzten Ikonostase kann besucht werden, das Gelände ist aber zum Schutz vollständig eingezäunt.

Ein weiterer schöner Kirchenbau ist die **katholische Stephanskathedrale** mit ihrer teils schlichten und teils aufwendigen Innenausstattung. Sie besitzt unter anderem eine von Kolë Idromeno gefertigte Kassettendecke. Ursprünglich wurde sie bereits im Jahr 1865 eingeweiht und diente als Ersatz für die zur Moschee umgewandelte Kathedrale auf Rozafa, unterlag im Laufe der Zeit aber immer wieder Zerstörungen mit nachfolgenden Wiederherstellungen. Zuletzt bekam sie 2007 einen neuen Anstrich und wird inzwischen auch für klassische Konzertaufführungen genutzt. Die Kirche befindet sich am östlichen Ende der Rruga Gjuhadol. Im vornehmen Bau nebenan residiert der Erzbischof und er beherbergt ein Kirchenmuseum.

Shkodër besitzt von den ursprünglich 40 Moscheen noch etliche sehenswerte, darunter die **Parrucë-Moschee** am gleichnamigen Platz. Sie wurde 2007 an der Stelle des vor 40 Jahren abgerissenen Vorgängerbaus originalgetreu wiedererrichtet.

Am Sheshi Balshaj befindet sich neben der islamischen Schule die hübsch bemalte **Medresa-Moschee** aus dem Jahr 1991.

Auch erwähnenswert ist die teuer restaurierte **Bleidachmoschee** am Fuße des Burghügels. Der Bau aus dem Jahr 1774 ist der älteste und aufwendigste seiner Art, der sich in Albanien erhalten hat. Das durch Erdbeben und Überschwemmungen stark in Mitleidenschaft gezogene Gebetshaus wurde von Grund auf renoviert. Den Schlüssel gibt es im Anwesen nebenan.

Auf dem Weg zur Burg Rozafa liegt rechts der ehemalige **historische Bazar**, einst ein exklusives Einkaufsviertel und Handwerkszentrum. Hier befinden sich die "Wurzeln" Shkodras. Nach vielen Erdbeben im 19. Jhd. verlagerte man das Zentrum in nördliche Richtung. Auch hier fanden Renovierungen statt, er soll in seiner Exklusivität wiederbelebt werden, allerdings stehen viele der Läden noch leer.

Etwa 400 m davor findet alltäglich ein **großer Markt** statt.

Fussgängerzone - Relaxgarantie

Balkon-Café

die Bibliothek - bereits renoviert

noch nicht renoviert

das gute alte Männer-Handwerk

die Moschee "Ebu Bekr"

die Medresa-Moschee

Markt an einer Straßenecke

Museen, Ateliers:

Das **Historische Museum** befindet sich in einem typischen Anwesen aus der Türkenzeit, nordwestlich vom Zentralplatz, in der Rruga Oso Kuka. Der Bau selbst gehört zum Ausstellungsgut des Museums, der Zweck der multifunktionalen Bauweise wird hier sehr anschaulich dargestellt. Die Exponate reichen zurück bis in die Steinzeit. Im Obergeschoss des Wohnhauses ist die Ethnografische Abteilung untergebracht, mit einer ansehnlichen Sammlung von Trachten, Haushaltsgegenständen und Musikinstrumenten. Man gewinnt einen guten Eindruck über das Leben der Shkodraner vor über 100 Jahren.

i *200 Lek, Mo-Fr 9.00-12.00 h*

Das **Nationale Fotografiemuseum Marubi** beherbergt eine sehenswerte Reihe von über 150.000 Bildern und Negativen mit wichtigen Momentaufnahmen der neueren Geschichte und dem Alltagsleben der Nordalbaner aus dem 19. und 20. Jhd. Ein Teil davon wird in einer Ausstellung präsentiert. Die drei Marubis, Pjetër, Kel und Gegë, gehörten zu den bedeutendsten albanischen Fotografen und unterhielten über drei Generationen in Shkodra ein Fotostudio. Pjetër Marubi machte 1858 das erste in Albanien aufgenommene Foto. Inzwischen gehört die Sammlung zum nationalen Kulturerbe. Sehr zentral gelegen, in 2016 neu eröffneten Räumlichkeiten am Beginn der Fußgängerzone Kolë Idromeno.

i *700 Lek, Mo-So 9.00-19.30 h, letzter So im Monat frei*

Der **Ort des Zeugnisses und Gedächtnisses** (Site of Witness and Memory) ist eine ergreifende Gedenkstätte für die Opfer des Kommunismus. Im ehemaligen Gefängnis der kommunistischen Geheimpolizei „Sigurimi" befindet sich eine sehr sehenswerte Ausstellung über die Verbrechen der Diktatur und das Leben der Häftlinge in den Straflagern, inklusive der original ausgestatteten Zellen und des Verhörzimmers. Zu finden am Bulevardi Skënderbeu, etwa 500 m vom Sheshi Demokracia entfernt.

i *150 Lek, Mo-Fr 9.00-14.00 h, Mo+Mi 17.00-19.00 h*

Die **Venezianische Maskenmanufaktur** verfügt über eine der größten Sammlungen weltweit und fertigt in eigener Handarbeit eine unglaubliche Vielfalt an Gesichtsbedeckungen und Wanddekorationen, von der einfachen Halbmaske bis hin zu wirklich extravaganten Versionen mit Federn, Glitzer und Kristallen. Viele der Kunstwerke kommen unter anderem auch auf dem Karneval von Shkodra im Februar zum Einsatz. Die Arbeiten stehen zum Verkauf. Liegt etwas versteckt in der nördlichen Rr. Pal Ëngjëlli, 1,5 km östlich vom Zentrum.

i *kein Eintritt, Mo-Sa 8.00-15.00 h*

Ein wunderschöner Blick über die Stadt bietet sich von der Meridian-Bar hinter der Universität in der Rr. Student oder vom Café auf der Dachterrasse des Grand Hotel Europa gegenüber der Uni.

Tipp: In der Stadt bekommt man vorzügliches Schwarzgeräuchertes aus Montenegro!

Infos:

Die **Busse** nach Tirana fahren ab dem Bulevardi Bujar Bishanaku, etwa 50 m vom Sheshi Demokracia. Stündlich zwischen 7 und 17 h, Fahrzeit ca. 2,5 Stunden, 300-500 Lek.

Verkehr & Parken: Vorneweg erwähnt, Shkodër ist mit Abstand die chaotischste Stadt des Landes. Sie verfügt teilweise über ein Einbahnsystem, was aber bei den Einheimischen kaum beachtet wird und die zahllosen Radfahrer nehmen generell Sonderrechte für sich in Anspruch. Parken in der Innenstadt ist kaum möglich, besser an einer der Umgehungsstraßen oder der nördlichen Ausfallstraße und die paar hundert Meter zu Fuß gehen.

Eine von etlichen **Touristeninformationen** befindet sich in der Fußgängerzone Kolë Idromeno etwas zurückversetzt gegenüber der Marubi-Fototeka.

Ein guter **Tourenveranstalter** für Stadtrundgänge und Ausflüge in die Umgebung (z.B. Sarda-Island) ist Kiri-Adventures in der Rr. Gjuhadol, +355692251722, www.kiriadventures.al;

Ebenso kann man sich getrost den Unterkunftsbetreibern anvertrauen, sie organisieren das Vorhaben zuverlässig, von der Abholung bis zur weiteren Unterkunft.

Übernachten:

Tradita Geg & Tosk - zentrumsnah gelegenes Boutique-Hotel in einem traditionellen Haus mit großem Innenhof und entsprechend authentischer Innenausstattung. DZ ab € 56,-- incl. Frühstück. Traditionelles Restaurant vorhanden. Rruga Edit Durham 4, Tel. +35525372240, www.hoteltradita.com, info@traditagt.com

The Red Bricks Hotel - sehr zentral gelegenes Haus mit stilvoller, moderner Einrichtung, dem Namen entsprechend. DZ ab € 50,-- ohne Frühstück. Ecke Rruga Studenti 84/Sheshi Demokracia, Tel. +35522900888, www.theredbricks-al.com, info@theredbricks-al.com

Rose Garden - zentrumsnah gelegen und modern ausgestattete, helle Zimmer, ansprechende Sitzgelegenheiten im Freien, mit Restaurant. DZ ab € 32,-- incl. Frühstück. Rruga Justin Godard 18, Tel. +355693117127, www.rosegardenhotel.al, info@rosegardenhotel.al

Mi Casa es tu Casa - sehr beliebtes und originell gestaltetes Hostel nahe des Zentrums, familiär und freundlich. Bett im Schlafsaal ab € 8,-- incl. Frühstück. Bulevardi Skënderbeu 26, Tel. +355693812054, www.micasaestucasa.it, hostelshkoder@gmail.com

Essen und Trinken:

Elita - einfache Innenausstattung aber vielfältige, ausgezeichnete Küche (italienisch, mediterran, albanisch), freundlicher Service und günstige Preise. Etwas versteckt in der Rruga At Gjergj Fishta gegenüber der Franziskanerkirche, Tel. +355692062193, 8.00-16.00 & 18.30-23.00 h

Legjenda (zum Campingplatz gehörend) - stilvolles Restaurant mit viel künstlerischen Details ausgestattet und einem ansprechenden, schattigen Garten, umfangreiches Menü mit Fisch, traditionellen albanischen und italienischen Gerichten, top-Service und moderate Preise. Rruga Agron 1, südlicher Ortsausgang, Tel. +355696506746, 9.00-23.00 h

Shqiponja (Aquila) - alteingesessenes Fischrestaurant unterhalb des Festungshügels mit Blick auf die Buna, auch italienische und europäische Küche, guter Service, günstige Preise. Rruga Bexhene, Tel. +35522241625, 7.00-0.00 h

Tradita - zum o.g. Hotel gehörendes Restaurant mit besten traditionellen Gerichten in stilvoller Atmosphäre und mit freundlichem Service, moderate Preise, Folkloreabende. Rruga Edit Durham 4, Tel. +35525372240, 7.00-23.00 h

die Bleimoschee am Burghügel

und ihr Gegenstück in der Burg

das Flussdelta hinter der Burg

Rozafa-Festung (Top-Tipp)

Auf dem der Stadt vorgelagerten, 130 m hohen und steilen Hügel befindet sich die gut erhaltene Festung Rozafa, eines der Wahrzeichen der Stadt. Ein Besuch der Burg ist auch aufgrund der grandiosen Sicht auf das Umland sehr lohnenswert. Der Skutari-See mit dem Zusammenfluss von Drin und Kir in die Buna, die Stadt Shkodra und die Sicht über die weite Ebene bis auf die hohen Berge des Voralpenlandes wirken von dieser Stelle aus besonders reizvoll.

Bereits im 4. Jhd. v. Chr. gründeten die Illyrer hier eine Siedlung, welche sich während der Römerzeit bis zum heutigen Stadtgebiet ausdehnte. Strategisch günstig gelegen, hatte die Burg auch unter den Byzantinern und Venezianern große Bedeutung. 1479 wurde sie von den Türken erobert und war bis spät in das 17. Jhd. bewohnt. Bis 1913 wurde die Anlage militärisch genutzt, zuletzt von den "benachbarten" montenegrinischen Streitkräften.

Der Name der Festung beruht auf einer alt überlieferten Legende. Die Bautätigkeiten wollten einfach kein Ende nehmen, so beschlossen die drei verbrüderten Bauherren, nach Rat eines Weisen, jene ihrer Frauen den Göttern zu opfern und einzumauern, welche am Tag darauf als Erste das Essen bringen würde. Die beiden älteren Brüder weihten Ihre Frauen ein, so traf es die junge Rozafa, die Frau des jüngsten Bruders. Sie erduldete ihr Schicksal, bestand jedoch darauf, dass man einen Arm, ein Bein und eine Brust frei ließ, um ihr Neugeborenes weiterhin streicheln, wiegen und stillen zu können.

Mit einem Umfang von 900 Metern bietet die dreiecksförmige Burganlage eine Vielzahl von sehenswerten Resten aus großen Epochen. Im Eingangsbereich liegen die riesigen Gewölbe mit ihren Vorratsnischen. Ein bis über die Höhe der großen Fensterbögen noch recht gut erhaltenes Gebäude ist die Kathedrale St. Stephan, vermutlich aus dem 13. Jhd., welche später zu einer Moschee umgebaut wurde, das Minarett ist noch zu erkennen.

Im Inneren der Festung liegt das Kommandantenhaus, dort befindet sich auch das Museum (*200 Lek*) mit interessanten, historischen Dokumenten und Gegenständen aus der Illyrer- und Römerzeit sowie Waffen. Das bunkerartige Gebäude beherbergte die Kasematten, tief unter dem Boden lag ein ausgedehntes Zisternensystem. Die Burganlage war durch einen Tunnel mit der Stadt verbunden.

die gute Stube im Burgrestaurant

Das Gebäude östlich des Hügels ist die bereits beschriebene Bleidachmoschee. Im Nordwesten liegt die alte abenteuerliche, einspurige Holzbrücke, über die man noch bis Ende 2011 von Montenegro kommend in die Stadt einfuhr, heute ist sie für den mobilisierten Verkehr gesperrt.

Anfahrt: Ab der neuen Brücke über die Buna Richtung Zentrum ist die Burg nach etwa 250 m nach rechts ausgeschildert. Kommt man vom Zentrum, muss man erst bis zum Kreisverkehr fahren und dann die 250 m zurück zum Abzweig. Unter der Woche bzw. außerhalb der Saison findet man in der Regel Parkplätze direkt unterhalb des Festungseingangs (keine großen Autos!), ansonsten kann man etwas weiter unterhalb auf dem Reisebusparkplatz stehenbleiben und muss einen kurzen Fußmarsch in Kauf nehmen - *200 Lek, 8.00-18.00 h*.

Der Sieg der Sterne – eine Marke erobert ein Land

Wer zum ersten Mal nach Albanien kommt, dem fällt neben der außerordentlich sportlichen Fahrweise der Albaner auch deren Begeisterung für Deutschland auf. Und dies scheint in der Liebe zu einem dreizackigen Stern zu gipfeln. Überall in den Straßen tummeln sich uralte Rentnerkarren, geräumige Familienkombis und extravagante Protzkisten der Marke Mercedes-Benz. Andere Fabrikate sind in der Minderzahl, der Mercedes ist in Albanien Volkswagen. Aber wie zum Teufel kann es in diesem kleinen Land so viele Großverdiener, Protze und Rentner geben? Unerklärlich. An der Ausfallstraße von Tirana nach Durrës passiert man Auto-Star, einen gläsernen Kasten, die offizielle Mercedes-Benz-Vertretung, die im Corporate-Design aussieht wie jede andere Filiale weltweit. Doch die Existenz des robusten Autos in Albanien hat eine überzeugende Geschichte. König Zogu schon bekam zu seiner Hochzeit 1938 mit Geraldine von Apponyi, einer ungarischen Gräfin, angeblich von Adolf Hitler einen prunkvollen Mercedes 770 geschenkt. Der Monarch wurde zwar ein Jahr später von den Italienern vertrieben, doch der Grundstein einer Autokarriere war gelegt. Darunter konnte auch das Verbot des Privatautobesitzes unter der Diktatur von Enver Hoxha nichts ändern. Unter dem Bau der zahllosen Bunker bröckelten die Straßen vor sich hin, die Natur nahm sie sich zurück. Erst nach dem Fall der Diktatur in den 1990er-Jahren kamen wieder Autos in das Land. Europäische Marken wie Ford, Fiat, Peugeot und Opel, die jedoch die albanischen Pisten nicht lange überlebten. Nur Autos von Mercedes-Benz siegten über die Belastungen durch Schlaglöcher, Schotter, Geröll und Römerpflaster und die Albaner wollten nichts anderes mehr. Damals dürfte der Marktanteil bei 70% gelegen haben. In den letzten Jahren haben andere Automarken aufgeholt, doch die Liebe der Albaner zum Mercedes ist ungebrochen. Jeder Mechaniker kennt ihn in- und auswendig, Ersatzteile sind überall günstig zu bekommen, das hält die Dichte hoch, höher als in jedem anderen Land der Welt. Nur auf dem Produktionsband in Stuttgart-Sindelfingen dürfte sie die albanische übersteigen. Zu bemerken ist dies auch bei den kleineren Autohändlern, die in wachsender Anzahl überall im Land zu finden sind. Zu 90% verkaufen sie Mercedes, die meisten mit deutschen Kennzeichen, die Zulassungsplakette abgekratzt. Sie werden über Kontaktmänner im Internet in Deutschland gekauft, nach zehn bis 15 Jahren sind sie dort zu Schleuderpreisen zu haben. Zum Transport, der oft per Schiff ab Triest nach Durrës erfolgt und in etwa 700 € pro Auto kostet, kommen in Albanien Zoll und Steuern, einheitlich und unabhängig von Abgasnormen, egal ob Euro-Norm 3, 4, 5 oder 6. Eine E-Klasse 220, Jahrgang 2001, 250.000 km kann man hier für € 3.600 haben, bar auf die Hand, Mercedes für jedermann. Im Vergleich dazu kostet ein S-500 Cabrio, acht Zylinder mit 455 PS und Swarovski-Kristallen in den Scheinwerfern bei Auto-Star in Tirana knappe 146.000 Euro. Doch für viele Albaner ist, entgegen dem Anschein, selbst noch die Billigvariante schwer erschwinglich. Aber eines ist unbestreitbar – in Albanien stirbt der Mercedes – sagt ein Sprichwort.

Ura e Mesit - Mesi-Brücke (Karte 1:150.000 von freytag & berndt: E 5)

Auf dem südlichen Weg in das Theth-Tal findet man eine bemerkenswert gut erhaltene osmanische Steinbogenbrücke aus der Mitte des 18. Jahrhunderts. Mit über 108 Metern Länge und einem 18 Meter hohen Hauptbogen überspannt sie den Fluss Kir und ist die größte ihrer Art aus dieser Zeit. Sie ist bis zu 4 Meter breit und hat 15 Durchlässe. Eine weitere Besonderheit liegt in der "abgewinkelten" Bauweise der Brücke - 5 Meter jenseits des Hauptbogens knickt sie nach rechts ab. Ursprünglich besaß sie anstelle der kleinen Rundbögen Treppenaufgänge und war steil, später wurden aufgrund der Hochwasserprobleme die äußeren Bögen nachgesetzt und der Verlauf begradigt. Das Kulturdenkmal war Bestandteil einer Handelsroute, die von Shkodra entlang der Alpen in den Kosovo führte und bereits von den Römern genutzt wurde. Daher wird vermutet, dass an dieser Stelle bereits lange Zeit vorher eine Brücke vorhanden war.

Anfahrt: Vom Sheshi Demokracia in Shkodër der SH1 900 Meter nach Norden folgen, hier rechts in die Rruga Lëvizia Postribës abbiegen, der Straße etwa 6,5 km folgen. Im Ort Mes an der Gabelung ein paar Meter nach rechts unten fahren.

die Mesi-Brücke und die Insel Shurdhah

Shurdhah Insel und Vau i Dejës (Karte 1:150.000 von freytag & berndt: E 5)

Der Unterlauf des Drin-Stausees von Koman bis zur Mündung des Drin in die Buna ist geprägt von zahllosen Buchten und Becken, die durch etliche Durchlässe miteinander verbunden sind. Mit ein wenig Vorstellungskraft lässt sich das ursprüngliche Aussehen der auch jetzt wundervollen Landschaft nachvollziehen. In einem dieser Becken befindet sich die kleine Insel Shurdhah, gerade mal 7,5 ha groß, mit einer Länge von knapp 400 m. In der Antike war es ein befestigter, mit dem Festland verbundener Burghügel, besiedelt erst von Illyrern, dann von den Römern. Der Ort lag strategisch günstig entlang der Handelsroute von Shkodër nach Gjakovë. Er war ein überaus wichtiges kulturelles und religiöses Zentrum mit 365 Altären, die jeweils einem anderen Heiligen gewidmet waren. Im Mittelalter hat sich die Siedlung zur blühenden Stadt Sarda entwickelt und war Bischofssitz. Im 15. Jhd. war sie Sitz des Fürsten Lekë Dukagjin, nach ihm wurde vermutlich der Kanun benannt. 1491 wurde sie von den Osmanen verwüstet. Ende der 1960er-Jahre hat im Rahmen der Flutung der Gegend der Stausee beträchtliche Teile des alten Sarda unter der Wasseroberfläche verschwinden lassen. Aktuell sind zwischen Bäumen und Macchia noch wenige Festungsmauern, die Ruinen der Burg aus dem 11. Jhd., Türme und die Überreste einer byzantinischen Kirche zu sehen. Am höchsten Punkt der Insel liegt eine kleine, wiederaufgebaute Kapelle, die wieder für religiöse Andachten genutzt wird. In ihrem Innern befindet sich ein steinerner Altar mit einem kleinen Kruzifix.

In den Sommermonaten ist Shurdhah mit einem Touristenboot vom Staudamm bei Vau i Dejës oder vom kleinen Ort Rragam aus zu erreichen (Kontakt über facebook.com/pages/Shurdhah-Island/121102894604439 oder über eine der Reiseagenturen in Shkodër, z.B. Kiri).

Velipoja & Viluna-Lagune (Karte 1:150.000 von freytag & berndt: F 4)

Der nördlichste Strandabschnitt Albaniens ist von Shkodër aus in etwa 40 Minuten zu erreichen, er liegt 25 km südwestlich der Stadt. Einst war Velipoja nur ein kleines, verschlafenes Fischerdorf und ausschließlich als Naturreservat ausgewiesen, doch das touristische Potenzial des kilometerlangen Sandstrandes nördlich der Viluna-Lagune wurde schnell erkannt. So ist der Ort heute bis in das Hinterland bereits gut erschlossen mit Hotels, Ferienwohnungen, Restaurants, Shops und Vergnügungseinrichtungen. Vor allem Albaner und Urlauber aus den Nachbarländern verbringen hier ihren Sommerurlaub. Doch außerhalb der heißen Hochsommermonate kann man in Velipoja durchaus ein paar angenehme Strandtage verbringen. Alternativ bietet sich der inzwischen zwar auch erschlossene, aber bei weitem ruhigere Nachbarstrand von Baks Rrjollë an. Südlich an das Freizeitgebiet schließt sich die 300 ha große Viluna-Lagune an, man erreicht sie mit dem PKW über eine kleine Brücke durch einen Pinienwald. Der fischreiche Meeresabschnitt (ideal zum Angeln) ist Rückzugsgebiet zahlreicher, auch seltener Vogelarten und Fischotter. Von Baks Rrjollë erreicht man nach einer etwa 30-minütigen Wanderung am Strand entlang ein Naturmonument - die Großdüne Rana e hedhur. **Anfahrt:** Der ausgeschilderte Abzweig befindet sich etwa 5 km südlich von Shkodër, von hier sind es 25 km bis zum Ortszentrum von Velipoja. Die Zufahrt nach Baks Rrjollë zweigt nur wenige km vor Velipoja ab.

Lezha (Karte 1:150.000 von freytag & berndt: G 5)

Eine für das albanische Volk außerordentlich bedeutende Stadt ist Lezha (15.500 EW), die letzte "Ruhestätte" des Nationalhelden Skanderbeg befindet sich hier. Nach seinem Tod 1468 wurde er in der kleinen St.-Nikolaus-Kirche am Fuße des Festungshügel beigesetzt. Zehn Jahre später plünderten die Türken nach der Übernahme aus Rache sein Grab und fertigten Amulette aus seinen Knochen. Die Kirche wurde während der osmanischen Herrschaft in eine Moschee umgewandelt, die im 17. Jhd. verfiel, gegen Ende des 18. Jhd. aber nochmals restauriert wurde. Bis 1968 diente sie als muslimische Gebetsstätte, obwohl Enver Hoxha sie bereits 1967 im Rahmen der Atheismuskampagne schließen ließ. 1978 entdeckte man Skanderbegs Grab im Inneren, ein Jahr darauf wurde der Bau bei einem Erdbeben fast komplett zerstört. Was von den Ruinen der ehemaligen Kirche noch übrig blieb, wurde zum Kulturdenkmal erklärt und 1981 war die Skanderbeg-Gedenkstätte fertiggestellt. Ein Betonhallendach schützt die Kultstätte auf dem antiken Ausgrabungsareal und

das Memorial und die Burg

das Innere wurde sparsam mit bildlichen Zeitzeugen seiner 25 Kämpfe gegen die Türken sowie Replika seines Helmes und Schwertes bestückt, die Originale befinden sich im Kunsthistorischen Museum in Wien. Ein kurzer Andachtsmoment ist sicher angemessen, in Anbetracht dessen, wie weit die Türken ohne Skanderbeg nach Europa vorgedrungen wären.

Anfang 2018 wurde die Stätte aufgrund des 550-jährigen Todestages des Helden touristisch aufgewertet und mit neuen Informationen ausgestattet.

Ein weiteres Memorial in diesem Zusammenhang ist die zentrale Steintafel im Ort, welche der Liga von Lezha 1444 gewidmet ist. In ihr wurde zusammen mit den herrschenden Fürsten und Stammesführern ein Verteidigungsbündnis gegen die Osmanen geschlossen. Die Überreste in der Unterstadt auf dem Gelände des Memorials lassen auf eine illyrische Siedlung schließen, ebenso kann man die Ursprünge der Stadt auf dem 400 Meter hohen Festungshügel bis in das 8. Jhd. v. Chr. zurückdatieren, auch hier siedelten anfänglich Illyrer. Sehr gut lassen sich die Überreste der nachfolgenden Stämme und Epochen deuten – Römer, Byzantiner, regionale Fürsten, Venezianer, Türken. Ihr heutiger Charakter entstand zu osmanischer Zeit zwischen 1515 und 1521. Man erreicht die Burganlage über zwei verschiedene Anfahrtswege, (ein neuer Einstieg direkt gegenüber des Memorials, ein zweiter in der unteren Altstadt) der Blick von oben über das Gebiet bis hin zu den Lagunen und der Adria ist eindrucksvoll - *200 Lek*.

Auf der anderen Seite der Staatsstraße SH1 liegt das imposante neue Franziskanerkloster, ursprünglich wurde es im 13. Jhd. von Franz v. Assisi auf seiner Heimkehr aus Syrien gegründet, dieser Bau liegt sehr versteckt etliche Meter dahinter.

Naturreservate Kuna, Vain, Tala (Karte 1:150.000 von freytag & berndt: G 5)

In der Nähe von Lezha befinden sich drei unterschiedlich geprägte Lagunenabschnitte des Kleinen-Drin-Mündungsdeltas in die Adria. Das Sumpf- und Brackwassersystem ist als gefährdetes Naturreservat ausgezeichnet und unterliegt aufgrund seines vom Aussterben bedrohten Artentums den RAMSAR-Naturschutzkonventionen. 135 verschiedene Vogel- und 60 Fischarten werden hier verzeichnet. Inzwischen ist eine Befahrung mit dem PKW bis in weite Teile des Systems möglich, ansonsten kann das Gebiet über zahlreiche Dämme und Deiche erwandert werden.

Kuna ist die nördlichste und ursprünglichste der Lagunen, der Abzweig dorthin befindet sich unmittelbar vor der kleinen Hafenstadt Shëngjin. Am Ende der Asphaltstrasse trifft man auf ein Fischrestaurant, ab hier geht es zu Fuß weiter auf die Kuna-Insel.

der Weg durch die Lagune Kuna

Die Lagune **Vain** ist labyrinthartig weit verzweigt und besitzt zwei Zufahrten, eine über Ishull-Lezha, unmittelbar nach der Überquerung des Drin und eine weitere nach 2,4 km Richtung Westen. In Vain trifft man noch häufig auf Fischer, die auf traditionelle Weise und aller Ruhe ihrer Tätigkeit nachgehen.

Bei **Tala** handelt es sich vorwiegend um unzugängliches Sumpfgebiet und einen schönen, breiten Sandstrand, touristisch noch relativ wenig erschlossen. Der Abschnitt ist über Vain oder einer ausgeschilderten Zufahrt ab der SH1 zugänglich. Sehenswert entlang des Anfahrtsweges sind etliche begehbare Großbunker. Geplant war hier ein touristischer Ausbau zu einer kleinen Ferienanlage, gescheitert ist das Projekt aufgrund nachbarschaftlicher Kontroversen.

Gjergj Kastrioti Skanderbeg (1405–1468) war ein albanischer Fürst aus dem Adelsgeschlecht der Kastrioti und erlangte bereits zu Lebzeiten Ruhm. Sein Vater Gjon unterstellte sich freiwillig nach der Schlacht auf dem Amselfeld (Kosovo, 1389) als Vasall dem türkischen Sultan und überließ seine Söhne dem Sultanat, wo sie ihre Ausbildung erhielten. Ab 1423 diente Gjergj als Militärkommandeur 20 Jahre lang dem Osmanischen Reich. Als er von seiner wahren Herkunft erfuhr, verließ er mit 300 Soldaten das osmanische Heer und diente im Anschluss der Republik Venedig und ab 1451 bis zu seinem Tod offiziell dem Königreich Neapel. Im Vordergrund stand dabei stets die Befreiung seiner Heimat. Immer wieder änderte er, je nach Gesinnung, seine Religionszugehörigkeit. Während seiner letzten Jahre verteidigte er oft blutig aber siegreich Albanien mit wenigen tausend Mann gegen die zahllosen Invasionen der in der Überzahl befindlichen Türken und konnte deren Vormarsch in Europa lange Zeit aufhalten. Bei einer Belagerung von Kruja 1450 verloren die Osmanen sogar die Hälfte ihrer 150.000 Mann starken Armee. Erst 10 Jahre nach seinem Tod, er starb geschwächt an Malaria in Lezha, gelang es den osmanischen Streitkräften den Widerstand der Albaner unter Skanderbegs Sohn Gjon II. zu brechen. Sein kämpferischer Erfolg und die außerordentlichen militärischen Verdienste machten ihn in ganz Europa berühmt, der damalige Papst Calixtus III. würdigte ihn sogar mit dem Titel Athleta Christi – Verteidiger des Christentums. Im Lande wird er als Nationalheld verehrt und international in unzähligen Romanen und Verfilmungen gewürdigt. Zahlreiche Plätze und Straßen und sogar ein Cognac tragen den Namen Skanderbeg. Sein kunstvoll mit einer Gemse verzierter Helm liegt im Kunsthistorischen Museum in Wien. Im Januar (er verstarb am 17.01) 2018 wurde seinem 550. Todestag im Rahmen des Skanderbeg-Jahres in ganz Albanien ehrenvoll gedacht. Bei Labinot, einem kleinen Ort nahe Elbasan, stiftete ein Geschäftsmann das bisher größte Denkmal ihm zu Ehren, eine über 8 Meter hohe, unübersehbare Büste im Felsen.

Die Albanischen Alpen sind ein Teil des mächtigen Prokletije-Gebirgsmassivs, die Shqipetaren nennen sie auch "Großes Bergland", "Verwunschene" oder "Verfluchte Berge". Das stark verkarstete, durch Gletscherspuren geprägte Gebiet gipfelt im 2.694 m hohen Jezerca und hinterlässt mit seinen überdimensionalen hohen Steilwänden und spitzen Kronen sowie den tiefen Trogtälern und Hochebenen einen typisch alpinen Eindruck, wie nirgendwo sonst auf dem Balkan.

Manche Bergkuppen und Hochlagen des mythenumwobenen Berglandes führen das ganze Jahr über Schnee, das Wasser der zahlreichen Bäche und Flüsse ist trinkbar. In der kalten Jahreszeit sind viele Regionen monatelang von der Außenwelt abgeschnitten. Die Bewohner des eher kleinen Gebiets von nur etwa 500 km² pflegen traditionelle Sitten und Gebräuche, sind stolz, ehrhaft, selbstbewusst und sehr gastfreundlich, obwohl sie zu den Ärmsten des Landes gehören. Die Hand zum Gruß und spontane Einladungen gehören hier zum Alltäglichen.

Seit etlichen Jahren schon werden die Regionen im Bereich des Tourismus gefördert und unterstützt. Die Projekte stehen für nachhaltigen und sanften Tourismus im Einklang mit der unberührten Natur und sollen eine Abwanderung der Bevölkerung verhindern. Die Bewohner werden sich aber auch immer mehr bewusst, dass ihre Zukunft in der Vermarktung dessen liegt, was lange Jahre als selbstverständlich galt.

Vermosh, Theth, Valbona und der legendäre Koman-Stausee sind die magischen Namen in Albanien für passionierte Wanderer und Naturliebhaber.

Wichtige Hinweise: Trotz der stetig voranschreitenden Verkehrsanbindung dieser Bergregionen an wichtige Zentren des Landes, sind sie immer noch nur mit Zeitaufwand zu erreichen, dies sollte man bei der Reiseplanung berücksichtigen. Die teilweise engen Straßen sind kurvenreich und mit Höhenunterschieden sowie Steigungen versehen, was ein flottes Vorankommen unmöglich macht. Bis auf Theth sind alle Regionen nun auch endlich mit normalen PKWs und Wohnmobilen befahrbar. Öffentliche Verkehrsmittel fahren ab Shkodër und Tirana täglich.

es war einmal .... richtig offroad

seit Ende 2016 ist das Tal...

...jedoch durchgehend geteert

die Fußgängerzone von Tamarë

Das Vermosh-Tal (Highlight)
(Karte 1:150.000 von freytag & berndt: C 5 + B 5/6)

Das nördlichste der Alpengebiete, die Çem-Schlucht und das Vermosh-Tal, liegt unmittelbar südlich der montenegrinischen Grenzlinie, beginnt kurz hinter dem südöstlichen Grenzübergang Hani i Hotit zu Montenegro und reicht bis zum Grenzübergang Vermosh-Gusinje, ebenfalls zu Montenegro. Südöstlich begrenzen die Bjeshkët e Namuna (dt.: Verwunschene Berge) das Gebiet, ein besonders wasserarmes, karstiges Massiv. Seit Ende 2016 ist die ehemals aufwendige Piste, entstanden erst in den 1960er-Jahren, durchgehend asphaltiert und bildet somit die kürzeste Verbindung zwischen zwei wichtigen montenegrinischen Orten, der Hauptstadt Podgorica und Plav. Dieses entlegene, erst seit dem 19. Jhd. besiedelte Gebiet, auch Kelmend genannt, ist für die Albaner stets ein Ort mit vagen Vorstellungen gewesen: Eine in malerischen Dörfchen lebende, weltfremde und verträumte Bevölkerung, abgelegene und schwer zugängliche Täler, blumenreiche Almwiesen in einer anmutenden Berglandschaft, vermutlich die Urheimat freudvoll erfüllter Bergbauern und Hirten. Seit man Reisen in diese Idylle unternimmt, weiß man auch von imposanten Wasserfällen, glasklaren Bächen, hunderten von Karsthöhlen, weiten Wäldern vor eindrucksvollen Steilwänden und tiefen Schluchten. Ein romantisches Stückchen Eden, in dem durch die Abgeschiedenheit zahlreiche geschichtliche Ereignisse keinen Einfluss nehmen konnten. Auch ethnografisch ist der Kelmend eine Besonderheit. Sehenswerte Trachten tragen die Bewohner auch im Alltag, traditionelle Gesänge und außergewöhnliche Bräuche konnten sich bis heute erhalten.

Die knapp 65 km lange Route zweigt 2 km südlich von Hani i Hotit in östliche Richtung durch eine Unterführung ab. Bevor man die Hochebene von Rrapsh erreicht, eröffnet sich bald der Blick auf ein überdimensionales Kreuz im Hang, eine Bezeugung der Bevölkerung hier zur Zugehörigkeit zum katholischen Glauben, gebaut aus Steinen der alten Straße. Vom ersten Pass auf 770 m bietet sich von einem neuen Balkon ein beeindruckender Blick auf das enge, vordere Çem-Tal. Die nachfolgenden Serpentinen sind längst nicht mehr so zeitraubend wie sie es einst mal waren. Unten im Tal ist dem Ausbau der Etappe der schöne Blick auf den Verlauf des Çem-Flusses zum Opfer gefallen. Tamarë, eine 800-Seelengemeinde, verfügt inzwischen über etliche Cafés mit regionalem Speiseangebot, einige Guesthouses (sehr empfehlenswert ist das „Adriatiku", etwas erhöht am Hang), eine Touristeninformation und eine nette, neu gestaltete, kleine Fußgängerzone.

Es gibt Versorgungsmöglichkeiten, ein Dorfladen bietet Spezialitäten aus der Region an, unter anderem Raki mit Likör versetzt und einen sensationellen Pflaumenraki. Der Ort ist umgeben von hohen Bergen - ein reizvoller Anblick und er bietet sich durchaus für einen Stopp an.

Nachfolgend führt die Route langsam aber stetig aufwärts. Granatapfelbäume, Stechpalmen und niedrige Eichenbestände in kontrastreicher Abwechslung mit karstigen Steinwüsten säumen den Weg. Es folgt der malerische Ort Selca, anschließend erneut ein Serpentinen-Abschnitt bis zum 1.355 m hoch gelegenen Bordolec-Pass.

Man passiert einen der höchst gelegenen Orte Albaniens - Lepushë auf 1.260 m, im Winter liegt hier meterhoch Schnee und die Bewohner sind wochenlang von der Außenwelt abgeschnitten. Der Weg zum idyllischen Dorf unterhalb der Gipfel der Bjeshkët e Namuna zweigt unmittelbar jenseits des Passes, zwischen ein paar Häusern nach rechts ab. Das hübsche Dorf lohnt sich durchaus für einen kurzen Aufenthalt und ist ein guter Ausgangspunkt für Wanderungen, die aber teilweise sehr anspruchsvoll sind! Die Abfahrt ins hintere Tal fällt stellenweise wieder steil aus, bietet aber immer wieder eindrucksvolle und atemberaubende Panoramen. Das breite, noch sehr ursprünglich anmutende Vermosh-Tal auf 1.000 Hm selbst hat eine Längsausdehnung von gut 8 km und präsentiert sich eher wie eine sanfte Hochebene, die umliegenden Berge liegen weiter entfernt und wirken hier nicht mehr ganz so dramatisch steil. Der Ort liegt weit verstreut am gleichnamigen Fluss und ist ebenfalls gut als Basis für Wanderungen geeignet. In der unmittelbaren Umgebung gibt es Wasserfälle, kleine Schluchten und Höhlen, man erreicht sie am besten mit einem Führer.

Tipp: Nach Montenegro zum Prokletije-Nationalpark um die beschaulichen Orte Gusinje und Plav sind es nur wenige Kilometer. Das Gebiet ist reich an Naturbesonderheiten wie beispielsweise die Ali-Pascha-Quellen und diverse Ponore (Schlucklöcher) und zudem ein hervorragendes Wandergebiet, es ist Bestandteil des grenzüberschreitenden Fernwanderweges „Peaks of the Balkans".

Sehenswertes am Weg: Unmittelbar südlich von Tamarë liegt der Abzweig in das Tal von **Nikç** und **Vukël**. Der enge, schlechte und ungeteerte Fahrweg entlang eines Seitenarmes des Çem-Flusses endet nach 15 km in einem Talkessel vor 2.500 m hoch aufragenden Bergspitzen. Es ist eine sehr ursprüngliche, wildromantische Gegend mit hübschen alten Steinhäusern in traditioneller Bauweise und artenreichen Almwiesen. Das waldreiche Gebiet ist von etlichen, meist steilen Wanderwegen in die benachbarten Täler durchzogen.

ein "Hexenhäuschen" im Tal

Im Dorf Selca fällt die markante katholische Kirche auf, ab hier verläuft ein ausgeschilderter Wanderpfad zu einer der imposantesten Kaskaden des Gebietes, dem 30 Meter hohen Sllapi-Wasserfall. In unmittelbarer Nähe des Ortes liegt die sehenswerte, enge **Schlucht von Selca**, sie ist 25 m tief.

Tipp: Wer im August ins Vermosh-Tal fährt, sollte das am 2. Wochenende des Monats tun. Hier findet alljährlich in Lepushë das eindrucksvolle Trachtenvolksfest "Logu i Bjeshkëve" statt. Es ist eines der Aufwendigsten im Lande, die schönste Frau der Region wird gewählt. Das Fest zieht inzwischen auch zahlreiche Besucher aus dem Ausland an.

der Talkessel von Lepushë

Das Vermosh-Tal ist inzwischen schon recht gut auf Tourismus eingestellt. In sämtlichen Ortschaften existieren neben Privatunterkünften auch Gästehäuser, Pensionen und Campingwiesen sowie einfache Restaurants mit lokalen Gerichten, eine Spezialität ist die Bachforelle aus dem Çem-Fluss. Einen Laden mit übersichtlichem Angebot gibt es nur in Tamarë, dennoch kann bei den Bauern Obst, Gemüse, Brot und Käse erworben werden. Für Wanderungen werden von den Unterkünften auch Essenspakete bereitgestellt.

Minibusse fahren ab Shkodër frühmorgens nach Kelmend und am frühen Nachmittag dann wieder zurück (Zeiten in der Unterkunft erfragen).

Wasserfall - Zeit zum Wandern

Bar mit Ausblick - Zeit zum Relaxen

Theth-Tal (Highlight)
(Karte 1:150.000 von freytag & berndt: C 6)
Achtung: Voraussetzung ist 4x4 oder Bodenfreiheit

Das mythenumwobene Tal von Theth, auch Dukagjin genannt, befindet sich im Kern der Albanischen Alpen und ist trotz des rasant zunehmenden Tourismus immer noch eine sehr abgelegene Region. Durch diese Abgeschiedenheit konnten sich Traditionen und Riten entwickeln und lange erhalten, wie etwa die Einhaltung der im Kanun festgeschriebenen Regeln, ein Gesetzesbuch, welches das gesellschaftliche Miteinander der Bergbewohner festlegt. Der zugehörige Nationalpark mit einer überaus hohen Biodiversität ist über 2.600 ha groß und bietet in seiner Ursprünglichkeit einer Vielzahl geschützter Tier- und Pflanzenarten einen idealen Lebensraum. Umgeben von den höchsten Bergen, durchzogen von klaren Flüssen mit zahlreichen Wasserfällen, mit seiner unberührten Natur und außerordentlicher Gastfreundlichkeit der Bewohner zieht das Gebiet trotz seiner erschwerten Erreichbarkeit immer mehr Besucher an. Vor allem Wanderfreunde finden hier optimale Voraussetzungen für unvergessliche Touren und Erlebnisse. Aufgrund der ehemals sehr ärmlichen Lebensumstände konnten die Bewohner des Tals die touristische Erschließung nicht aus eigener Kraft aufbringen. Die GIZ (deutsche Gesellschaft für internationale Zusammenarbeit) vergab vor einigen Jahren im Zusammenhang mit einem "Guesthouseproject" günstige Kredite. Zur Förderung des sanften Tourismus wurden Häuser renoviert und um einen Gästeteil erweitert. So bieten nun viele alteingesessene Familien bis zu vier liebevoll eingerichtete, komfortable Zimmer, meist mit Verpflegung, die Badezimmer überraschen durch moderne Ausstattung. Ebenfalls zum Projekt gehörte die Förderung der Fremdsprachenkenntnisse sowie die Erstellung von Wanderkartenmaterial und Ausbildung von Führern. Inzwischen gibt es neben den Familienherbergen eine Vielzahl von weiteren Unterkünften (im Sommer sollte man unbedingt reservieren, z.B. über booking.com). Das Gebiet um das weitläufig angelegte Dorf Theth, 800 m hoch mitten im

Panorama am Edith-Durham-Denkmal

eindrucksvollen Talkessel gelegen, bietet sich auch durchaus für einen mehrtägigen Aufenthalt an und ist idealer Ausgangspunkt für Wanderungen in der Gegend. Vom Kirchplatz, der Bau wurde vor wenigen Jahren aufwendig mit Geldern der Diaspora restauriert, nach oben an den Hang laufend, gelangt man auf einen Weg, der das Dorf umrundet. Die Anwesen waren bis vor nicht allzu langer Zeit durch Leitersysteme miteinander verbunden, was eine gewisse Verbundenheit mancher Nachbarn vermittelte, heute sind sie verschwunden und haben dem Neid Platz gemacht. Neben den traditionellen Häusern fällt am südlichen Ortsrand ein fast fensterloses Gebäude auf - der berühmte Blutracheturm. Die sanierte Kulla kann besichtigt werden (€ 1,-), manchmal erzählt Sokol Nikolle Koçeku in Tracht sein spannendes Familienschicksal. Unterhalb des Turms befindet sich am Fluss eine kleine Mühle.

Sehenswertes in der Umgebung: Einige imposante Wasserfälle sind Abstecher wert. Südöstlich von Theth befindet sich ein besonders schönes Exemplar, der ca. 30 Meter hohe „Ujevara i Thethit" (Bild S. 34), dessen Wasser sich über bemooste Felsen in ein großes, mit rötlichen Steinen ausgelegtes Becken ergießt. Man erreicht ihn in einer 30-minütigen Wanderung ab dem Blutracheturm.

2 km ab der Flussdurchfahrt vom Dorf auf den Hauptweg liegt an einem markanten Felsen links unterhalb der Piste der Grunas-Canyon, eine hohe, sehr schmale Engstelle, die der Theth-Bach hier passiert.

Des Weiteren überaus beeindruckend ist die wasserdurchflutete, weiß-rötliche Mondlandschaft bei Nderlysa, 8 km südlich von Theth am Beginn eines Seitentals gelegen. Folgt man dem Shala-Bach hier bis nach ganz hinten, erreicht man zu Fuß nach etwa 45 Minuten die wenigen Häuser der kleinen Siedlung Kapreja. Hier bieten sich nahezu paradiesische Bademöglichkeiten im kristallklaren, jedoch sehr kaltem Wasser des „Blue Eye". Ein kleines Café bietet dort Erfrischungen und Snacks an.

die Wand hinter dem Ort

die südliche Ortszufahrt von Theth

das "Blue Eye" bei Nderlysa

der sagenumwobene Blutracheturm

der rauhe Bach bei Theth

Mondlandschaft bei Nderlysa

Etliche Bewohner bieten im Sommer ihre Dienste als Wegbegleiter für überteuerte 1.000 Lek an, man findet den Weg jedoch auch alleine. In Nderlysa selbst befindet sich am Ortseingang eine alte Mühle, sie ist noch in Betrieb.

Sich einen Führer (ab etwa € 20,--) für eine Höhlentour zu engagieren ist eine lohnende Sache. Bis zu 170 kleine und große Höhlen soll es in der Umgebung geben, es sind jedoch anspruchsvolle Kletterziele, da sie meist hoch in den Bergwänden liegen.

Der bereits erwähnte Nationalpark, umgeben von den eindrucksvollen Bergzacken, lädt ebenfalls zu ausgedehnten Wanderungen ein, die Wege sind markiert.

Am nördlichen Ende des Tals beginnt der Übergang in das benachbarte Valbona-Tal, der Trail ist Bestandteil des grenzüberschreitenden Fernwanderweges „Peaks of the Balkan".

Theth-Tal Anfahrtsmöglichkeiten:

1. "Einfachere" Hin- und Rücktour: Routenstartpunkt ist Koplik, ab hier sind es 65 km bis Theth. Bis Bogë ist die Straße stellenweise eng, von dort bis zum 1.660 Meter hohen Thora-Pass wurde sie verbreitert und vor wenigen Jahren erst asphaltiert. Eine Erleichterung für die bisher zeitaufwendigen Serpentinen mit 21 Kehren. Die letzten 20 km vom Pass ins Theth-Tal sind fahrtechnisch immer noch eine Herausforderung, obwohl sie schmerzfrei von Einheimischen mit ihren Limousinen oder Minibussen bezwungen werden. Ein Allradfahrzeug mit Bodenfreiheit ist empfehlenswert.

2. Rundtour: Die Strecke über die Südroute nach Shkodër ist 86 km lang und erfolgt über das Shala- und Kir-Tal. Fahrtechnisch ist sie eine sehr anspruchsvolle Route, dauert entsprechend lange und sollte nur von erfahrenen Geländewagenfahrern in Angriff genommen werden, deren Fahrzeug eine Höhe von 3,20 Meter und eine Breite von 2,50 Meter nicht überschreitet. Felsnasen und Randabbrüche stellen starke Behinderungen dar. Landschaftlich ist sie aber eindrucksvoll. Der Einstieg von Shkodër aus erfolgt an der Mesi-Brücke vorbei, dem braunen Touristenschild nach Theth folgend, die ersten 26 km bis Prekal sind durchgehend asphaltiert.

i Das Dorf Theth ist mit seinen zahlreichen Unterkünften unterschiedlichen Standards recht gut gerüstet. Richtige Restaurants gibt es noch nicht, auch keine Läden, man isst entweder im Guesthouse oder in ganz einfachen Bars, die wenige lokale Gerichte anbieten. Wildes Campen wird in unmittelbarer Ortsnähe nicht geduldet, etliche Unterkünfte verfügen über eine Campingwiese. Am frühen Vormittag fahren ab Shkodër Minibusse nach Theth, den Transport organisieren sowohl die Unterkünfte in Theth als auch die in Shkodër.

Der Kanun und die Blutrache

Die Blutrache stellt ein Prinzip zur Vergeltung von Vergehen dar, um die Ehre eines Familienclans wiederherzustellen. Sie ist ein wesentlicher Teil archaischer Gewohnheitsgesetze und wird in den Albanischen Alpen mancherorts noch heute praktiziert. In der Theorie gilt dabei der Grundsatz "Gleiches mit Gleichem" zu vergelten, wobei der Ehrenkodex eine höhere Strafe verbietet. In der Praxis sieht es, zumindest hierzulande etwas anders aus. Im Kanun, dem zugrundeliegenden, mündlich überlieferten Gesetzesbuch der nordalbanischen Völker wird genau geregelt, in welcher Form das Leben der Gemeinschaft und der Familie vor dem Straftäter zukünftig geschützt werden soll. Manche Verfahren zogen sich über etliche Jahre hin, welche die Täter in den sogenannten Blutrachetürmen verbrachten. In dieser Zeit hatten die Angehörigen die Gelegenheit, das Verbrechen zu sühnen. Einen Ausstieg aus dem tödlichen Kreislauf gab es so gut wie nicht. Frauen und Kinder waren von der Blutrache ausgenommen. Vom Kanun existieren verschiedene Formen, am gebräuchlichsten ist die Version des Lekë Dukagjin, benannt nach einem einflussreichen Fürsten und Wegbegleiter Skanderbegs, wobei die Bezeichnung Lekë hierbei wohl eher auf das albanische Wort für Gesetz „Lek" verweist. Da die nordalbanischen Bergvölker lange Zeit mehr oder weniger von der Außenwelt abgeschottet waren, konnte sich die Ausübung der Regeln bis heute erhalten. Zwar wurden zu Zeiten des Kommunismus die Praktiken strikt verboten, doch nach dessen Zusammenbruch fanden sie wieder Anwendung. Grundlage des Kanun bildet das Leben der Großfamilie und deren Ehre, meist sind das drei Generationen, die vom ältesten Mann geleitet werden. Als wesentlicher Bestandteil werden in der sogenannten Besa in erster Linie, bezugnehmend auf die Ehre der Familie, Rechte und Pflichten, Blutrache, Gastrecht, Sicherheit und Frieden sowie Treue und Loyalität genau definiert. In Ausnahmefällen konnte die Besa sogar die Blutrache außer Kraft setzen. Genau geregelt werden auch die Bereiche Schuld-, Ehe-, Erb-, Straf-, Kirchen- und Jagdrecht, zudem der Schutz von Frauen, Kindern und Geistlichen. Die Frauen besitzen keinerlei Rechte sondern nur Pflichten (wobei die Gleichberechtigung bereits in der modernen Verfassung verankert ist). Eine Ausnahme bilden die sogenannten „Eingeschworenen Jungfrauen". Sie versprechen niemals sexuelle Kontakte einzugehen, haben dafür aber die kompletten Rechte und auch Pflichten eines Mannes, tragen Männerkleidung und sogar Waffen, dürfen Tabak und Alkohol konsumieren und können, wenn kein männlicher Nachkomme mehr am Leben ist, die Rolle des Familienoberhauptes besetzen. Die Richtlinien des Kanun sind so sehr im Denken der jeweiligen albanischen Stämme verwurzelt, dass es oft zu Konflikten mit den zeitgemäßen Gesetzen kommt. Immer noch werden Streitigkeiten auf Versammlungen der Familienoberhäupter eines Dorfes geregelt. Auch kommt es bei im Ausland lebenden Albanern immer wieder zur Missachtung der jeweiligen Landesgesetze durch die Ausübung ihrer Gewohnheitsrechte.

Valbona-Tal (Highlight)
(Karte 1:150.000 von freytag & berndt: C 7/8)

Das östlichste der Alpentäler in der abgelegenen Region Tropoja gilt als eines der bezauberndsten und schönsten Naturgebiete Albaniens. Die wildromantische und einladend wirkende Landschaft des eindrucksvollen Valbona-Tals wird auch das Juwel Albaniens genannt und zieht inzwischen durch den zwar langen, aber unkomplizierten Anfahrtsweg viele Besucher an, vor allem Bergsteiger und Wanderfreunde. Bereits seit 1996 sind 8.000 ha als Nationalpark ausgewiesen, doch nicht nur um die einzigartige Landschaft mit seinen wertvollen Lebensräumen und der Artenvielfalt zu schützen, sondern auch das historische und kulturelle Erbe. Die sanfte, unberührte Hochgebirgslandschaft beherbergt entlang ihrer Flanken ausgedehnte Mischwälder, Gebirgsbäche und Wasserfälle, Schluchten und Höhlen, kleine Berg- und Gletscherseen sowie Weiden und Almen. Beeindruckend sind die links und rechts des Tales aufragenden Spitzen, Zinnen und mächtige Rücken der 2.500er, die durch die

eine alte Mühle - ausser Betrieb

die Valbona

im Seitental nach Çerem

auf dem Weg nach hinten ins Tal

Rogam - ganz hinten im Tal

Enge des Einschnittes weit höher erscheinen. Als kältestes Gebiet des Landes, mit langen, harten Wintern, liegt an manchen geschützten Flecken das ganze Jahr über Schnee, bevor im späten Frühjahr die Wiesen mit einem Blütenteppich übersät sind. Eine Bergidylle pur. Das 27 km lange Valbona-Tal wird vom gleichnamigen Fluss begleitet, der sich kurz hinter seiner Quelle, hoch in den Felsen des Jezerca-Massivs, nahe des kleinen Ortes Rrogam, 50 Meter in die Tiefe stürzt, um dann für 5 km in der kiesigen Erde zu verschwinden. 50 km lang bahnt sich das glasklare Wasser seinen Weg durch schroffe Felsen bis zum Drin vor. Sein wertvolles Ökosystem ist durch den Bau von Staudämmen gefährdet.

Zwar deuten archäologische Funde auf eine Besiedelung des Tals in der Antike hin, doch erst in den 1930er Jahren ließen sich einige Familien dauerhaft hier nieder, um ein wenig Landwirtschaft und Viehzucht für den Eigenbedarf zu betreiben. Nach einer Phase der Abwanderung der Bevölkerung in den 1990ern, aufgrund ungünstiger wirtschaftlicher Bedingungen, werden hier wieder mehr Menschen, vor allem auch jüngere, dauerhaft ansässig. Knapp 900 Menschen wohnen im Nationalpark in den Dörfern Dragobi, Çerem, Valbona und Rrogam, die meisten von ihnen sind muslimisch, nur in letzterem wohnen Katholiken. Ihr Gesellschaftsleben ist von zahlreichen farbenfrohen Folklorefesten geprägt, dann werden traditionelle Volkstänze gepflegt, Lieder gesungen und getanzt. Touristisch ist das Valbona-Tal von allen drei Alpenregionen wohl am weitesten entwickelt, eine entsprechende Infrastruktur besteht seit vielen Jahren und der Fremdenverkehr ist wohl der einzige Sektor, welcher der Bevölkerung auf Dauer ihren Lebensunterhalt sichert. Auch hier wurden Guesthouseprojekte international gefördert und es entstand ein ausgezeichnetes Netz von markierten Wanderwegen. Hinzu kommen große Pläne der Regierung für dieses Tal.

Zu Beginn des Tals befindet sich nahe der Siedlung Shoshan die gleichnamige Quelle, eine der größten Trinkwasserquellen des Balkans. In Dragobi stehen noch einige typische, alte Kullas, Überreste aus der aktiven Zeit des Kanun.

3 km hinter Dragobi führt eine 10 km lange Piste nach Çerem in ein Seitental, hier tost rechts am Ortseingang ein schöner Wasserfall. Den Weg kann man noch etliche Kilometer weiter verfolgen, bis tief in das Herz des noch unzugänglichen Dreiländergebietes zu Montenegro und Kosovo.

Auf der Strecke in das hintere Valbona-Tal liegt die Höhle von Dragobi, hier soll sich der kosovarische Freiheitskämpfer Bajram Curri 1925 das Leben genommen haben.

der Enstieg ins Valbona-Tal

Der idyllisch gelegene, glasklare und von Buchen umgebene Bergsee Liqeni i Xhamës (Lake James) liegt wenige Gehminuten vom Hotel Rilindja entfernt. Er wird von unterirdischen Quellen gespeist, die im Sommer versiegen. Im Winter beträgt seine Größe 500 m², dann ist er bis zu 3 m tief.

Valbona selbst ist ein langgestrecktes, traditionelles Dorf mit bewirtschafteten Anwesen und einer alten Mühle im südlichen Teil. Es gibt Gästehäuser, Campingplätze, Hotels und Restaurants, ideal für einen längeren Aufenthalt und als Ausgangspunkt für Wanderungen und Bergsteigen. So zum Beispiel in das Seitental Kukaj, auf die schön gelegene Bergalm Buni i Brahimit und im weiteren Verlauf auf den Gipfel des 2.694 m hohen Jezerca, dem höchsten komplett im Land liegenden Berg.

Das letzte Dorf vor den hohen Felswänden ist Rrogam. Der abgelegene Ort mit seinen schönen Häusern aus Naturstein vor einer traumhaften Kulisse ist über ein Kiesbett nur mit 4x4 oder zu Fuß (3 km) zu erreichen. Ab hier startet der ausgeschilderte Wanderweg über den 1.812 m hohen Valbona-Pass in das Nachbartal Theth (mehrere km, ca. 6 Stunden).

bis zum Ort Valbona geteert

hier macht Campen Spaß

Anfahrtsmöglichkeiten:

1. Sehr gut möglich ab Shkodër in Verbindung mit der Koman-Fähre, hierzu über die SH5 bis Vau i Dejës und dann über die SH25 bis zur unteren Anlegestelle, die Fahrtzeit beträgt für die 55 km ca. 2 Stunden. Ab Fierza über Bajram Curri nochmals 40 km, ca. 1 Stunde.

2. Auf dem Landweg über die SH5 bis zum Qafë Malit, dem Abzweig auf die SH22 (sehr kurvenreich) nach Fierza, ab dort über Bajram Curri nach Valbona, gesamt 195 km, ca. 5 Stunden.

3. Vom Kosovo ab Gjakovë über den GÜ Qafë Morinë, 65 km, ca. 2 Stunden.

i Im gesamten Tal und auch in den Seitentälern gibt es zahlreiche Unterkünfte unterschiedlichen Standards. Hinzu kommen eine Vielzahl von Restaurants mit lokaler Küche. Läden gibt es nur in Bajram Curri, mit Obst, Gemüse, Käse und Brot kann man sich beim Bauern versorgen. Die Unterkünfte schnüren auch Lunchpakete. Außerhalb vom Ort Valbona kann man wild campen, im Dorf gibt es drei Campingplätze: Rilindja, Tradita und Krojet. Frühmorgens fahren Minibusse ab Shkodër und Tirana. Die Abholung in Fierzë sollte mit der Unterkunft vereinbart werden. **Gute Infos über die Region und Wanderkarten unter www.journeytovalbona.com.**

Koman & Drin-Stausee (Highlight) (Karte 1:150.000 von freytag & berndt: E 6/7 + D 7)
Der Koman-Stausee ist der mittlere von drei Stausystemen des Schwarzen Drin. Eine Bootsfahrt über das legendäre Gewässer gehört zu den absoluten Highlights in Albanien und stellt trotz der zunehmenden Vermarktung immer noch ein unvergessliches Abenteuer dar. Der Ursprung des Sees geht darauf zurück, dass man bereits in den 1960er Jahren damit begann, das Wasser in den Schluchten des Drin an mehreren Stellen zu stauen, um den steigenden Energiebedarf des Landes zu decken. Es entstand mitunter der Koman-Stausee mit über 34 km Länge, benannt nach seinem unteren Anlegeort. Hier befindet sich mit 600 MW Nennleistung das größte Wasserkraftwerk des Landes. Der Fluss hat sich seinen Weg zwischen 50 m an der engsten Stelle bis zu 400 m Breite und 96 m Tiefe durch das albanische Voralpenland gebahnt. So entstand dann einige Zeit später ein offizieller Verkehrsweg per Fähre zur abgelegenen Region Tropoja und dem Valbona-Tal als Alternative zur zeitaufwändigen SH5 und SH22. Nachfolgend transportierte man alles was von Nöten war auf eigentümlichen Ponton-Gefährten in diese hinterste Region des Landes - von lebendigen Ziegen bis zum Kieslaster. Nach der Öffnung des Landes entdeckten auch Touristen diese Variante des Weiterkommens. Und das nicht nur wegen der originellen Fortbewegungsmöglichkeit, sondern vor allem auch der grandiosen Landschaft wegen. Beeindruckend und von Romantik geprägt ist die 2,5 stündige Fahrt zweifelsohne. An den schmalsten Stellen erheben sich die Berge hunderte von Metern hoch, nach jeder Kurve bieten sich neue atemberaubende Anblicke. Stellenweise liegen ursprüngliche Dörfer an den Ufern, deren Versorgung erfolgt ausschließlich mit dem Boot. Bei gutem Wetter hat der See eine intensiv leuchtende, türkis-grüne Farbe.

Gepaart mit den hohen, schroffen Felsen verstärkt dies den Eindruck man bewege sich durch einen typisch norwegischen Fjord. Bis Mitte 2011 verkehrten zu den Personenfähren auch zwei abenteuerliche Alternativen für Fahrzeuge aller Art, der Betrieb wurde jedoch, offiziell aus Rentabilitätsgründen, nach der Fertigstellung der Autobahn eingestellt und man musste sich mit der kleinen, abenteuerlichen Dragobia mit Busaufbau zufriedengeben. Doch seit 2015 kann man wieder uneingeschränkt den Weg über das Wasser wählen, mit dem eigenen Fahrzeug. Bei Fierza, der gleichnamige Stausee zwischen diesem Ort und Kukës ist übrigens mit knapp 73 km² der größte des Landes, liegt das zweitgrößte Kraftwerk Albaniens, der zugehörige Steinschüttdamm ist 167 Meter hoch.

Anfahrt: 1. Die Zufahrt nach Koman ist an der SH1 nördlich von Barbullush anhand eines braunen Touristenschildes ausgewiesen. Von hier sind es 45 km über die SH28, die SH5 und die SH25 bis zur Anlegestelle, man sollte für die Strecke gut 1,5 Stunden einplanen. Östlich vom Ort Vau i Dejës ist der Weg nochmals beschildert. Auch die landschaftlich reizvolle SH5 ab Shkodër ist zu empfehlen. Die SH25 entlang des Drin-Stausees ist zwar asphaltiert aber sanierungsbedürftig. Vor der Anlegestelle durchquert man einen unbeleuchteten Tunnel.

2. Vom Valbona-Tal ist die Anlegestelle Breglum bei Fierza 40 km entfernt, man benötigt gut eine Stunde. Ab Fierza zurück nach Shkodër über die SH5 sind es knapp 200 km, man sollte ca. 5 Stunden einplanen.

Betreiber, Zeiten, Preise: Es existieren mehrere Organisatoren, deren Anzahl dürfte in den nächsten Jahren zunehmen.

1. Die Alpin ist die größte der Fähren und kann bis zu 60 Fahrzeuge transportieren. Sie legt morgens in Fierza an einem neuen Terminal ab, erreicht mittags Koman und verlässt die untere Anlegestelle wieder zurück am frühen Nachmittag; **www.alpin.al**

2. Die Berisha transportiert wenige Fahrzeuge, die Dragobia ist eine reine Personenfähre, beide legen zeitgleich morgens in Koman nach Fierza ab und fahren nachmittags zurück; **www.komanilakeferry.com**

3. Die Rozafa hat auch nur Kapazitäten für wenige Fahrzeuge und verkehrt vormittags ab Koman und nachmittags ab Fierza; **www.komanilakeferryrozafa.com**

4. Mario Molla ist ein ortsansässiger Organisator von individuellen, sehr abwechslungsreichen Tagestouren mit Personenbooten, teilweise inkl. Barbecue und Besuch von kleinen Dörfern; **www.komanilake.org**

Fahrpläne und Preise im Internet, Reservierungen sind ratsam.

der "Bus" der Dragobia

Mario Molla fährt in den Shala-Fluss

Koman-See - der Weg ist das Ziel

der Fähranleger bei Koman

die Felsen im Valbona-Tal

tolles Wanderziel - der Lake James

ein schöner Rastplatz bei Tamarë

Nützliche Hinweise und Informationen zur Reisezeit und Aktivitäten in den Albanischen Alpen:

Die Albanischen Alpen weisen Hochgebirgscharakter mit alpinem Klima auf, sie gelten zudem als das niederschlagsreichste Gebiet des Landes. Im Winter fällt extrem viel Schnee, der den Verkehr auf manchen Straßen bis in den Mai hinein behindert. An manchen Passübergängen ist bis in den Frühsommer mit Schneefeldern zu rechnen. Der Sommer weist angenehme Temperaturen unter 30° auf, jedoch kann das Wetter schnell umschlagen und heftige Gewitter mit Hagel nach sich ziehen. Der Herbst fällt meist regenreich aus.

Die beste Zeit für Outdoor-Aktivitäten liegt zwischen Ende Mai und Mitte September. Wanderungen müssen generell gut vorbereitet werden, inkl. einer guten Ausrüstung. Unerfahrene vertrauen sich besser einem lokalen Führer an, eine Bergrettung befindet sich erst im Aufbau. Der Preis für lokale Dienstleistungen sollte im Vorfeld vereinbart werden, um Übervorteilungen weitestgehend zu vermeiden.

Generell gelten die albanischen Bergregionen als sicher. Begegnungen mit wilden Raubtieren wie Bären, Wölfen und Luchsen sind überaus selten und die Tiere ziehen sich meist von selbst zurück, ansonsten sollte man dies langsam tun, ohne Fotos zu machen. Es existieren wenige Giftschlangen, auch diese scheuen jegliche Begegnungen, gutes Schuhwerk gilt auch hierbei generell als Voraussetzung. Hirtenhunde werden nur bissig, wenn sie Bedrohung für die Herde verspüren.

Seit 2005 befindet sich der Alpintourismus in Albanien im Aufbau und inzwischen existieren fast flächendeckend neben Gästehäusern in den Dörfern, rustikalen Privatunterkünften in ganz kleinen Siedlungen auch Alm- bzw. Schutzhütten, campen ist in den Alpen überall möglich.

Zu einer sehr beliebten Aktivität hat sich die Rundtour Koman-Valbona-Theth entwickelt. Es geht über den Stausee nach Fierza, man wird abgeholt und nach Valbona gebracht. Am Tag darauf erfolgt die Überquerung des Valbona-Passes nach Theth. Von dort erfolgt am nächsten Mittag per Minibus die Rückfahrt nach Shkodër. Die Wanderwege sind gut markiert. Sämtliche Unterkunftsbetreiber organisieren diesen Rundkurs. In den letzten Jahren hat ein ganz besonderes, international gefördertes Projekt an Popularität gewonnen – der Fernwanderweg „Peaks of the Balkans". Der grenzüberschreitende Trail führt über 192 km durch den Kosovo, Albanien und Montenegro, man sollte für den Rundweg 10 Tage veranschlagen, man kann jedoch auch Teiletappen ausklammern. Mit dieser Art des sanften Tourismus wird zugleich die Existenz der ärmlichen Bergbevölkerung aufbessert. Inzwischen existieren mehrere Handbücher über dieses Projekt, es gibt viel zu beachten, unter anderem auch die Grenzformalitäten. Über gute Wandertouren inkl. Karten in den Albanischen Alpen informiert die Internetseite **www.outdooractive.com** (Stichwort: Albanien).

Kukës (Karte 1:150.000 von freytag & berndt: E 10)

der "Echsenkopf" bei Kukës

Am nordöstlichen Ende Albaniens, am Rande der Albanischen Alpen, liegt Kukës (17.000 EW) auf rund 350 m ü.d.M., reizvoll zwischen zwei Armen des Stausees von Fierza, am Zusammenfluss des Weißen und Schwarzen Drin. Im Hintergrund der eher unscheinbaren Stadt erhebt sich im Süden das 2.485 m hohe Gjallica-Massiv, im Osten der 2.393 m hohe Koritnik und im Nordosten der 1.988 m hohe Pashtrik. Die alte Stadt Kukës wurde dem Stausee geopfert und 1976 geflutet, mit dem Bau von Neu-Kukës begann man 1968. Sie wurde ursprünglich für etwa 30.000 EW konzipiert, die Einwohnerzahl wird wohl nie erreicht werden, obwohl man sich mit dem Bau der Autobahn (2006-2009) A1 von Durrës nach Morinë in den Kosovo Zuwachs für die Region und wirtschaftliche Verbesserung erhoffte. Sie gilt immer noch als eine der ärmsten Städte Albaniens. Lediglich einige Bergwerke bieten in der Umgebung wenige Arbeitsplätze. Das Stadtbild ist kommunistisch geprägt, in neuerer Zeit entstanden attraktivere Neubauten und eine große Moschee. Um dem Ort wenigstens etwas Flair zu verleihen, wurden viele Straßen in Fußgängerzonen umgewandelt und zahlreiche Grünanlagen geschaffen. Während des Kosovo-Krieges 1999 erlangte Kukës internationale Berühmtheit, als sie an die 100.000 Flüchtlinge aus dem etwa 15 km entfernten Kriegsgebiet in Zeltcamps aufnahm.

7 km südlich der Stadt gibt es, aus dem Privatvermögen eines Scheichs finanziert, einen internationalen Flughafen, voll funktionsfähig und mit Personal ausgestattet. Aufgrund noch laufender Verträge des Tirana Airport mit der Regierung durfte er noch nicht in Betrieb genommen werden, lediglich Polizei und Militär nutzen gelegentlich die Basis.

Kukës ist Ausgangspunkt für Ausflüge in die nordöstlichste Bergregion „Has" um Krumë, sowie nördlicher Startpunkt nach Peshkopi. Entweder auf der neu ausgebauten Strecke unterhalb des Korab-Massivs über Radomirë oder entlang des Schwarzen Drin - einer legendären offroad-Strecke.

Übernachtung: Hotel Gjallica, Rruga Dituria (42°04'36.6"N 20°25'15.1"E), zentral gelegen, Restaurant, WLAN, ab € 35,-- mit Frühstück; Hotel Amerika, Rruga Zogu i Pare (42°04'37.6"N 20°25'03.3"E), zentral aber ruhig, Restaurant, WLAN, ab € 40,-- mit Frühstück;
Essen & Trinken: Kulla e Lumës, an der Drin-Brücke Richtung Krume (SH23) mit einem schönen Blick von der Terrasse auf den Stausee, umfangreiche Menükarte (42°05'57.5"N 20°25'11.0"E).

Tipp: Shishtavec - südöstlich von Kukës, nahe der kosovarischen Grenze, lohnt sich ein Halbtagesausflug in das Gebiet des oben erwähnten Gjallica-Massivs. Shishtavec selbst gilt als eines der ursprünglichsten Dörfer der Region, viele Häuser aus Lehm sind noch mit Stroh bedeckt. An die 300 sollen es sein, hauptsächlich von der ethnischen Minderheit der Goraner bewohnt. Anfang Oktober findet das Kartoffelfest statt, rund um das Dorf werden jährlich über 100 ha damit bewirtschaftet. Zudem ist die Region bekannt für den hervorragenden Käse und neuerdings auch für Wintersport.

Der asphaltierte, landschaftlich eindrucksvolle Anfahrtsweg durch die Lapidari-Schlucht über die SH26 ist 35 km lang.

eines von vielen Strohhäusern

Hohe Berge und Hügelzüge, tiefe Schluchten, weite Ebenen, gewaltige Flüsse und üppige Wälder teilen sich das Gebiet mit geschichtlich bedeutenden Stätten, bezaubernden Dörfern und modernen Großstädten, die sich in den letzten Jahren zu echten Besuchszielen gemausert haben. Hier, in der Mitte des Landes, ist Albanien am vielfältigsten.

- Lagune Patok
- Laç
- Kruja
- Tirana
- Kap Rodon
- Durrës
- Bashtova
- Elbasan
- Devoll
- Berat
- Osum-Canyon
- Fier
- Apollonia
- Byllis
- Vlorë
- Narta
- Zvërnec
- Orikum
- Karaburun

sehr gepflegter Strand in Spille

Patoks Stelzenrestaurants

Mittelalbanien zeigt sich von einer überaus abwechslungsreichen Seite. Etliche hohe Gebirgszüge ragen bis zu 2.400 m auf, Hügellandschaften und kleine Seen lockern die Landschaft auf, National- und Naturparks laden zum Wandern ein.

Die Erkundungen der farbintensiven, sehr eindrucksvollen Schluchten und Canyons sind ein echtes Erlebnis und die endlos weiten Sandstrände bieten ausgedehntes Badevergnügen. Auffallend auch ist der Kontrast zwischen den sehenswerten, heimeligen Dörfern mit seinen überaus freundlichen Bewohnern zum hektischen, modernen Leben in den Großstädten Durrës und Tirana. Auch bislang eher unscheinbare Kleinstädte können nun durch umfangreiche Schönheitsoperationen punkten und lohnen einer kurzen Besichtigung. Zentralalbanien bietet für alle Besucher ein vielfältiges Spektrum. Doch dies eröffnet sich dem Reisenden nur abseits der Hauptroute durch die weite Schwemmlandebene unweit der Küstenlinie von Shkodër nach Vlorë.

Patok (Karte 1:150.000 freytag & berndt: H 5) (Top-Tipp)
Die Lagune Patok bildet ein weitläufiges Gebiet um das Mündungsdelta des Mat und vergrößert und verändert sich aufgrund seiner Schwemmkräfte ständig, besonders deutlich wird das jährlich im Frühjahr nach der Schneeschmelze. Dadurch ist auch die Gefahr der Versalzung sehr gering. Den nördlichen Abschnitt bildet ein Naturreservat, geprägt durch eine Ried-/Sumpflandschaft, den südlichen Teil formt eine offene Fläche. Die außergewöhnlich schöne Lagune ist auf einem mittig gelegenen, geteerten Damm bis weit in das Meer erschlossen. An dessen Ende kommt man zu Fuß weiter, über eine Brücke führt ein Weg weit hinaus in das seichte Gebiet. In der Nähe des unmittelbaren Mündungsbereiches kann man mit viel Glück noch seltene Krauskopfpelikane und Meeresschildkröten beobachten.

In romantischen Stelzenhäusern aus Holz und etlichen Restaurants entlang des Fahrweges gibt es ausgezeichnete Fischgerichte (beliebte Treffpunkte der Einheimischen am Wochenende).
Anfahrt: 25 km südlich von Lezha an der SH1 ausgeschildert. Von hier etwa 10 km.

Laç (Karte 1:150.000 von freytag & berndt: H 6)
Das Kloster von Laç, 35 km nördlich von Tirana vor der Kulisse des Skanderbeggebirges gelegen, ist ein über die Landesgrenzen hinaus bekannter Pilgerort in der gleichnamigen Kleinstadt (17.000 EW). Die Wallfahrtsstätte auf dem 250 m hohen Hügel ist dem Heiligen Antonius von Padua (Shën Ndou) gewidmet und zieht seit dem Ende der Kommunismusära jährlich wieder Tausende von Gläubigen an. Besonders am 12. Juni, dem Gedenktag des Schutzpatron, finden sich hier oben zahlreich Katholiken und auch Moslems ein, um eine Kerze zu entzünden. Doch allein der einmalige Blick von hier oben auf die Ebene lohnt den Abstecher.

Zu Zeiten des Kommunismus wurden in der Stadt etliche Industriebetriebe angesiedelt, u.a. auch eine Phosphatfabrik, was der Region etwas Wohlstand verlieh. Nach deren Schließung machte sich auch hier Arbeitslosigkeit breit und die Stadt verfiel. Die albanische Armee hat hier ihr einziges Panzerbataillon stationiert.
Anfahrt: 25 km südlich von Lezha an der SH1 spiegelbildlich zu Patok ausgeschildert, ab hier 5 km.

Kruja (Karte 1:150.000 freytag & berndt: H6) (Highlight)
Die mittelalterlich geprägte Stadt Kruja (12.000 EW) liegt malerisch auf über 600 m Höhe an einem der westlichen Steilhänge des bis zu 1.800 m hohen Skanderbeg-Gebirges, etwa 30 km nördlich von Tirana. Ihre Wurzeln gehen bis in das 3. Jhd. v. Chr. zurück, von den Illyrern gegründet. In unmittelbarer Nähe bei Zgërdhesh fand man die Reste von Albanopolis, angeblich die erste von Illyrern errichtete Siedlung, worauf begründet wird, dass die Albaner von diesen abstammen. Krujas Burg- und Festungsanlage stammt aus dem 5. Jhd. n. Chr., in den nachfolgenden Jahrhunderten wurde die Stätte zu einem urbanen Siedlungsgebiet und im 9. Jhd. war sie bereits Bischofssitz. Ihren heutigen Umfang erhielt sie erst im 12. Jhd., als sie 1190 zum Mittelpunkt des ersten Fürstentums "Arbanon" im Land ernannt wurde. Im 15. Jahrhundert entwickelte sich Kruja zum bedeutendsten Verteidigungsort Skanderbegs gegen die Türken, viele Jahrzehnte sicherte er von hier erfolgreich das Land ab. Aus diesem Grund ist die Festung für das albanische Volk eines von etlichen historischen Nationalheiligtümern. 1617 wurden viele Bauwerke aus der mittelalterlichen Ära durch ein schweres Erdbeben zerstört und in der Folge im osmanischen Stil wieder aufgebaut. Die Stadt ist bekannt für Souvenirs und traditionelles Handwerk und ein beliebtes Ziel bei Touristen.

die Burg hinter der Neustadt

stolzer Turm vor den hohen Bergen

Sehenswertes in der Stadt
Das weithin sichtbare **Festungsareal** befindet sich auf einem Hügel südlich des Zentrums, Parkplätze sind entlang der Zufahrtsstraße und sogar im Gelände vorhanden.

Zahlreiche **Verkaufsstände** säumen die Wege dorthin und auch innerhalb der Burg.

Es sind noch etliche Mauerreste, das **Minarett einer Moschee** sowie ein markanter **Wehrturm** zu sehen.

die Tepichweberinnen im Bazar

Auch ein **Hammam** und eine **Bektashi-Tekke** aus dem 18. Jhd. haben sich bis heute erhalten, letztere ist innen mit schmucken Malereien verziert. Im südlichen Teil sind einige der uralten Häuser noch bewohnt.

Das monumentale Gebäude ist das **Skanderbeg-Museum**, es wurde in den 1980er Jahren erbaut, der Entwurf stammte von Enver Hoxhas Tochter Pranvera, die sich als Architektin einen Namen machen konnte. In etlichen Galerien exponiert, enthält es eine Ausstellung über Skanderbegs Kämpfe gegen die Türken.
i *200 Lek, Mo-Sa 9.00-14.00 h + 16.00-19.00 h, So 9.00-19.00 h*

der Alte Bazar vor den Burgtoren

Schräg gegenüber, ebenfalls innerhalb der Festungsmauern, liegt das **Ethnografische Museum**, untergebracht im Haus der Adelsfamilie Toptani aus dem Jahr 1765. Das Anwesen beher-

der Nationalheld im Museum

bergt eine sehr sehenswerte, ins Detail gehende Sammlung von Gebrauchsgegenständen aus dieser Zeit, die Wände und Decken der Räume sind sehr aufwendig verziert. Dazu gehören auch eine Mühle und eine Raki-Brennerei.

200 Lek, Montag geschlossen

Unterhalb des Burggeländes breitet sich das original im Mittelalterstil erhaltene **Bazarviertel** mit verwinkelten Kopfsteinpflastergassen und typischen Holzhäusern aus, welche größtenteils dem schweren Erdbeben von 1617 standhielten. In den Läden kann man noch Teppichweberinnen bei der Arbeit zusehen, es gibt Trachten, Antiquitäten und jede Menge Schnickschnack zu kaufen. Scheinbar hat das Angebot dem Ansturm nicht ganz standgehalten, es entstand eine Verlängerung der Bazarstraße bis unmittelbar vor das Festungstor.

Vorsicht: Immer mehr Artikel stammen aus China! Aufgrund der überhöhten Preise ist Handeln hier ausnahmsweise üblich.

Infos & Tipps:

Achtung: Die Stadt verfügt über ein Einbahnsystem, teilweise sind die Straßen eng, Parkplätze sind zum größten Teil gebührenpflichtig. Entlang der Rruga Kryesore nahe des Busbahnhofes und des Grand Hotels befindet sich ein öffentlicher Parkplatz für große Fahrzeuge/Wohnmobile, auch innerhalb des Burggeländes kann man parken (keine großen Wohnmobile).

Kruja als Tagesdestination wird inzwischen von allen Städten Noralbaniens organisiert per Bus angeboten, sämtliche Unterkünfte arrangieren den Ausflug, ab € 25,--.

Übernachten:

Hotel Panorama - im Zentrum gelegener Betonklotz, jedoch mit überaus ansprechenden und modern eingerichteten Zimmern und schicken Bädern. Teilweise tolle Aussicht auf die Burg, vielgelobter Service. DZ ab € 30,-- inkl. Frühstück. Restaurant vorhanden. Rruga Kala, Tel. +3555114336, www.hotelpanoramakruje.com, hotelpanoramakruje@gmail.com

Rooms Emiliano - familiäres Haus mit großen Zimmern mitten im Burggelände, traditionelles Essen kann bestellt werden. DZ ab € 23,-- inkl. Frühstück. Castle of Kruja, Tel. +355672520929, www.roomsemiliano.com, emilianomerlika@gmail.com

Essen und Trinken:

Restorant Bardhi - gemütliches Lokal mit schöner Panorama-Aussichtsterrasse mitten im Festungsgelände, albanische und mediterrane Küche, Zutaten größtenteils aus biologischem Anbau, bester Service und moderate Preise. Tel. +35551122772, 9.00-22.00, www.restorantbardhi.com; zum Restaurant gehört ein Landwirtschaftsbetrieb, die Bardhi-Farm, hier mann man direkt vom Erzeuger Obst, Brot, Käse uvm. kaufen (wenige km nördlich von Kruja an der SH38, 41°31'34.2"N 19°46'56.5"E), Tel. +355692098875

Taverna e vjeter - urige und liebevoll eingerichtetes Restaurant vor den Toren der Festung mit vorwiegeng traditionellen Gerichten und Grillspezialitäten, günstige Preise.

Tipp für Camper: Nordpark in der Nähe von Fushë Kruja an der SH52, Wiese hinter dem Hotel, Swimmingpool, www.facebook.com/Nord Park Kompleks; 41°28'13.6"N 19°41'54.6"E.

Wohnmobil-Stellplätze mit Strom bietet auch das Restaurant Oaz an der Zufahrt nach Kruja (SH38). 41°29'14.8"N 19°46'03.8"E

der Blick von Sari Saltik auf die Burg von Kruja, die Seite ist zu klein, um die Küste noch aufs Bild zu bekommen

Sehenswertes in der Umgebung

Sari Saltik (Top-Tipp) (Karte 1:150.000 von freytag & berndt: H 6)

Ganz oben auf dem 1.176 m hohen Mali i Krujës gelangt man über eine geteerte Straße (ca. 8 km ab dem Hotel Panorama und der Rruga e Malit) zum Bektashi-Wallfahrtsort Sari Saltik.

Dieser türkische Derwisch lebte im 13. Jhd. und wird von etlichen muslimischen Religionsgruppen immer noch als Heiliger verehrt. Die Stätte im Berg ist ein mystischer Ort mit farbenfroh geschmückten Andachtsräumen, integriert in kleine Höhlen. Ganz unten befindet sich eine Quelle. Die Aussicht von hier auf Kruja ist grandios, bei optimalem Wetter sieht man bis zur Küste. Inzwischen existieren etliche Ausflugslokale.

Östlich hinter Kruja erstreckt sich der 2.000 ha große **Nationalpark Qafë Shtamë**, aus Quellen hoch oben in den bewaldeten Bergen wird das angeblich gesündeste, gleichnamige Mineralwasser des Landes abgefüllt. Bereits in den 1930er-Jahren wurde der Königshof in Tirana damit beliefert.

In das ausgezeichnete Wandergebiet gelangt man über die an Kruja vorbeiführende SH38. Bis kurz vor den 1.250 m hohen Pass ist die Strecke inzwischen asphaltiert, mittelfristig wird man auch mit normalen PKW bis Burrel durchfahren können.

Festung Preza (Karte 1:150.000 von freytag & berndt: J 6)

Die Ursprünge dieser 40 x 80 m großen Festungsanlage gehen auf das 3. Jhd. v. Chr. zurück, damals war der Höhenzug von einem illyrischen Stamm besiedelt. Die weiteren Aufzeichnungen sind sehr widersprüchlich und Preza wird erst im 15. Jhd. wieder Aufmerksamkeit zuteil. Zu dieser Zeit soll bereits eine Burg bestanden haben, Skanderbegs Schwester Mamica heiratete angeblich hier 1445 Muzakë Thopia, den Burgherren von Petrelë. Zudem diente sie damals schon als Signalpunkt zum Austausch visueller Nachrichten zwischen Preza, Kruja und Petrelë, um die Straße von Durrës zu sichern. Kurze Zeit später erwähnte man die Anlage als Ruine, die bis 1466 von den Osmanen eingenommen und wieder aufgebaut worden war. Fortan diente sie ihnen, Kruja strategisch günstig gegenüber gelegen, als wichtiger Angriffs- und Verteidigungsort. Im 16. Jhd. erst kam eine Moschee hinzu. 1858 wurde der markante Uhrturm erneuert und 2014 erhielt die Moschee das zu kommunistischer Zeit zerstörte Minarett zurück.

Heute ist Preza auf jeden Fall ein lohnswertes Ausflugsziel. Es gibt ein empfehlenwertes Ausflugsrestaurant und der Blick auf die Ebene ist den Abstecher sicherlich wert.

Der **Bektashi-Orden** ist einer der größten islamisch spirituellen Vereinigungen des Balkan. Er entstand im 13. Jhd. in Anatolien. Die Klöster der Anhänger heißen Tekken und das Oberhaupt ist der Dedebaba (Großvater). Im Rang folgt der Baba und anschliessend der Derwisch. Dieser lebt zwar in der Regel ähnlich wie ein Mönch, jedoch dürfen diese, wie auch der Baba, wahlweise verheiratet sein oder ein Leben im Zölibat führen. Offiziell wird der Orden zu den Aleviten gezählt, einer Glaubensgemeinschaft am Rande des Islam, die vorwiegend in der Türkei verbreitet ist, wovon sich die Bektashi jedoch vehement distanzieren. Benannt wurde der Orden nach seinem Gründer, dem türkischen Sufimeister Hadschi Bektash. Rasch dehnte sich der Glaube ab dem 14. Jhd. auch außerhalb der türkischen Grenzen aus, einer der ersten Missionare auf dem gesamten Balkan war Sari Saltik Baba. Bereits 1826 wurde in der Türkei die Ausübung erstmals durch Sultan Mahmud II. verboten, zuletzt 1925 durch Kemal Atatürk. In Albanien hingegen verbreitete sich der Orden ungehindert. Nach der Erklärung Albaniens zum atheistischen Staat 1967 wurden die meisten ihrer heiligen Stätten zerstört und viele Bektashi inhaftiert. Albanien ist heute das Weltzentrum der Bektashi, sie sind staatlich anerkannt. Inzwischen gehören hier im Land 15% der Muslime dieser Religionsrichtung an. Charakteristisch für die Ordensanhänger ist deren Toleranz, sie vertreten keine starren Regeln und ihr Alltag weicht in fast allen Bereichen von jenem der orthodoxen Islamisten ab. Sie beachten nicht das fünfmalige Gebet, nicht das Alkoholverbot und auch nicht die Vorschrift für Frauen, ihr Haupt zu bedecken. Man trägt kurze Hosen und Röcke, wallende Bärte sieht man nur bei den Derwischen, die Geschlechter beten stets gemeinsam und der Ramadan ist lediglich eine Zeitspanne ohne Bedeutung. Gibt es etwas zu feiern, sind Raki und Bier selbstredend mit dabei. Die Bektashis selbst sehen sich im Alltag mehr als Bindeglied zwischen Islam und Christentum. Besonders deutlich wird das alljährlich an ihrem höchsten Festtag Mitte August auf dem Berg Tomorr bei Berat. Eine Woche lang wird ausgiebig gefeiert, zusammen mit den Katholiken, die dann am 15. des Monats auf den Gipfel pilgern.

der berühmte Skanderbeg-Platz

frische Frühlingsboten in der Stadt

Tirana - Zentrum und Hauptstadt des Landes - Albanien ganz modern und fortschrittlich (Highlight) (Karte 1:150.000 von freytag & berndt: J/K 6)

Die moderne Hauptstadt Tirana liegt zentral in der Landesmitte und ist für viele Besucher eines der wichtigsten Anlaufziele in Albanien. In der Tat lohnt sich inzwischen ein Aufenthalt, vieles hat sich in den letzten Jahren zum Positiven verändert. Als kulturelles, wirtschaftliches und politisches Zentrum des Landes bietet die junge, lebendige und bunte Stadt in der Tat neben etlichen sehenswerten, mitunter auch außergewöhnlichen Plätzen ein enormes kulturelles Angebot und ist ein guter Ausgangspunkt für Aktivitäten und Ausflüge in die Umgebung. Die Minimetropole liegt am Fuße des bewaldeten Hausberges Dajti und des gleichnamigen Nationalparks, bis zur Küste sind es nur 35 km. Historische Gebäude, moderne Hochhäuser, exklusive Hotels und breite, geschäftige Boulevards prägen die Innenstadt. Hinzu kommt ein vielfältiges Gemisch unterschiedlicher Stilelemente europäischer Kulturen, was Tirana seine typische Lebhaftigkeit verleiht und den ehemals kommunistischen Charakter fast gänzlich verdrängt.

In manchen Seitenstraßen geht es oft noch bedeutend ruhiger zu, manchmal findet man hier noch kleine Märkte und winzige Läden, kann Domino spielende Männer und auch tobende

der alte Bazar im neuem Kleid.....

.....alten Mustern angeglichen

Kinder beobachten. Endlose Wäschereihen vor den Fenstern und Balkonen sowie typisch orientalische Gerüche und Alltagsgeräusche verleihen den Szenen das authentische Bild des Balkans.

Lange Zeit war die ehemals kleine Ansiedlung ein weißer Fleck auf Albaniens Landkarte, obwohl sich bereits zur Römerzeit hier Menschen niederließen. Offiziell 1614 von Sulejman Pascha Bargjini (auch Mulleti) gegründet, einem albanischen General und Feudalherren des Osmanischen Reiches, erhielt sie damals den Namen Theran. In der Folgezeit entstanden neben der Moschee einige wichtige Bauwerke, welche sich bis heute erhalten haben. Erst 1920 bestimmte der Kongress von Lushnje den Ort zur Hauptstadt, einerseits wegen seiner zentralen Lage, zum anderen liegt Tirana nahe der Sprachgrenze zwischen dem nördlichen Dialekt der Gegen und dem südlichen der Tosken. Damals zählte die Stadt knappe 20.000 Einwohner, heute sind es mit den Außenbezirken rund 900.000. Viele Menschen in den Vororten müssen jedoch trotz gewaltiger staatlicher Investitionen noch mit unzureichender Infrastruktur auskommen, so gibt es z.B. in Kamza noch zahlreiche Haushalte mit unzureichender Strom- und Wasserversorgung.

Zu Zeiten des Kommunismus wurden viele der alten Gebäude zerstört und der Kernbereich im damaligen, einheitlichen Plattenbauten-Stil des Kommunismus errichtet, den man jedoch heute gekonnt kaschiert. Hier befinden sich die Regierungsgebäude, zwischen den 60er und 80er Jahren bekamen sie mit Hilfe italienischer Architekten ein neues Gesicht im neoklassizistischen Stil und farbige Fassaden. In den letzten Jahren erlebte Tirana nicht nur einen enormen wirtschaftlichen Aufschwung. Die Straßen wurden saniert, moderne Geschäftsgebäude, Einkaufszentren, Vergnügungseinrichtungen und noble Residenzen entstanden, triste Wohnblocks erhielten einen farbenfrohen Anstrich, Parkanlagen wurden neu geschaffen und anziehend gestaltet. Ein Kanalisationsprojekt wurde realisiert und die Stadt an der Lana wird peinlich sauber gehalten. Lange geplante Großprojekte konnten verwirklicht werden, wie beispielsweise der autofreie Skanderbeg-Platz und die Erweiterung des Boulevards vom alten Bahnhof in das Zentrum. Diverse Hochbauten werden von internationalen Architekturbüros konzipiert. Das städtische Busnetz ist modernisiert worden und die Autobahn nach Elbasan ist nach langjähriger Bauzeit endlich fertig. Außerhalb des Zentrums jedoch ist Tirana alles andere als sehenswert. An den vierspurigen Ausfallstraßen Richtung Durrës, Kruja und Elbasan gleicht die Stadt einer stetig wachsenden Industriebaustelle. Dienstleistungsbetriebe und alles was sonst noch Rang und Namen im Land und in Europa hat, siedelt sich hier an, zudem befinden sich dort auch die großen Einkaufszentren, Krankenhäuser und Universitäten.

Tirana ist eine sehr sichere Stadt, abgesehen vom stetig wachsenden Verkehrsaufkommen, das sich auch nach Fertigstellung sämtlicher Umgehungsstraßen nicht beruhigt hat und stets im Chaos gipfelt. Den morgendlichen und abendlichen Berufsverkehr sollte man mit dem eigenen Fahrzeug meiden. Auch die Einwohnerzahl steigt stetig an, der Zuwachs erfolgt aus den abgelegenen Regionen. Die Menschen erhoffen sich durch die Ansiedlung zahlreicher ausländischer Firmen Arbeitsplätze, wobei auch hier Großfirmen händeringend qualifiziertes Personal suchen. Somit werden in Tirana die "Armenviertel" immer größer, die Vororte mit unzureichender Infrastruktur platzen aus ihren Nähten. Oft wären Lebensqualität und Perspektiven in den Heimatdörfern erheblich besser.

das Mosaik am Nationalmuseum

Et´hem Bey-Moschee von innen

Sehenswertes in der Stadt

Tirana hat sich in den letzten Jahren zu einem wahren Besucher-highlight entwickelt und im Zuge dessen auch die kommunistische Vergangenheit des Landes spannend und anschaulich in die Gegenwart mit eingebunden. Das einst triste Stadtbild wurde durch den farbigen Anstrich der alten Plattenbauten, die neu gestalteten Grünanlagen und hypermodernen Neubauten enorm aufgewertet. Der beste Ausgangspunkt für eine Stadtbesichtigung ist das Herz Tiranas, der neu konzipierte, verkehrsberuhigte Skanderbeg-Platz im Zentrum der Stadt, von ihm führen die wichtigsten Straßen sternförmig in den näheren Umkreis. Ab hier lassen sich nicht nur abwechslungsreiche Rundgänge mit unterschiedlichen Schwerpunkten starten, sondern auch ausgedehnte Shoppingtouren und kulinarische Streifzüge. Mitte 2017 wurde das 38.000 m² große Areal im neuen Look der Öffentlichkeit präsentiert, nachdem es in der Vergangenheit nur allzu oft sein Erscheinungsbild wechselte. Nun ist es eine 13,5 Mio. Euro teure, von den Arabischen Emiraten finanzierte, Fläche mit Steinplatten aus ganz Albanien, 100 Wasserspielen, kleinen Grünflächen und Sitzgelegenheiten. Eine kreisrunde Öffnung führt in die moderne PKW-Tiefgarage. Den Mittelpunkt bildet weiterhin die namensgebende, 11 m hohe Statue des Nationalhelden, sie steht dort seit 1968, nachdem man jene Josef Stalins in den Stadtteil Kombinat geschafft hatte.

Am Nordende des Platzes befindet sich das **Nationalmuseum**. Das langgestreckte, u-förmige Gebäude mit der Fassade im Akropolis-Stil rechts daneben ist der **Kulturpalast**. Er wurde in den 60er-Jahren fertiggestellt und beherbergt in seinen 240 Räumen neben der **Nationalbibliothek** mit über einer Million Werken auch das Theater sowie Ausstellungs- und Konferenzsäle. Die gut sortierte Buchhandlung Adrion mit internationalem Angebot und ein **Infopoint** befinden sich an der Frontseite. Südlich gegenüber liegt die mit innen wie außen phantastischen Malereien ausgestattete **Et´hem Bey-Moschee**, 16 schlanke Säulen stützen den Vorbau mit den weiten Rundbögen. Der aufwendige Einkuppelbau mit seinem 40 m hohen Minarett wurde 1821 nach 27-jähriger Errichtungszeit fertiggestellt. Nachdem 1990 das Religionsverbot aufgehoben wurde, war sie die erste wiedereröffnete Moschee. Dahinter erhebt sich der 35 m hohe **Uhrturm**, ein weiteres Wahrzeichen der Stadt, er ist 1822 ebenfalls von Pascha Et´hem Bey errichten worden lassen und kann im Inneren auf über 90 Stufen erklommen werden. Er galt bis zur Errichtung des Hotel International Tirana im Jahr 1979 mit 56 m als höchstes Gebäude der Stadt. An das osmanische Ensemble schließt sich südlich als erstes Regierungsgebäude das **Rathaus** an. Auf der westlichen Seite des Platzes stößt man auf die **Zentralbank** inklusive einem **Museum für historische Münzen**. Südlich davon, etwas zurückversetzt, wurde in einem ehemaligen österreichischen Offizierskasino mit Gründerstil-Fassade das **Nationale Kindertheater** eingerichtet. Die Institution mit 160 Sitzplätzen bringt es auf etwa 500 Vorstellungen im Jahr, in Tirana oder auch auf Tour durch ganz Albanien.

Östlich des Skanderbeg-Platzes: Im architektonisch außergewöhnlichen **TID-Tower** wird unter anderem das Hotel Tirana Plaza mit Panorama-Bar und Spezialitätenrestaurant betrieben. Eine Ecke des Gebäudesockels wurde ausgespart, unter ihr befindet sich die denkmalgeschützte **Kapllan-Pascha-Türbe**. Der 1819 verstorbene Aristokrat Kapllan Toptani war damals der Herrscher über die Stadt. Ebenfalls hier, am Sheshi Sulejman Pasha, befindet sich eine kleine **Statue des Stadtbegründers** und das Denkmal eines unbekannten Partisanen. Weiter über die Rr. Luigj Gurakuqi gelangt man nach 500 m zum Sheshi Avni Rustemi und dem farbenfrohen **Pazari i Ri**, dem größten Lebensmittelmarkt Tiranas. War der Bazar in seiner alten Form schon ein kleines Erlebnis, so sind die Frischmarkthallen und kleinen Läden des Neuen Bazars auf jeden Fall einen Besuch wert. Neben frischem Obst, Gemüse, Blumen, Fleisch, Fisch und Käse bekommt man auch Souvenirs und Gebrauchsgegenstände. Boutiquen und Cafés runden das Angebot ab. Über die Rruga 28. Nëntori, die Rruga George W. Bush und eine kleine Gasse gegenüber des Sheshi Fan Noli erreicht man die **Gerberbrücke**. Die kleine Steinbogenbrücke Ura e Tabakëve aus dem 18. Jhd. überquerte einst die Lana, heute fließt diese kanalisiert einige Meter daneben vorbei. Am Sh. Fan Noli entstand als Antwort auf die Orthodoxe und Katholische Kathedrale ein riesiges **islamisches Glaubenszentrum mit der Neuen Moschee**, auch **Namazgjah-Moschee** genannt. Als zukünftig größte Moschee des Balkan (bislang war das die König-Fahd-Moschee in Sarajevo) bietet sie rund 4.500 Gläubigen Platz, die Fläche beträgt knapp 10.000 m². Die 30 m hohe Kuppel wird von vier Minaretten umrahmt, deren Höhe beträgt maximal 56 m. Lange Zeit wurde der Bau trotz Grundsteinlegung 1992 durch katholische Amtsvertreter verhindert. Den Muslimen standen aber bislang für Fest- und Feiertage nur kleine Moscheen und seit 1995 die etwas größere Bejtyl-Evel-Moschee an der Ausfallstraße nach Durrës zur Verfügung. Finanziert wurde der neue Komplex, zu dem mitunter ein Konferenzraum, eine Bibliothek, ein Restaurant, Studienräume und ein Museum des Zusammenlebens gehören, u.a. mit Geldern aus einer türkischen Stiftung für Religionsangelegenheiten. In dem gepflegten **neoklassizistischen Gebäude** schräg dahinter hat das **Parlament** seinen Sitz. Am Bulevardi Zhan D'Ark an der Lana wurde 2002 die moderne **Katholische Pauluskathedrale** eingeweiht. Das Gotteshaus in Form eines Dreieckes symbolisiert einerseits die Dreifaltigkeit, andererseits die Verbundenheit der drei wichtigsten Religionen im Land. Über die verkehrsberuhigte Shëtitorja Murat Toptani gelangt man zurück zum Zentrum. Man passiert hierbei die **stattlichen Mauer- und Fundamentreste der ehemaligen militärischen Festung** Tiranas, ein Relikt aus der byzantinischen Zeit, also lange vor der Stadtgründung. Die bis zu 6 Meter hohen Mauern beherbergen heute Hotels, Restaurants und kulturelle Einrichtungen.

die alte Gerberbrücke

Uhrturm und Et´hem Bey-Moschee

die alte Festungsmauer

Südlich des Skanderbeg-Platzes: Unmittelbar östlich hinter dem Ministerium für Verkehr und Infrastruktur an der Rruga Abdi Toptani liegt der Eingang zum **Bunkermuseum Bunk´Art2**. Entlang des Boulevard Dëshmorit i Kombit Richtung Süden reihen sich weitere **Regierungsgebäude**. Linker Hand passiert man die **Nationale Kunstgalerie** mit dem extravaganten **Cloud-Pavillon** des japanischen Jungarchitekten Sou Fujimoto. Aus manchen Perspektiven erinnert er in der Tat an eine weiße Wolke, ab und an wird er für musikalische Zwecke genutzt. Rechts liegt der beliebte **Rinia-Park**, der angenehm gestaltete Grünbereich mit alten Bäumen und Springbrunnenanlagen ist ein beliebter Treffpunkt für Jung und Alt. Das futuristische Gebäude ist das **Taiwan-Center** mit zahlreichen modernen Shops und Cafés. Im Gelände des Parks steht seit 2014 das **Befreiungs- und Unabhängigkeitsdenkmal**, sowie das originelle **„I love Tirana"-Sign** aus einzelnen riesigen, bemalten Buchstaben. Jenseits des Lana-Kanals befindet sich in der Rr. Ibrahim Rugova der 16-stöckige **Sky-Tower**. Im Außenaufzug gelangt man nach ganz oben und hat von der sich drehenden Bar die beste Aussicht über die Stadt. Richtung Westen erstreckt sich ein Netzwerk von schmalen Straßen und Gassen, das **Ish-Blloku-Viertel**. Nach dem Krieg verschwanden hier die zahlreichen Fabriken und machten einem bewachten Komplex von Luxusvillen Platz, der ausschließlich der Elite des kommunistischen Albanien vorbehalten war. Anfang der 90er-Jahre wurde der Stadtteil der Öffentlichkeit zugänglich gemacht und es entstand eine Vielzahl an Bars, Restaurants und Vergnügungseinrichtungen, die heute vor allem von jungen Leuten mit Statusdrang besucht werden. Mittendrin fristet die langsam vom Verfall gezeichnete **Villa des Diktators Hoxha** ihr Dasein. Parallel zum Sky-Tower, direkt am Hauptboulevard, ragen die modernen **Twin-Tower** mit Banken, Büros und Restaurants knappe 53 m hoch auf. Zu deren Füßen fanden die **Büsten der Frashëri-Brüder** ihren Platz, jene drei Männer, die in der Freiheitsbewegung Anfang des letzten Jahrhunderts große Verdienste für das Land erwarben. Südlich davon, auf der Höhe der Rruga Ismail Qemali, fand das **Post-bllok-Monument** seinen Bestimmungsort. Das Denkmal an die kommunistische Isolation erinnert in Form eines kleinen Bunkers, einem bunt bemalten Original-Teilstück der Berliner-Mauer und Betonstützen aus dem berüchtigten Bergwerksarbeitslagers von Spaç an die politisch Gefangenen des Landes. Der außergewöhnliche Bau auf der anderen Seite des Boulevards ist die **"Piramida"**, entworfen von Enver Hoxhas Tochter. Einst diente das lange Zeit teuerste Gebäude Albaniens als Museum des Diktators und enthielt von 1988-91 auf drei Etagen alles, was Hoxha je berührte oder benutzte. Später wurde es in ein Kulturzentrum umfunktioniert und heute, nachdem die Abrisspläne zugunsten eines neuen Parlaments vom Tisch sind, dient es Ausstellungszwecken und ist Sitz des Senders Top-Channel. Die Friedensglocke davor wurde aus in Albanien gesammelten Patronenhülsen gegossen und soll an die Unruhen von 1997 erinnern. Bis zum Sheshi Nënë Tereza mit der Kunstakademie, Fakultät für Maschinenbau und Polytechnischen Universität am Ende des Boulevards, passiert man das Hotel Rogner, den **Kongresspalast** und das **Archäologische Museum**. Dahinter liegt das Qemal-Stafa-Stadion.

die Piramida 2017 ohne Graffitis

der Cloud-Pavillon als Musik-Bühne

Blick auf die Stadt vom Sky-Tower

Westlich des Skanderbeg-Platzes: Das Ministerium für Landwirtschaft und Landentwicklung wird von der blau-goldenen Kuppel der **Neuen Orthodoxen Auferstehungskathedrale** überragt. Der prunkvolle Bau mit dem freistehenden, 46 m hohen Glockenturm und vier Kapellen wurde erst 2012 nach achtjähriger Bauzeit fertiggestellt. Die alte Kathedrale fiel in den 50er-Jahren dem Bau des Kulturpalastes zum Opfer. Gegenüber des Gebetspalastes liegt das **„Haus der Blätter"**.

immer die Wäsche vor den Fenstern

Nördlich des Skanderbeg-Platzes: Der Bulevardi Zogu I. führt schnurgerade 1 km bis zum Gelände des alten Bahnhofs. Ab hier geht er in den neuen **Bulevardi i Ri** über und setzt das Angebot an Restaurants, Cafés, Banken und Läden aller Art fort. In der östlichen Parallelstraße Rruga e Barrikadave liegt direkt neben dem Gymnasium die **Scheich Dyrri Tekke**. Sie stammt aus dem 18. Jhd. und diente nicht nur als Gebets-, sondern auch als Wohnhaus des Scheichs und weist einen typisch osmanischen Baustil auf. Obwohl es seit 1963 zum Kulturdenkmal erklärt wurde, ist es 1967 im Rahmen des Religionsverbots stark beschädigt worden, 1990 wurde es aber wieder hergestellt. Das in Privatbesitz befindliche Anwesen ist sehr interessant und kann auch innen besichtigt werden. Ein weiteres sehenswertes Kleinod ist das **Haus des Sali Shijaku** in der Rruga Vildan Luarasi (siehe Museen), ca. 5 Gehminuten nordöstlich vom Gymnasium.

der Eingang zum Museum Bunk'Art2

die Dajti-Bergstation im März

Fischeridylle am Stausee

Im näheren Umkreis: 3,5 km in östliche Richtung liegt hinter einem riesigen Steintor das **Weltzentrum des Bektashi Ordens**. Zum sehr sehenswerten Komplex gehört unter anderem eine riesige, mit beeindruckenden farbigen Malereien und marmorierten Mosaiken verzierte Tekke. Das Untergeschoss beherbergt ein informatives Museum. In einem kleinen Souvenirladen gibt es auf die Religion bezogene Andenken zu kaufen. Man wird höflich empfangen und erfährt von den jungen Mönchen enorm viel über die islamische Glaubensgemeinschaft. Die Anlage wurde im Beisein sämtlicher religiöser Vertreter im Land im September 2015 eröffnet. Sie befindet sich etwas versteckt in der Rruga Hysen Loci. (Bus „Unaza" Bulevardi Zhan D´Ark, besser per Taxi.)

Ebenfalls am östlichen Stadtrand befinden sich das **Kriegsmuseum Bunk´Art1** (s. Museen) und die **Talstation des Dajti-Express** (Bus „Kinostudio" oder „Porcelan"). Im Juni 2005 wurde die erste Gondelbahn Albaniens, erbaut von der österreichischen Firma Doppelmayr, in Betrieb genommen. Mit ihren knapp 5 km Länge wird sie als die längste Seilbahn des Balkan beworben. Auf ca. 1.000 m Höhe liegt die Bergstation. Hier, vom sogenannten Balkon von Tirana, bietet sich eine fantastische Aussicht auf die Stadt. *€ 6,--, 9.00-19.00/21.00 h, Di geschlossen, www.dajtiekspres.com*

Der 3 ha große **Dajti-Nationalpark** eignet sich gut für einen erholsamen Tagesausflug. Die üppigen Wälder laden zu ausgedehnten Wanderungen ein, es gibt Ausflugsrestaurants. Der 1.613 m hohe Gipfel darf als militärisches Sperrgebiet nicht bestiegen werden. Das Gebiet kann auch über eine kurvenreiche Bergstraße (SH54+47) erreicht werden.

In und um Tirana gibt es eine Vielzahl **künstlicher Seen und Parkanlagen**. Der größte von ihnen liegt unmittelbar südlich des Sheshi Nënë Tereza (Bus „Tirana e Re" bis Kolonat). Der Große Park mit seinem dichten Baumbestand ist ein beliebtes Wochenendziel der Tiraner mit Wanderwegen, Restaurants und etlichen Denkmälern. Dazu zählen u.a. der Gedenkfriedhof mit 46 Gräbern von im Zweiten Weltkrieg gefallenen britischen Soldaten. Etwas weiter südlich, auf einem kleinen Hügel, liegt das Mausoleum der albanischen Königsfamilie, es beinhaltet neben den aus Paris überführten Überresten von König Zogu I. auch seine Frau Geraldine und die Königinmutter Sadije. In einiger Entfernung befindet sich der Brigade-Palast, ursprünglich war der lange Zeit nicht fertiggestellte Bau als Königsresidenz gedacht, heute empfängt darin der Staatspräsident die politischen Gäste. Im kleinen Park auf der anderen Seite der Rruga Elbasanit erreicht man den Heldenfriedhof mit dem großen Denkmal der Mutter der Nation. Am westlichen Ende des Parks liegt der Freizeitpark Lodrat und das große, öffentliche Schwimmbad. Auf der anderen Straßenseite der A3 nach Elbasan in der Rruga Kodra e Diellit der Botanische Garten.

Etwa 1,5 km westlich vom Zentrum in der Rruga Mihal Ciko (zu Fuß über die Rr. Durrësit, Bus "Unaza" oder "Kamëz" bis Ring Center) hat man bereits 1972 beeindruckende **Bodenmosaike einer römischen Villa** aus der byzantinischen Epoche des 3. Jhd. freigelegt. Hinzu kommen Steinschnitzereien mit religiösen Motiven, was zu der Annahme führte, dass an dieser Stelle auch eine Kirche stand. Eintritt frei, Mo-Sa 8.00-17.00 h

Tirana verfügt über eine Vielzahl an Museen unterschiedlichster Richtungen, nicht alle lohnen einen Besuch. Hier ein Überblick der Sehenswertesten:

Das **Nationalmuseum** am nördlichen Ende des Skanderbeg-Platzes ist das größte Geschichtsmuseum des Landes. Die albanische Historie von der Frühzeit bis zur Gegenwart wird auf drei Etagen überaus informativ dargestellt. Die Exponate aus sämtlichen Epochen und Kultureinflüssen umfassen auch Ikonen, Trachten, Waffen, Schriften und Bilder, Bildhauerwerke sowie militärische Ausrüstung. Leider sind viele Stücke lediglich auf Albanisch beschriftet.

200 Lek, letzter So im Monat frei, Di-Sa 10.00-18.00 h, So 9.00-14.00 h

Die **Nationale Kunstgalerie** zeigt eine Sammlung an Gemälden, Figuren und anderen Kunstobjekten unterschiedlichster Stilrichtungen und Epochen, vor allem aber ab dem 19. Jhd. Im Erdgeschoss finden Wechselausstellungen statt.

Bulevardi Dëshmorët e Kombit, Eintritt 200 Lek, Mi-So, 10.00-18.00 h

Das **Archäologische Museum** bietet eine eher übersichtliche Ausstellung historischer Objekte für geschichtlich Interessierte, mehr als Ergänzung zum Nationalmuseum.

Sheshi Nënë Tereze, Eintritt frei, Mo-Fr 10.30-14.30 h

In der ersten privaten Galerie Albaniens, dem **Mezuraj-Museum**, findet man eine große Sammlung von Objekten aus dem Besitz der Familie Mezuraj. Sie enthält Gemälde, Skulpturen und archäologische Artefakte aus verschiedenen Epochen. Tolle Website: www.mezuraj.museum

Rruga Kavajës, oberhalb der Raiffeisen-Bank, 300 Lek, Mo-Sa, 9.00-18.00 h

Die **Galeria Shijaku** ist in einem der ältesten Häuser des Balkans untergebracht, 300 Jahre alt ist es mindestens. Das großartige Beispiel eines traditionellen Herrenhauses, umgeben von einem wunderschönen Garten, diente im Laufe der Jahrhunderte als Militärgebäude, Krankenhaus und sogar als Gefängnis. Es befindet sich heute im Besitz des Künstlers Sali Shijaku und fungiert als Café und Kleinmuseum mit einer umfangreichen Bildersammlung impressionistischer Künstler sowie Kunstgegenständen aller Art, Größe und Herkunft.

Rruga Siri Kodra, Eintritt frei, 9.00-17.00 h

Das **Naturkundemuseum** der Universität ist das einzige seiner Art in Albanien. In 7 Pavillons kann man die Evolution der Weltgeschichte nachverfolgen. Gezeigt wird eine Vielzahl konservierter Fauna- und Floraobjekte, teils auch kuriose. Zudem erfährt man sehr viel über die bedrohte Artenvielfalt des Landes.

Rruga Todi Shkurt, Eintritt frei, Mo-Fr 8.00-16.30 h

Allen, die sich für die jüngere Geschichte des Landes interessieren, sind folgende Museen unbedingt zu empfehlen. In ihnen wird überaus spannend und anschaulich die Zeit unter der Diktatur Enver Hoxhas dargestellt, gleichzeitig stellen die Häuser aber auch einen Besuchsort für die Bevölkerung dar, um diese jüngere, dunkle Vergangenheit besser aufzuarbeiten.

Das **Shtëpia e Gjetheve - Haus der Blätter** widmet sich einem Teil der schmerzhaften, jüngeren Geschichte. Aus der Zentrale der kommunistischen Staatspolizei Sigurimi, auch bekannt als Haus der Spione, wurde das gesamte Land kontrolliert. Man erfährt über Techniken der Abhörung und der Manipulation der Bevölkerung, lernt Foltermethoden kennen und vieles Unglaubliche mehr. Ursprünglich wurde das Gebäude 1931 als Klinik errichtet, während des Zweiten Weltkrieges jedoch unter deutscher Besatzung von der Gestapo genutzt. Die Blätter weisen auf eine Doppelbedeutung hin: Dinge, die in Wäldern versteckt sind, aber auch das Ablegen von Büchern und Akten über Menschen.

Rruga Ibrahim Rugova, Eintritt 700 Lek, täglich 9.00-19.30 h

einer von vielen Ausstellungsräumen

unterirdischer Verbindungsgang

Kriegsmuseum Bunk'Art1: Dieser unterirdische, riesige Atomschutzbunker wurde in den 1970er-Jahren für die politische und militärische Elite des Landes erbaut, 6 Jahre lang hat man die über 100 Räume auf fünf Etagen und 3000 m² in den Berg getrieben. In 40 davon findet eine informative Ausstellung statt, in Kombination mit der Präsentation von modernen Kunstobjekten. Hauptsächlich geht es darum, wie Hoxhas Geheimpolizei gegen die Opposition operiert hat und wie das Alltagsleben der Albaner verlief. Die Räume sind so gut wie im Originalzustand vorzufinden. Ein Highlight ist das Video über Hoxhas Staatsbegräbnis. Manchmal ergänzen Infoveranstaltungen den Rundgang durch die Anlage.

Rr. Teki Selenica, Bus ab Sheshi Skanderbeg nach Linzë, 500 Lek, Di-So 9.00-16.00 h, im Sommer erweiterte Zeiten

Kriegsmuseum Bunk'Art2: Der ehemalige unterirdische Anti-Nuklearbunker des Innenministeriums entstand zwischen 1981 und 86. Er besteht aus 24 Räumen und einer, dem Innenminister vorbehaltenen Wohnung. Eingang (eine große Bunkerhaube mit Bildern von ermordeten Geistlichen) und Ausgang wurden erst vor der Eröffnung gebaut, da ein Zugang nur vom Innenministerium möglich war. Enver Hoxha hat den Bau nie fertig gesehen, er starb im Jahr zuvor. Hier gedenkt man in erster Linie mittels einer großen Video-Ausstellung den Opfern des kommunistischen Regimes. Zudem enthält das Museum Fotografien, Dokumente und Geräte, die die Verfolgung von etwa 100.000 Albanern von 1945 bis 1991 illustrieren. Auch hier sind die Zimmer im Originalzustand vorzufinden.

Rruga Abdi Toptani, 500 Lek, täglich 10.00-19.00 h, im Sommer ebenfalls erweiterte Öffnungszeiten (9.00-21.00 h)

Urheber und Kurator des Bunk'Art-Projektes ist der italienische Journalist Carlo Bollino, unterstützt wird er von der albanischen NGO "Qendra Ura". **www.bunkart.al**

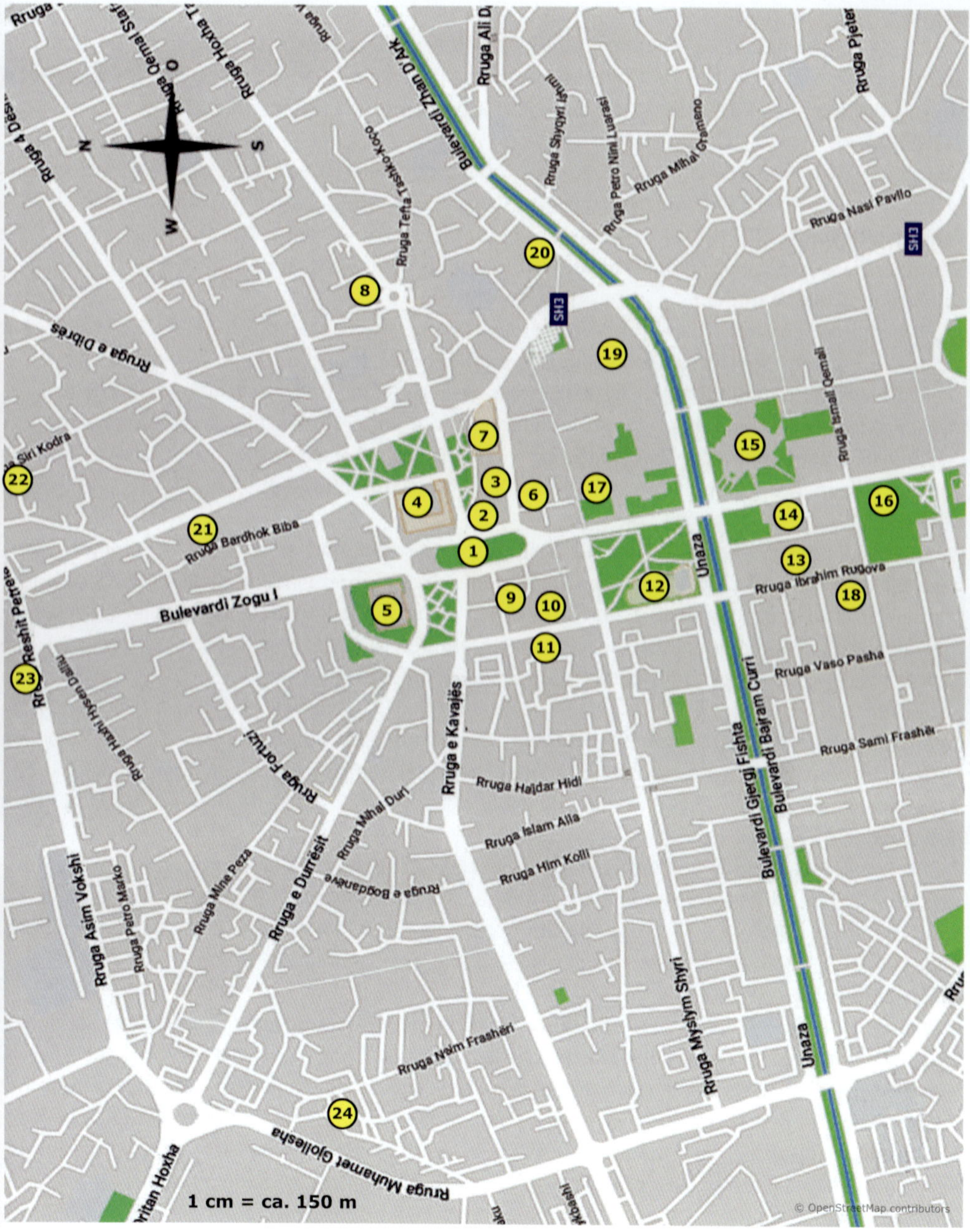

1 Skanderbegplatz
2 Et´hem Bay Moschee
3 Uhrturm
4 Oper
5 Nationalmuseum
6 Bunkermuseum 2
7 TID-Tower
8 Pazari i Ri
9 Puppentheater
10 Orthodoxe Kathedrale
11 House of the Leaves
12 Rinia-Park
13 Sky-Tower
14 Twin-Tower
15 Pyramida
16 Postbllok-Checkpoint
17 Nationale Kunstgalerie
18 Hoxha-Villa
19 Neue Moschee
20 Gerberbrücke
21 Kadiri-Tekke
22 Sali-Shijakut-Haus
23 alter Bahnhof
24 altes Mosaik

Infos:

Die Touristeninformation befindet sich hinter dem Nationalmuseum in der Rruga Ded Gjo Luli 4, ℹ *Mo-Fr 11.00-17.00 h, Sa 9.00-14.00 h*; aktuelle Broschüren, Fahrpläne, Veranstaltungen.
Auch nützlich ist das kostenlose Download-PDF www.inyourpocket.com/tirana

Sightseeing:

Täglich um 10.00 h startet ab dem Kulturzentrum vor der Oper eine zweistündige Walkingtour. Sie ist kostenfrei und wird von wechselnden Tiranaer-Einwohnern geführt (www.tiranafreetour.com)

Transportmittel:

Der zentrale Busbahnhof befindet sich im Aufbau und wird westlich der Stadt liegen, nahe des zukünftigen Hauptbahnhofes.

Der internationale Busbahnhof, Verbindungen in die Nachbarländer MNE, RKS, MK GR und die Türkei starten täglich (z.B. albatrans.al), befindet sich in der Rruga Ali Kolonja.

Flughafenshuttle stündlich per Rinas-Express ab Ecke Rruga e Durrësit/Rruga Ded Gjo Luli.

Die aktuellen Verbindungen der Überlandbusse und innerstädtischen Linien erfrägt man in der Touristeninformation oder findet sie unter www.visit-tirana.com/explore-tirana/tirana-transport.

Taxis kosten 300-500 Lek innerstädtisch, Taxameter laufen lassen!

Parken:

Parkplätze in der Innenstadt sind generell kostenpflichtig und schwer zu bekommen. Eine gute Alternative sind die Tiefgaragen unter dem Skanderbeg-Platz und dem TID-Tower (ab 200 Lek, nicht für Wohnmobile – nur bis 210 cm Höhe!). Weitere Infos: www.tiranaparking.al (nur albanisch). Wer den hektischen Verkehr vermeiden möchte, kann an den Einkaufszentren City-Park oder TEG parken und mit dem Bus in die Innenstadt fahren.

Fahrrad:

Eine gute Möglichkeit die Stadt zu erkunden, ist das Angebot von Ecovolis, es existieren rund 10 Vermiet-Stationen, eine davon hinter dem Nationalmuseum am Blvd. Zogu I. Ab € 0,50, Ausweis erforderlich (www.ecovolis.al, nur albanisch).

Einkaufen:

Große Einkaufszentren mit Shops und Boutiqen aller Art sowie Supermärkten und Restaurants sind das TEG im Süden der Stadt Richtung Elbasan, der CityPark im Westen Richtung Durrës, ebenfalls an der SH2 das QTU, das Toptani neben dem TID-Tower, das Ring Center am Sheshi Zogu i Zi, empfehlenswert ist zudem der Neue Bazar am Sheshi Avni Rustemi.

Übernachten:

In Tirana gibt es hunderte von Unterkünften in allen Kategorien und Preisklassen, von der Luxusherberge bis zum einfachen Hostel, der Standard ist immer überraschend gut.

Hotel Rogner - gilt als die beste Adresse der Stadt und ist eines der ältesten Hotels, führend seit 1991. Sehr zentral gelegen in einem üppigen Garten und mit höchstem internationalen Standard. Umfangreiches Freizeitangebot inkl. Pool und Wellnessbereich, Konferenzräume. Hervorragend geschultes österreichisch-albanisches Team. Internationales Spitzenrestaurant und zwei Bars vorhanden. DZ ab € 130,-- incl. Frühstück. Bulevardi Dëshmorët e Kombit, Tel. +35542235035, www.hotel-europapark.com, info.tirana@rogner.com

Bujtina e Gjelit - architektonisch sehr originelles und uriges Haus, charaktervoll mit viel Holz, Stein und Grün, Pool, sehr geräumige, stilvoll eingerichtete Zimmer, traditionelles Restaurant, Spitzenservice, Folkloreveranstaltungen. DZ ab € 72,-- inkl. Frühstück. Rruga Don Bosco 28, nahe des Großen Parks, Tel. +355672074403, facebook.com/pg/BujtinaEGjelit, bujtina.gjelit@gmail.com

Theranda Hotel - sehr ansprechend, zentral aber doch ruhig gelegen am Rande des Ish-Blloku-Viertels, elegante Zimmer in unterschiedlichen Stilrichtungen, hübscher Garten, sehr freundliches Personal und guter Service, Restaurant vorhanden. DZ ab € 70,-- incl. Frühstück. Rruga Andon Zako Çajupi, Tel. +35542273766, www.therandahotel.com, reservations@therandahotel.com

Hotel Baron - einfaches, aber sehr liebevoll und familiär geführtes Haus, ruhig südlich vom Zentrum, geräumige und sehr saubere Zimmer, bester Service, gutes Restaurant mit traditionell albanischer und europäischer Küche, man spricht Deutsch, Wohnmobilstellplätze mit Strom ab € 17,--. DZ ab € 28,-- incl. Frühstück. Rruga Elbasanit 274, Tel.: +35542467649, www.hotelbaron.al, info@hotelbaron.al

Sleep & Go Hostel - neu eröffnetes, schnell beliebt gewordenes Haus nahe des Zentrums, große Zimmer, sehr sauber, angenehm gestaltete Gemeinschaftsräume und Küche. Bett im Schlafsaal € 10,--. Rruga Pjetër Bogdani 13, Tel.: +355692862044

Essen und Trinken:

Knapp 1.000 Restaurants, Bars, Kneipen und Cafés bereichern Tiranas kulinarisches Angebot. Die Palette reicht bis hin zu Mexikanisch, Russisch und Sushi. Eine Auswahl an albanischer Küche:

Sheqer Pikant - eines der Spitzenrestaurants in Tirana mit mediterraner Küche und Meeresfrüchtespezialitäten, sehr appetitlich serviert. Stilvolles aber gemütliches Ambiente und ansprechende Terrasse, bester Service und Qualität. Rruga Gjeneral Nikols, im Großen Park, über die Rr. Elbasanit, Tel. +355682010444, 8.00-0.00 h

Uka Farm - einer Bio-Landwirtschaft am westlichen Stadtrand angegliedertes Schmuckstück in einem sehr ansprechenden Garten. Vielfältige Karte auch für Vegetarier, alles hausgemacht in Bio-Qualität, besondere Weine, einwandfreier Service, Preise leicht über dem Durchschnitt. Rruga Adem Jashari, Tel. +355672039909, 9.00-22.00 h

E Jona - beliebtes Themenrestaurant mit trendigem Ambiente mitten im Zentrum, albanische, mediterrane und europäische Gerichte, aufmerksames Personal, prima Service, moderate Preise. Rruga Brigada VIII 7-Blloku, Tel. +355692515333, 7.00-23.00 h

Mullixhiu - uriges, sehr gemütliches Lokal, mit viel Sorgfalt zubereitete Speisen mit Zutaten der Saison, u.a. dunkles Brot, empfehlenswert sind die mehrgängigen Menüs. Shëtitorja Lasgush Poradeci am Nordufer des Großen Sees (rotes Haus) , Tel. +355696660444 , 12.00-22.00 h

Sofra e Ariut - originelles und renommiertes Restaurant am Rande des Großen Parks in einem gepflegten Garten, traditionelle albanische Gerichte, gelobter Service und Qualität, oft prominente Gäste. Rruga Elbasanit 54 H.1, Tel. +35542303030, 7.00-23.00 h

Vergnügen für Groß und Klein:

An der Autostrada Tirana-Durrës befindet sich beim City-Park der albanische Aquapark. Etwas einfacher als die westeuropäischen Varianten, dennoch eine Abwechslung für Familien an heissen Tagen, 10.00-19.00 h, www.facebook.com/AquaparkAlb

Empfehlenswerte Tourenveranstalter:

Off Limits Albania, www.offlimitsalbania.com; Outdoor Albania, www.outdooralbania.com; Zbulo Discover Albania, www.zbulo.org/day-trips-tirana;

Medizinische Versorgung:

In Tirana gibt es eine gute Auswahl an Kliniken mit geschultem Personal nach westlichem Standard:

Spitali Amerikan (auch in Durrës und Fier), gleich drei mal in Tirana, Tel. +355(0)42357535, Rr. Lord Bajron, Rr. e Dibrës, Rr. Sabaudin Gabrani, www.spitaliamerkan.com;

Spitali Hygeia, Tel. +355(0)2390000, Mbikalimi i Kamëz, www. hygeia.al;

Spitali Gjerman, Tel. +355(0)42274577, Rr. e Kavajës, www.spitaligjerman.com;

Porto Palermo

Lagune Tale

Ausgrabungsstätte Finiq

"Das Vaterland zu verteidigen ist eine Pflicht über allen anderen Pflichten." Dieser Propaganda Enver Hoxhas und seiner zunehmenden Paranoia liegt der Bau der weltweit meisten Bunker eines Landes zugrunde. Nach dem Bruch mit den sozialistischen Staaten des Ostblocks 1961, dem Austritt aus dem Warschauer Pakt 1968 und dem Abbruch der Beziehungen mit China 1978 befürchtete der Diktator die Besetzung des Landes und Invasion von allen Seiten. Jeder Wehrpflichtige wurde damals für deren Errichtung herangezogen. Für je 4 Personen war ein kleines Verteidigungsobjekt vorgesehen. Bei damals 3 Millionen Einwohnern entsprach das einer geplanten Anzahl von 750.000 Stück. Die genaue Menge der tatsächlich erbauten Pillboxen ist nicht bekannt, man geht aber von mindestens 350.000 Stück aus. Die meisten entstanden zwischen 1972 und 84. In dieser Zeit wurden auch Unmengen von Waffen, darunter selbst chemische, angehäuft. Meist lagen die mehrere Meter in den Boden reichenden Gebilde in Dreiergruppen zusammen, durch einen schmalen Tunnel verbunden. Die Teile dafür wurden zentral vorgefertigt. Ihre Funktion erfüllten sie nie, Albanien war zu dieser Zeit ein uninteressantes Stück Land. Neben den kleinen Pilzen entstanden aber auch große Mehrmann-Bunker und stollenartige, wie der über 650 Meter tiefe U-Boot-Bunker in Porto Palermo bei Himarë, der 3-stöckige Munitionsfabrikbunker im Berg bei Poliçan oder die Flugzeugkaverne in Gjadër bei Lezha. Hauptsächlich errichtete man die unverwüstlichen Gebilde in Küsten- und Grenznähe, in Flusstälern oder an Passübergängen. Wieviel Stahl und Beton dafür letztendlich verschwendet wurde, hat noch niemand berechnet. Die enorme finanzielle Belastung dürfte aber jährlich mehrere Prozent des damaligen Nettoinlandproduktes betragen haben und hat die Wirtschaft enorm überbelastet. Das Material wäre für andere Infrastrukturprojekte nötiger gewesen. Heute sind sie hauptsächlich ein Ärgernis für die Landwirte und neuen Eigentümer der Grundstücke. Zudem verschandeln sie ihrer Meinung nach nicht nur die Landschaft, sie sind nur mit enorm großem Aufwand wieder zu beseitigen. Einige Einfallsreiche haben die Ungetüme aber auch originell und farbenfroh zweckentfremdet, sie dienen als interessante Strandbars, Viehunterkünfte und Geräteschuppen, manche werden zu robusten Anlegestellen, kleinen Fischerhäfen oder Stegen im Meer verarbeitet. Und sehr viele junge albanische Burschen und Mädchen verlieren in ihnen im Schutze der Dunkelheit ihre Unschuld.

Lagune Tale

Tipp für Camper:
Camping Tirana - Richtung Durrës, Autobahnausfahrt am Einkaufszentrum CityPark, Rruga e Purrezit; Liqeni i Kusit; Kashar (www.campingtirana.al; GPS: 41°20'17.2"N 19°42'24.1"E).

15 km südlich der Hauptstadt liegt malerisch auf einem 450 m hohen Solitärfelsen die **Festung Petrelë**. An strategisch günstiger Position, war die Anlage im 15. Jhd. für Skanderbeg ein wichtiger Ort zur Verteidigung des Landes gegen die Türken, es wurden die Verkehrswege über den Krrabë-Pass kontrolliert. Hauptsächlich operierte seine Schwester Mamica von hier. Ursprünglich war der Berg bereits im 3. Jhd. besiedelt, die Burg entstand im 9. Jhd. Durch den Ausbau zu einem durchaus empfehlenswerten Ausflugsrestaurant wurde die historische Bausubstanz jedoch stark verändert. Der Blick auf Tirana und die umliegenden Berge lohnen den Abstecher durchaus. Zu erreichen über das Einkaufszentrum TEG, dann der alten Landstraße SH3 bis zur Ausschilderung zum Ort folgen. Ab dem Parkplatz unterhalb des Hügels sind etliche Höhenmeter zu Fuß zu überwinden. Zugang zur Burg ab ca. 11.00 h.

der Krrabë-Pass - super Aussicht

Petrelë - toller Blick bis Tirana

6 km vom Abzweig nach Petrelë führt bei Ibë eine Straße zum Dorf Pëllumbas. Von dort gelangt man über einen 1,5 km langen, ausgeschilderten Trampelpfad zur gleichnamigen Höhle. Sie ist eine der wenigen europäischen Karsthöhlen und war in der Altsteinzeit von Menschen besiedelt. Sie ist 360 m lang, bis zu 15 m breit und 45 m hoch. **Die Pëllumbas-Höhle** zählt zu den schönsten des Landes und gilt als Naturdenkmal.

Grundsätzlich sollte man die SH3 nach Elbasan über den **Krrabë-Pass** der neuen Autobahn A3 vorziehen. Man überquert dabei eine großartige Berglandschaft auf einem Höhenkamm auf durchschnittlich 600-800 Metern Höhe. Zu beiden Seiten eröffnen sich Blicke auf die kleinen Dörfer und Seen in den Tälern, in der Ferne erstrecken sich die Gipfel der benachbarten Gebirgsmassive.

hier beginnt die Steinzeit

Rund 15 km nordöstlich von Tirana befindet sich inmitten des Skanderbeg-Gebirges und am Rande des Dajti-Nationalparks das 4,6 km² große **Bovilla-Reservoir**. In erster Linie dient es der Trinkwasserversorgung der Hauptstadt. Entstanden ist das Gewässer durch den Bau des 130 m langen Staudammes 1998, damals mussten 400 Familien umgesiedelt werden. Der Fluss Tërkuza speist den See jährlich mit etwa 100 Mio m³ Wasser, 1.800 l/s fließen davon über eine 10 km lange Pipeline in eine Aufbereitungsanlage. Davon wird der Bedarf der Einwohner aber nur zum Teil gedeckt. Die Steilwände um den See sind ein beliebtes Kletterziel und die wunderschöne Landschaft rechtfertigt die Anfahrt (via SH53).

der Bovilla-Stausee bei Tirana

die Kap-Spitze mit der Burg

die Kirche vor dem Strand

die alten Fresken in der Kirche

Kap Rodon (Highlight)
(Karte 1:150.000 von freytag & berndt: H 4)

Am Ende einer spitz in die Adria auslaufenden, 10 km langen Landzunge nördlich von Durrës liegt eine absolute Naturbesonderheit des Landes. Das Kap Rodon bildet das südliche Ende des Drin-Golfes und bietet mehrere Gründe für einen Besuch, allein schon entlang des Anfahrtsweges wird man mit spektakulären Ausblicken belohnt. In unmittelbarer Nähe des Strandes findet man eine außergewöhnlich schöne Kirche aus dem 12. Jhd. Sie gehört zu einem Kloster des Franziskanerordens und wurde im 15. Jhd. im römisch-gotischen Stil erneuert und dem Hl. Antonius geweiht. Im Inneren gibt es etliche alte Fresken, u.a. auch das Symbol des albanischen Doppeladlers und Skanderbegs Schwester Mamica als Reiterin. Etwa 500 m vor der Kirche zweigt ein Weg links an Gebäuderuinen vorbei nach oben ab. Interessant auf diesem Hochplateau ist die Ansammlung von Großbunkern mit Spitzhauben. Von hier führt ein Pfad bis direkt an die Spitze des Kaps. Man passiert die Ruinen einer Kleinfestung aus Skanderbegs Zeit, sie diente als Hafen für Versorgungsschiffe aus Italien. Der 45-minütige Fußmarsch auf dem Grat der erodierten Steilhänge ist ein einmaliges Erlebnis, erfordert aber Schwindelfreiheit, Durchhaltevermögen und wegen des Gestrüpps unbedingt lange Hosen und festes Schuhwerk. Belohnt wird man mit einer großartigen Aussicht bis zum Horizont.

Anfahrt: An der SH2 bei Maminas der Ausschilderung Gjiri i Lalzit folgen. Bis zur Schranke (geringe Gebühr) sind es 35 km. Auf halbem Weg liegt der weite Sandstrand und üppige Pinienwald von Gjiri i Lalzit mit seinen Strand-Restaurants, den neuen Privatresidenzen und Hotels. Eine neu asphaltierte Strecke existiert ab der SH1 über Lalëz.

Durrës (Karte 1:150.000 von freytag & berndt: J+K 4)

Albaniens zweitgrößte Stadt (114.000 EW) liegt etwa 35 km westlich von Tirana in der gleichnamigen Bucht an der Adria. Sie ist durch den internationalen Hafen ein überaus wichtiges industrielles Zentrum des Landes, fast gleichbedeutend mit Tirana, und auch touristisches Ballungsgebiet für Einheimische und Urlauber aus dem Kosovo (ein Busticket von Prishtina hierher kostet nur € 6,--). War bis vor wenigen Jahren ein Besuch dieser „Hafenmetropole" eher mäßig interessant, lohnt sich heute durchaus ein kurzer Aufenthalt - nicht nur aufgrund der ausgezeichneten Versorgungsmöglichkeiten. Zwar hat Durrës durch den anwährenden Bauboom mit Hotels, Vergnügungseinrichtungen, Einkaufszentren und Restaurants seinen Betonburgen-Charme in keinster Art und Weise verloren, doch einige Umbauten und Neugestaltungen im Zentralbereich werten die Optik und den Flair deutlich auf.

Wer hier Erholung sucht und einen ruhigen Badeaufenthalt plant, kann dies allerhöchstens im zeitigen Frühjahr oder Herbst tun, spätestens ab Juli sind die Strände restlos überfüllt, selbst wenn im Hochsommer noch viele Hotelzimmer leer stehen. Das bedeutet dann auch Party bis spät in die Nacht. Selbst in den südlich angrenzenden Orten bis Kavajë ist die Situation nicht viel besser. Schwer vorstellbar, dass hier vor 25 Jahren noch ausgedehnte Pinienbestände den breiten Küstenstreifen formten.

Durrës ist sichtbar von seiner 3.000 Jahre alten Historie geprägt und gehört zu den ältesten Siedlungen auf dem Balkan, ihr antiker Name lautete Epidamnos. Bedeutende Völker hinterließen ihre eindrücklichen Spuren. Im 7. Jhd. v. Chr. von griechischen Kolonisten gegründet, war sie in den folgenden Jahrhunderten auch unter den Römern, Byzantinern und Venezianern ein strategisch wichtiger Ort, hier begann ein Teilstück der alten Handelsstraße Via Egnatia, welche tief in den Balkan führte. Zahlreiche römische Bürgerkriege wurden hier ausgefochten, 48 v. Chr. bekriegten sich Cäsar und Magnus, 20 v. Chr. gründete Kaiser Augustus eine Veteranenkolonie. Durrës gehörte zu den ersten Städten in Europa, welche christliche Einwohner aufnahm. Im 4. Jhd. war der Ort erstmals von einem großen Erdbeben betroffen, der Wiederaufbau dauerte lange Zeit und so wurde die Ansiedlung erst ab dem Mittelalter wieder bedeutsam. Die Herrschaft wechselte in den folgenden Jahrhunderten häufig. Lange konnte sich das Byzantinische Reich behaupten, bevor im 9. Jhd. die Bulgaren und im 11. Jhd. die Normannen für kurze Zeit die Kontrolle übernahmen. Die Venezianer herrschten erstmals im 13. Jhd., bis 1267 erneut ein Erdbeben die Region erschütterte. Die nachfolgenden Serben wurden von ihnen Mitte des 14. Jhd. wieder verdrängt und in Folge entstand um das Amphitheater eine gewaltige venezianische Befestigungsanlage. Ab 1501 beherrschten die Osmanen das Gebiet. In dieser Zeit entstanden etliche Moscheen, zahlreiche Einwohner konvertierten zum Islam. 1914 wurde die Stadt für kurze Zeit Hauptsitz des Fürstentums Albanien mit dem deutschen Hochadeligen Wilhelm zu Wied. 1926 fiel ein großer Teil der alten Gebäude wiederum einem schweren Erdbeben zum Opfer, viele versanken im Meer. Neben dem Wiederaufbau erfolgte zudem die Trockenlegung des versumpften und malariaverseuchten Landes rund um die Stadt zur Gewinnung von landwirtschaftlich nutzbaren Flächen. Zu Enver Hoxhas Zeit begann die Industrialisierung und der Ausbau des Hafens. Damals vergrößerte sich das Stadtgebiet um ein Vielfaches und heute ist Durrës für das Land wirtschaftlich von allergrößter Bedeutung.

der Beton hinter der Strandlinie

Sehenswertes in der Stadt

Überall in der Stadt stößt man auf die Spuren der bedeutsamen Vergangenheit und immer noch werden Jahr für Jahr bei Infrastrukturmaßnahmen neue antike Objekte freigelegt - oft ungewollt. Ein guter Ausgangspunkt für einen Stadtrundgang und eine der Hauptattraktionen ist das im Zentrum gelegene **Amphitheater**, es wurde erst 1966 durch Zufall bei Bauarbeiten entdeckt. Von den Römern im 2. Jhd. v. Chr. errichtet, bot es bis zu 20.000 Besuchern Platz, hatte einen Durchmesser von 140 Metern und war somit das größte seiner Art auf dem Balkan. Hier wurden zahlreiche Gladiatorenkämpfe ausgetragen, an der Nordseite befindet sich ein mehrere Meter hoher Tunnel, durch den die Tiere, Kämpfer und Wägen in die Arena

der Strand Ende September

gelangen konnten. An den unteren Zuschauerrängen wurden im 5. Jhd. einige steinerne Absätze in eine kleine byzantinische Kapelle und Gräber umgewandelt, sehr sehenswert sind die gut erhaltenen Wandmosaike bedeutender Heiliger - 200 Lek, 9.00-16.00/20.00 h. Westlich des Theaters blieben noch einige stattliche Überreste der **antiken Stadtmauer** erhalten. Ihre Ursprünge gehen auf illyrische Zeit zurück und sie wurde im Laufe der Jahrhunderte der topografischen Entwicklung angepasst. Zu venezianischer Zeit erreichte sie einen Umfang von 3,5 km und eine Höhe von bis zu 18 m. Wenige Meter Richtung Norden passiert man am neu gestalteten **Sheshi Liria** (Freiheitsplatz) das 3-stöckige **Rathaus** bzw. die **Stadthalle** mit ihrem Uhrturm aus dem Jahr 1929, die farbintensive Fassade weist neben den Säulen Symbole des Handels auf. Die **Neue Moschee** auf der anderen Seite stammt aus dem Jahr 1937. Der prunkvolle Bau mit schlankem Minarett und goldfarbener Kuppel erhielt sein aktuelles Aussehen 2006. Hinter den Eisentoren unterhalb des Gebetshauses finden in gewissen Abständen Kunstausstellungen statt. Am Ende des Platzes liegt das **Alexandër-Moisiu-Theater** mit Kulturpalast, einem hochbegabten österreich-albanischen Schauspieler gewidmet (1879-1935). Dahinter erstreckt sich ein kleines Ausgrabungsareal. Die verbliebenen Stützen des **antiken Forums**, vermutlich aus dem 6. Jhd., bildeten einen runden Säulengang mit einem Podium in der Mitte und einem Brunnen. Man vermutet hier den Ausgangspunkt der „Via Egnatia", der Handelsstraße nach Konstantinopel. Unmittelbar daneben entdeckte man die Überreste eines feudalen **Badehauses** aus dem 2. Jhd. Folgt man der Rruga Aleksander Goga weitere 500 Meter nach Norden, erreicht man den **Heldenfriedhof** und das **Märtyrer-Mausoleum**. Es ist das einzige seiner Art im Land und gedenkt der Gefallenen des Zweiten Weltkrieges sowie der Internierten in den Nazi-Lagern. Im Gelände liegt etwas versteckt eine mittelalterliche Zisterne. Südlich des Rathauses erstreckt sich der geschäftige **Bulevardi Epidamn**, auch Rruga Tregtare - Handelsstraße genannt. Die palmengesäumte Einkaufsstraße mit ihren zahlreichen Bars und Cafés wirkt vor allem durch die restaurierten Häuser in zeitgenössischer Architektur des frühen 20. Jhd. und vielgestaltigem Dekor an den Fassaden. Sie entstanden allesamt nach dem Erdbeben von 1926. Im Erdgeschoss siedelten sich damals schon die Läden an, die Obergeschosse dienten als Wohnraum. In der Seitenstraße Rruga Stefan Vokopola liegt etwas versteckt ein **türkischer Hammam** aus dem 18. Jhd. und in der Rruga Don Nikoll Kacorri die schlichte **katholische Kirche Shën Lucia** aus dem Jahr 1909. Das südliche Ende des Boulevards endet am Sheshi Mujo Ulqinaku. Hier befindet sich der markante **venezianische Turm** aus dem 15. Jhd. Er ist 9 Meter hoch, sein Durchmesser beträgt 16 m. Er beherbergt die beliebte, rustikale Bar „Torre". Schräg gegenüber erinnert ein kleines **Memorial an Mujo Ulqinaku**, er war einer der ersten Kämpfer gegen die Invasion der Italiener 1939, er starb im Widerstandskampf. Die Rruga Egnatia trennt den alten Teil der Stadt vom Hafen. Hier soll das neue Wahrzeichen von Durrës entstehen, das **„Veliera"** - ein überdimensionales "Segel". Bei den Bauarbeiten stieß man auch hier auf antike Objekte und es wurde ein einstweiliger Baustopp verhängt. Im Kleinpark vor der Bar Amsterdam präsentieren

das Amphitheater mitten in Durrës

das Mosaik in der Theaterkapelle

sich Mick Jagger, Tina Turner und einige andere moderne, **bronzene Musiker** in Originalgröße. Ein paar Meter weiter wurde 1925 auf den Resten des östlichen Bastionsturmes das barocke Gebäude der Nationalbank errichtet. Auf der anderen Straßenseite liegt die **Orthodoxe Kathedrale** des Apostel Paul und des Heiligen Astios, sie wurde 2009 eingeweiht. Westlich der Einkaufsmeile steht in der Rruga Xhamia die kleine **Fatih-Moschee** aus dem Jahr 1502, das erste von den Osmanen nach Eroberung der Stadt auf den Ruinen einer mittelalterlichen Basilika erbaute Gebäude, sie ist die drittälteste Moschee des Landes. 1973 wurde sie zum Kulturdenkmal erklärt und 2011 restauriert. In den schmalen Gassen der Altstadt sind in den letzten Jahren eine Vielzahl von künstlerisch wertvollen **Street-Art-Objekten** nach internationalen Vorbildern entstanden. Die farbenfrohen Malereien zieren trostlose Fassaden, Tore und Hauseingänge.

Am westlichen Ende der Rruga Egnatia beginnt die langgezogene **Strandpromenade Shetitorja Vollga**. Gleich zu Beginn passiert man inmitten des kleinen Vergnügungsparks ein imposantes **Freiheitsdenkmal**. Wenige Meter weiter erreicht man den futuristischen **Restaurantkomplex Ventus Harbor** mit einem exquisiten Spezialitätenrestaurant am Ende eines 300 m langen Piers auf einer Plattform mitten im Meer, von den Albanern auch **„Pista e re"** genannt. Ein sehr beliebter Treffpunkt ist die **neue Sphinx** am Ende der Flaniermeile. Dabei handelt es sich um eine stufenförmige, ins Meer reichende, abends beleuchtete Plattform mit einer schönen Aussicht auf die Bucht von Durrës, tolle Sonnenuntergänge sind hier gewiss. Die beste Aussicht auf die Stadt und die Küste bietet sich jedoch vom **zentralen Hügel**. Auf knapp 100 m Höhe befindet sich zudem die ehemalige, weithin sichtbare **Villa des König Zogu**, das ehemals prachtvolle Gebäude in Adlerform und klassizistischem Baustil war zudem unter Hoxha dessen Sommerresidenz und Empfangsstätte zahlreicher Staatsgäste. Die Front ziert ein Abbild des Helden Skanderbeg zu Pferd. Es ist heute vom Verfall bedroht und wartet auf einen Geldgeber für die Restaurierung. Zogus Urenkel Leka II. wird die Nutzung verwehrt. Innen kann das leerstehende Herrschaftshaus aktuell nicht besichtigt werden. Zu erreichen ist es vom Theater über die Rruga Karl Topia, Gjergj Komnino und Kont Urani.

Museen

Das kleine aber feine **Archäologische Museum** von Durrës zeigt die wohl am besten sortierte Ausstellung des Landes zu diesem Thema. Die Exponate aus der Region sind breit gefächert und teilweise sehr gut erhalten. Es wurde 1951 gegründet und erst 2015 nach langen Umbauarbeiten wiedereröffnet, Rruga Taulantia.

ℹ *400 Lek inkl. dem Eintritt zum Amphitheater, ab 9.00 h, saisonal wechselnde Zeiten*

In einem ehemaligen osmanischen Schulhaus aus dem 18. Jhd. hat man das **Aleksandër-Moisiu-Museum** untergebracht. In den 1930er-Jahren war das hübsche, heute denkmalgeschützte Mansardengebäude der Sitz des englischen Konsuls. Drei der Räume sind einer ethnografischen Ausstellung gewidmet, zwei weitere dem Leben des herausragenden Schauspielers. Er wurde 1897 in Triest als Sohn einer Händlerfamilie aus Kavajë geboren, verbrachte seine Kindheit in Durrës und widmete sich in Wien der Schauspielerei. Moisiu trat in der ganzen Welt auf, er starb 1935 in der Donaumetropole. Zu finden in der Rruga Kolonel Tomson nahe der Stadtmauer.

ℹ *Eintritt bislang frei, Di-So 8.00-14.00 h*

die Allee mit der Neuen Moschee

Strände in und um Durrës

Porto Romano - Nördlich von Durrës bis zum kleinen Kap Shën Pali folgt ein oft noch recht unbebauter Landstrich. Das touristische Potential ist hoch und die Erschließung schreitet rasch voran. Das hat bereits mit einer Ausweichhafenanlage begonnen. Die von Fels begrenzten Strandabschnitte sind hier weniger sandig und schmäler und ähneln kleinen Buchten. Das Kap ist über die anfangs mehr, dann weniger asphaltierte SH51 östlich des Hügels zu erreichen, die stadtnahen Abschnitte über die Rr. Currila, die Weiterführung der Rruga Taulantia.

Durrës Plazh - Besonders südlich der Hafenzone reiht sich entlang der Rruga Pavarësia ein Hotel an das andere und im Hochsommer herrscht Trubel ohnegleichen. In zweiter Reihe dominieren die Hochhäuser mit Appartements und Ferienwohnungen. Cafés, Bars, Restaurants und Unterhaltungseinrichtungen existieren eine Unmenge, oft mit saisonal wechselnden Betreibern. Jährlich steigen die Preise für Liegestühle und Sonnenschirme, Parkplätze sind knapp und meist gebührenpflichtig. Fliegende Händler bevölkern zusätzlich die Ufermeile. Neben den privaten Strandabschnitten gibt es auch öffentliche Bereiche. Generell fällt hier der sandige Strand sehr seicht ins Meer ab, was die Temperaturen begünstigt. Die Wasserqualität konnte anhand aktueller Tests, durchgeführt mit EU-Norm, als gut bescheinigt werden. Ein positiver Begleiteffekt der letzten Umweltmaßnahmen.

Golëm und Mali i Robit - Wenige Kilometer weiter südwärts verschmelzen diese beiden Urlaubsortschaften schon fast mit der Hafenstadt. Zwar geht es klein wenig ruhiger zu, doch auch hier stehen die Unterkünfte dicht beieinander und es ist im Sommer nicht minder voll. Beide Abschnitte sind von der SH4 ausgeschildert.

1 Amphitheater
2 Badehaus
3 Venezianischer Turm
4 Fatih-Moschee
5 Neue Moschee
6 Zogu Villa
7 Hafen
8 Aleksandër-Moisiu-Museum
9 Archäologisches Museum
10 zu den Stränden
11 Umgehung nach Kavajë
12 SH2 nach Tirana

Infos:
Die **Touristeninformation** befindet sich im Kiosk zu Beginn der Rr. Taulantia am Vergnügungspark.
Verkehr und Parken:
Kommt man von Norden über die autobahnähnliche SH2, sprich Tirana oder Flughafen, gibt es drei Ausschilderungen: Port (Hafen), Durrës-Plazh (südlicher Strandabschnitt, auch von hier gelangt man dann automatisch auf die nach Süden weiterführende SH4) oder Durrës (Zentrum). Möchte man Durrës umgehen, zweigt man bereits vorher von der SH2 auf die Umgehung SH52 mit Ausschilderung Unaza/Kavajë/Rrogozhinë ab. Von Süden kommend, bleibt man am Abzweig auf die Umgehung SH52 unten auf der SH4, so gelangt man automatisch zum Strand, Hafen oder ins Zentrum. Auch von der SH52 gelangt man später noch ins Zentrum. Parken sollte entlang der ins Zentrum führenden Rruga Adria gut möglich sein, zudem in den Seitenstraßen etwas abseits vom unmittelbaren Zentrum.

Der zentrale **Busbahnhof** liegt etwas außerhalb vom Zentrum am Bahnhof an der Rruga Adria/Sheshi 26 Nëntori. Dies ist zudem die Zufahrt vom Hafengelände in die Stadt. Ab hier etwa 1 km bis ins Zentrum. Eine Alternative ist die Station Plepa, am Kreisverkehr unterhalb des südlichen Endes der Umgehung SH52 (Tropikal Resort).

Züge verkehren aktuell aus wirtschaftlichen Gründen nur noch sehr wenige, das Netz der albanischen Eisenbahn Hekurudha Shqiptare mit Sitz in Durrës soll komplett umstrukturiert und stellenweise erneuert werden, das kann noch Jahre dauern.
Einkaufen:
Entlang der Rruga Epidamni gibt es neben Boutiquen auch Souvenirläden und Juweliere. An der Rruga Egnatia findet man im Flagship-Center und Blue-Star Läden aller Art und Supermärkte unter einem Dach. Gut zum Shoppen ist auch die Rruga Pavarësia/Durrës-Plazh.
Übernachten:
Das Angebot an Unterkünften in allen Preisklassen ist riesig und selbst im Hochsommer sind in Durrës und Umgebung zahlreiche Zimmer frei, man beachte hier die schlüsselwinkenden Menschen oder Schilder mit der Aufschrift "Dhoma Plazhi" (diese liegen dann zwar nicht unmittelbar am Strand, doch immerhin in Gehentfernung).
Hotel Adriatik - rühmt sich als eines der besten Hotels (5-Sterne) des Landes mit schon fast luxuriösem Ambiente, direkt am südlichen Strandabschnitt, moderne Zimmer teilweise mit Meerblick, mehrere Swimmingpools, empfehlenswerte Restaurants, Wellness- und Fitness-Angebote, geschultes Personal und gelobter Service. DZ ab € 90,-- inkl. Frühstück. Rruga Pavarësia, Tel. +35552260850, www.adriatikhotel.com, info@adriatikhotel.com
Aragosta - schöne Lage am nördlichen Stadtrand Richtung Porto Romano mit eigenem Privatstrand, moderne, freundliche und helle Zimmer teilweise mit Meerblick, guter Service und Restaurant mit mediterraner Küche, Weinbar, einladende Terrasse. DZ ab € 48,-- inkl. Frühstücksbuffet. Rruga Taulantia 71, Tel. +35552226477, www.aragosta.al, reservation@aragosta.al
My Home Guest House - sauberes Haus mit freundlichen Gastgebern, zentral aber ruhig gelegen in einer Seitenstraße nahe des Südstrandes, Gemeinschaftsküche und teilweise Gemeinschaftsbäder, helle und freundliche Zimmer. DZ ab € 17,--. Rruga Shën Mehil/Pavarësia, Tel. +355695422503, www.myhomeguesthousealbania.com, ornela.shehu3@yahoo.com
Essen & Trinken:
Durrës ist beliebt für frischen Fisch und Meeresfrüchte. Auch hier gibt es eine riesiges Angebot - natürlich auch an anderen Speisen. Die Restaurants konzentrieren sich vor allem auf die Uferpromenade und Durrës Plazh, weiten sich aber auch Richtung Porto Romano aus.

Südlich von Shkodër bis nach Vlorë erstreckt sich entlang der Küste eine teils nur wenige Kilometer breite Schwemmlandebene. Zwischen den Flüssen Shkumbin, Seman und Vjosa geht diese in die ausgedehnte **Myzeqe-Ebene** über, die weite Teile Mittelalbaniens dominiert, sie ist stellenweise bis zu 50 km breit. Nur ein schmaler Hügelzug durchquert das Flachland von Nord nach Süd. Die ehemalige Kornkammer des Römischen Reiches verwandelte sich in der Spätantike durch die Veränderung der Flussläufe und Verlandung ganzer Küstenbereiche in ein malariaverseuchtes Sumpfgebiet. Erst nach dem Zweiten Weltkrieg begann man mit der Trockenlegung der Sümpfe und bis in die 1970er-Jahre entstand eines der fruchtbarsten Gebiete Albaniens und Orte wie Lushnje und Kuçovë gewannen an Bedeutung. Heute ist die Myzeqe-Ebene dicht besiedelt und durch die Ölindustrie bei Fier ein florierender Industriestandort. Entlang der Küste existieren etliche ansprechende und beliebte Sandstrandabschnitte und artenreiche Feuchtgebiete.

Die Strände Mittelalbaniens:

Karpen liegt parallel zur Kreisstadt Kavajë und bietet mehrere sandige Strandabschnitte, sehr seicht ins Meer abfallend. Es existieren diverse Unterkünfte an der Zufahrtsstraße, zudem kleine Bungalowanlagen direkt an den Stränden.

Tipp für Camper: Kamping Pa Emer, mit einigen Stellplätzen unmittelbar am Sandstrand, (www.kampingpaemer.com; 41°10'54.5"N 19°28'39.1"E).

Restauranttipp: Vila Barbaut, direkt neben dem Camping, beste italienische und mediterrane Küche, geräumige Zimmer, sehr ansprechender Restaurant-Freiluftbalkon, gepflegter eigener Strand mit Liegen (vila-barbaut.business.site)

Plazhi Gjeneralit bildet eine eher kleine Bucht, westlich von Kavajë. Der Strand des Generals ist vor allem bei Einheimischen recht beliebt. Im Sommer öffnet eine Taverne und eine Campingwiese. Die 15 km lange Anfahrt über Bago ist ab der SH4 im nördlichen Kavajë ausgeschildert, die letzten 2,5 km Kilometer sind nicht asphaltiert.

Spille ist ein mehrerer Kilometer langer, hellgrauer Sandstrand und wurde vor kurzem durch eine fast genauso lange, gepflasterte Promenade touristisch „aufgewertet" (s. Foto Seite 46). Im Sommer reihen sich Bars, Restaurants und Cafés dicht aneinander, zudem Liegestühle und Sonnenschirme, an musikalischer Untermalung fehlt es ebensowenig. Ein dichter Streifen Pinienbestand trennt den Abschnitt von der inzwischen recht angewachsenen Ortschaft. Dort findet man Hotels, Appartements und Ferienwohnungen. Spille soll in den nächsten Jahren mit Resorts und Freizeitanlagen erweitert werden.

Im Süden geht der Küstenabschnitt in den noch naturbelassenen Sandstrand von **Vile-Bashtovë** über. Die Anfahrt nach Spille beträgt 13 km und ist ab der SH4 ausgeschildert.

Festung Bashtova (Karte 1:150.000 von freytag & berndt: L 4) (Top-Tipp)
Auf dem Weg von Durrës in den Süden bietet sich zur Auflockerung der tristen Landschaft ein Abstecher zur ausgesprochen ruhig gelegenen Festung Bashtova an. Es ist eine sehr gut erhaltene, geisterhaft wirkende Anlage, deren ursprüngliche Gründung auf das 6. Jhd. zurückgeht. Ihren heutigen, fast rechteckigen Umfang erhielt sie vermutlich erst im 15. Jhd., als die Venezianer ihre Werft- und Anlegeplätze im Mündungsgebiet des Shkumbin und den Getreidehandel gegen die vorrückenden Osmanen absichern wollten. Unter deren Herrschaft wurde Bashtova dann zum Freihafen erklärt. Später verlagerte ein Erdbeben den Fluss um etliche Meter in das Landesinnere. Die bis zu 9 m hohen Mauerreste, die einen Innenraum von 90x60 m umfassen, sind teilweise begehbar. Die Festung ist im Sommer beliebter Austragungsort für Konzerte und Festivals.

Anfahrt: Etwa 20 km südlich von Kavajë folgt man im Ort Gosë von der SH4 an einer markanten Ausfahrt der Ausschilderung Vilë-Bashtovë, ab hier führt eine geteerte Straße über 10 km bis zum Festungstor. Wenige Kilometer weiter gelangt man zu einem natürlichen Sandstrand.

Divjakë-Karavasta ist ein als Nationalpark ausgewiesenes Feuchtgebiet mit der größten Küstenlagune des Landes und einem Pinien-/Kiefernbestand mit über 400 Jahre alten Bäumen. Die Ramsar-Schutzzone ist ein wichtiges Refugium für seltene Wasservögel. Seeseitig existiert ein langer und breiter, dunkelgrauer Sandstrand, stellenweise noch recht naturbelassen. Es gibt jedoch Pläne für ein gigantisches 5-Sterne Ferienresort. Einstweilen geht es mit Mittelklasse-Unterkünften, Bars, Restaurants und Campingwiesen zwar rege aber dennoch recht beschaulich zu. Ab der SH4 sind es 14 km zum ausgeschilderten Ort Divjakë mit guter Infrastruktur, ab hier nochmals weitere 7 km bis zum Strand.

Plazhi Semanit ist einer der südlichen Strände um die Mündung des Flusses Seman. Touristisch ist der breite, dunkle Sandstrand bis auf etliche Saisonrestaurants noch wenig erschlossen. Der Abschnitt ist ab Fier gut über die SH94 in 17 km zu erreichen, welche zugleich den Zubringer zum Archäologiepark Apollonia bildet.

Unmittelbar südlich von Plazhi Semanit schließt sich bis zur Mündung der Vjosa der noch unbebaute, etliche Kilometer lange Strand von **Darëzezë e Re** an, zu erreichen über einen Abzweig an der SH94 nach Süden, 8 km von Fier.

Elbasan (Karte 1:150.000 von freytag & berndt: L 8)

Die viertgrößte Stadt Albaniens (78.700 EW) kann ebenfalls auf antike Wurzeln verweisen, sie reichen bis in die illyrische Zeit zurück. Nach Durrës ist Elbasan der nächstgrößere Ort an der ehemaligen antiken Handelsstraße Via Egnatia. In dem fruchtbaren Talkessel des Shkumbin gelegen, nur etwa 60 km von der Adria entfernt, ist er von den 1.000 bis 1.900 Meter hohen Bergen der Mali i Martanesh, Mali i Mokrës und Mali i Shpatit umgeben.

Optisch wird die Landschaft westlich der Stadt immer noch vom während der kommunistischen Zeit größten metallurgischen Betrieb gekennzeichnet. Im Werk „Stahl der Partei" wurden bis zu seinem Niedergang 1990 mit 12.000 Arbeitern jährlich 750.000 Tonnen Stahl produziert. Eine enorme Belastung für die Umwelt. Seit Übernahme durch den türkischen Investor Kürüm 1999 läuft die Produktion wieder, jedoch auf Sparflamme, es gibt immer wieder Probleme mit der Einhaltung vom Umweltschutzbestimmungen. Die schlechte Luft und den Smog versucht man durch die Schaffung zahlreicher Grünanlagen wieder auszugleichen. Heute haben die Bewohner Elbasans innerhalb weniger Jahre an Lebensqualität gewonnen und die Stadt ist zu einem wirklich attraktiven Besuchsziel geworden.

Bereits um 200 v. Chr. haben sich illyrische Stämme in der Ebene am Shkumbin niedergelassen. Es bestand eine kleine Siedlung namens Scampa (illyrisch für Felsen), welche 168 v. Chr. unter römische Herrschaft gelangte. Im 4. Jhd. n. Chr. entstand die fast quadratische Festung, die in den folgenden Jahrhunderten eine Größe von 348 x 308 Meter erreichte. Die teilweise sehr gut erhaltenen Mauern bilden heute die Grenze der Altstadt. Im 5. Jhd. wurde der Ort Bischofssitz, in dieser Zeit hat man etliche Basilika errichtet. Ab dem 7. Jhd. fiel die Stadt einigen Überfällen der Slawen zum Opfer, es gab Plünderungen und viele Gebäude wurden in Brand gesetzt. Bis zur Zeit der osmanischen Besetzung ist über den geschichtlichen Verlauf sehr wenig bekannt. 1466 ließ Sultan Mehmed II. (der Eroberer) die Stadtmauern wieder aufbauen und gab Scampa den Namen Elbasan, was auf türkisch soviel wie "starke Festung" bedeutet. Es entstand eine wohlhabende, gepflegte Stadt mit stattlichen Häusern und etlichen Parks, in der Umgebung wurden Weinberge kultiviert. Sie entwickelte sich zu einem großen Zentrum für Handel und Handwerkskunst aus Leder, Silber und auch Holz. Ende des 19. Jhd. gingen von Elbasan Bestrebungen zur Einführung des ersten albanischen Alphabets aus, 1909 entstand hier die erste Ausbildungsstätte für Lehrer.

Sehenswertes in der Stadt

Bester Ausgangspunkt ist der große Sheshi Gensher am Bulevardi Qemal Stafa im Zentrum Elbasans. Das Herzstück ist die sanierte, immer noch bewohnte **Altstadt** innerhalb der hohen Mauern mit den engen Gassen. Ihre Ursprünge gehen auf das 4. Jhd. zurück, bis zu Kaiser Justinian im 6. Jhd. erfuhr sie eine stetige Erweiterung. Die heutige Größe erhielt sie unter den Osmanen. Aus dieser Epoche stammen auch einige wichtige Bauwerke. Die **Königsmoschee** aus dem Jahr 1492 befindet sich etwa 150 m nordöstlich vom Haupttor. Sie ist eine der ältesten erhaltenen des Landes und überlebte die Atheismuskampagnen der kommunistischen Zeit. 2012 erst erhielt sie das über lange Zeit fehlende Minarett, der alte Kalkputz wurde entfernt.

Einige Meter weiter verläuft ein Teilstück der Via Egnatia von West nach Ost. Folgt man dem Weg nochmals 200 m nach Norden, gelangt man zur kleinen, **dreischiffigen Orthodoxen Kirche Shën Merisë** aus dem Jahr 1833. Sehr schön ist die reich verzierte Ikonostase im Inneren (Schlüssel im Gebäude gegenüber). In der südwestlichen Ecke der Altstadt liegt der Restaurantkomplex des „Real Scampis", hier findet man noch etliche **antike römische Ausgrabungsstücke**. Das Wahrzeichen der Stadt ist der weithin sichtbare **Uhrturm** aus dem Jahr 1899, der sich markant von der bis zu 11 m hohen Festungsmauer abhebt. Gegenüber vom Haupttor, vor dem neu angelegten Aqif Pasha-Park, hat man kürzlich die ansehnlichen Ruinen einer **frühchristlichen Basilika** aus dem 5. Jhd. mit gut erhaltenen Bodenmosaiken freigelegt. Passiert man den Park entlang der Fußgängerzone, gelangt man zum **Ethnografischen Museum**. In einem im original osmanischen Stil erhaltenen Haus werden traditionelle Volkstrachten, Holzschnitzereien und Handwerksgeräte für die Leder-, Kupfer- und Silberbearbeitung ausgestellt - ī 100 Lek, Mo-Fr 9.00-14.30 h. Überquert man vom Park die Rruga 11 Nëntori, gelangt man in die Rruga Thoma Kalefi. Bis zum großen SPAR-Supermarkt reihen sich kleine Geschäfte und Buden mit allerlei Gebrauchsgegenständen aneinander, hier kann man durchaus sehr günstig das eine oder andere Schnäppchen erwerben. Gegenüber vom Busbahnhof befindet sich einer der **sehenswertesten und authentischsten Lebensmittelmärkte** des Landes **(Top-Tipp)**. Hier bekommt man frischestes Obst, Gemüse, Fisch und Fleisch sowie Käse aus der Region zu sehr günstigen Preisen. Handeln ist hier unüblich, am besten man besucht das Spektakel vormittags. Wenige Meter in südliche Richtung vom südwestlichen Bastionsturm der Mauer liegt ein sehr gut erhaltener alter **Hammam** aus dem 16. Jhd. Die Innenräume wurden zu einer behaglichen Bar mit Restaurant umgestaltet. Zahlreiche **Bronzestatuen** gedenken der Verdiensteten der Stadt, wie z. B. Aleksander Xhuvani, Pasha Biçaçiu, Isuf Myzyri oder Konstantin Kristoforidhi.

Östlich des Zentrums, am Ende des Bulevardi Qemal Stafa, befindet sich die 2014 eröffnete **Elbasan-Arena**, ein Fußballstadion komlett nach internationalem Standard, hier werden die Länderspiele Albaniens ausgetragen. Der angrenzende große **Rinia-Park** ist ein beliebter Treffpunkt bei Jung und Alt. Etwa 17 km Richtung Osten liegt beim kleinen Dorf Mirake eine sehr hübsche **Steinbogenbrücke** über den Shkumbin, sie ist von der SH3 aus zu sehen. Die Ura e Kamares stammt aus dem Jahr 1600 und bildet einen Teil der antiken Via Egnatia.

2011 noch ohne Minarett

2012 in neuem Glanz erstrahlt

der Markt ist eine Sehenswürdigkeit

man findet immer wieder Altes

Tipp:
Ein schöner Tagesausflug von Elbasan führt in die bizzare, vulkanähnliche Bergwelt der Mali i Shpatit, südöstlich von Elbasan. Das dicht bewaldete Gebiet mit den unzähligen Bergspitzen bietet immer wieder packende Panoramen. Der höchste Gipfel, der Maja e Bukanikut, misst 1.831 m. Die Anfahrt erfolgt über die SH88 die, unmittelbar südlich der Brücke über den Shkumbin nach Osten abzweigt.

Achtung:
Die Stadt verfügt teilweise über ein Einbahnsystem, Parkplätze gibt es am Sheshi Gensher und am Sheshi Valmi in unmittelbarer Altstadtnähe.

Übernachten, Essen und Trinken:
Hotel Guri - sehr ansprechendes und freundliches Haus im Osten der Altstadt, moderne große Zimmer, sehr gemütliche Aufenthaltsbereiche, Restaurant, Aussichtsgalerie, guter Service. DZ ab € 50,-- inkl. Frühstücksbuffet. Rruga Isuf Ibershimi, Tel. +355692083089, Reservierung über diverse Buchungsportale;
Real Scampis - sehr hübsch angelegter, kleiner Restaurantkomplex mit mehreren ausgezeichneten Lokalen und umfangreicher Speisekarte (mediterran, albanisch, europäisch) auf Aussichtsterrassen an der südwestlichen Ecke der Altstadt gelegen, sehr aufmerksames Personal. Die zugehörige Freiluftbühne wird des Öfteren für kleine Konzerte und Musikeinlagen genutzt. Die Unterkünfte sind einfach aber sehr gepflegt. DZ ab € 45,-- inkl. Frühstück. Rruga Janac Kilica, Tel. +355698222880, ebenso über Buchungsportale;

die Ura e Kamares bei Elbasan

Die **Via Egnatia** war eine der wichtigsten römischen Handelsstraßen der Antike auf dem Balkan. Als Fortsetzung der Via Appia, vom italienischen Festland über die Adria, verband sie die größten Metropolen des spätrömischen Reiches - Rom und Konstantinopel. Ausgangspunkt in Albanien waren die beiden Hafenstädte Durrës und das südlicher gelegene Apollonia, die beiden Teiletappen schlossen sich im Tal des Flusses Shkumbin etliche Kilometer vor Elbasan bei Peqin zusammen. Weiter führte sie entlang der hohen Bergflanken der Mali i Shpatit über Përrenjas bis zum grenzüberschreitenden Ohrid-See, durchquerte Mazedonien bei Bitola, Griechenland bei Thessaloniki, passierte den nördlichen Abschluss der Chalchidiki-Halbinsel. An Kavala und Alexandroupolis vorbei, endete sie nach 1.120 km im damaligen Byzanz, später Konstantinopel, heute Istanbul. 146 v. Chr. wurde der Bau der Straße von Makedoniens Prokonsul Gnaeus Egnatius unter Einbeziehung schon vorhandener Königsstraßen in Auftrag gegeben. Und auch nach dem Niedergang des Römischen Reiches verlor sie nicht an Bedeutung und wurde in den folgenden Jahrhunderten von Kreuzrittern und osmanischen Eroberern genutzt. Noch heute sind weite Etappen des Streckenlaufes erhalten. An manchen Stellen, wie beispielsweise bei Cërrik, ist die Via Egnatia zwar nur noch als schmaler Feldweg auszumachen, anderswo ist sie aber noch deutlich durch markante, blank glänzende Pflastersteine erkennbar. Aktuellen Plänen zufolge soll die antike Routenführung in der Moderne wieder mehr an Bedeutung erfahren. Die neue SH7 ist bereits Teil des Paneuropäischen Verkehrskorridors VIII, einer Strecke von Albanien über Mazedonien nach Bulgarien bis zum Schwarzen Meer, ein Projekt, getragen vom Stabilitätspakt für Südosteuropa. Und auch für den Tourismus gewinnt sie an Relevanz. Zahlreiche Reiseveranstalter bieten inzwischen Studien- und Wanderreisen zum Thema der alten Handelsstraße an. Auch einen kompletten Via-Egantia-Wanderweg gibt es inzwischen, eine Reise für Wanderer in die Geschichte des Balkans, geprägt von seinen alten Kulturen, eine Reise auf den Spuren zwischen Okzident und Orient (Infos und Lektüre auf englisch unter: www.viaegnatiafoundation.eu).

Die Devoll-Schlucht & die Kraftwerke Banja und Moglicë
(Top-Tipp auch für Wohnmobilfahrer bis Asphalt-Ende)
(Karte 1:150.000 von freytag & berndt: M 8 bis N 11)

Vor nicht allzu langer Zeit war die Strecke entlang des Devoll-Flusses, mit 196 km der drittlängste des Landes, für geländegängige Fahrzeuge eine traumhafte Alternative von der Landesmitte in den Osten. Sie führte anfangs entlang des breiten Flussbettes des Devolls und im Anschluss durch eine vielfarbige Schlucht mit steilen, hohen Felswänden. Mit der Fertigstellung des gigantischen Banja-Kraftwerkes zwischen Cërrik und Gramsh hat sich das Landschaftsbild komplett verändert. Das farbenprächtige Gestein und auch das wunderschöne Panorama der Opari- und Valamarë-Gebirgszüge sind geblieben, doch viele ursprüngliche Abschnitte und Täler hat sich der Stausee genommen und der Asphalt windet sich nun kurvenreich bis fast nach Moglicë, dort entsteht das zweite Kraftwerk von ursprünglich drei geplanten.

Die Devoll-Hydropower, nach dem Ausstieg der österreichischen EVN inzwischen alleinig von der norwegischen Statkraft unterhalten, schloss mit der albanischen Regierung einen Konzessionsvertrag zur Errichtung und Betreibung von Wasserkraftwerken am Devoll, mit dem Ziel, die Eigenproduktion an Energie des Landes um 20% zu steigern. Bereits 2009 begann man mit den Planungen, 2016 konnte das Banja-Kraftwerk mit zwei Francis-Turbinen fertiggestellt und in Betrieb genommen werden. Dabei wurde ein bestehender Damm auf 80 m Höhe erweitert, das gewaltige Bauwerk ist weithin sichtbar. Die gestaute Seefläche beträgt 14 km² und beinhaltet ein Wasservolumen von 391 Mio. Kubikmeter. Vom Ende des Stausees bei Gramsh erreicht man nach 30 km, kurz vor Moglicë, das zweite Kraftwerk. Mit einem 150 Meter hohen Spezialschüttdamm wird es das größere von beiden werden. Die Fertigstellung ist für Ende 2018 geplant. Bis zu den zwei Turbinen 11 km flussabwärts wird dann ein Höhenunterschied von 300 Metern genutzt. Ursprünglich war zwischen den beiden Anlagen eine dritte geplant, deren Errichtung wurde jedoch auf unbestimmte Zeit verschoben. Banja und Moglicë sollen jährlich bei einer Kapazität von knapp 280 MW 700 GW-Stunden Strom erzeugen.

Auf jeden Fall ist auch nach der Erschließung des Flusslaufes die gut 100 km lange Strecke am Devoll entlang von Cërrik bis nach Maliq bei Korça immer noch sehr empfehlenswert und eine der schönsten Etappen der Landesmitte.

Der Asphalt endet aktuell in Moglicë. Die nachfolgende, etwa 15 Kilometer lange Piste bis Maliq, wird voraussichtlich erst nach der Fertigstellung des Kraftwerkes saniert.

die alte Straße in den Stausee

die neue Straße am Fluss entlang

wilde Landschaft und...

... bis zur Hälfte die zahme Straße

Berat die "Stadt der 1.000 Fenster" und UNESCO-Weltkulturerbe (Highlight)
(Karte 1:150.000 von freytag & berndt: N 7)

Die Stadt (36.500 EW) zählt zu einer der schönsten und ältesten Ansiedlungen Albaniens und gehört seit 2008 aufgrund ihrer außergewöhnlichen Architektur zum Weltkulturerbe der UNESCO. Landschaftlich sehr privilegiert an einer Engstelle des Osum-Flusses gelegen, umgeben vom markanten Bergmassiv des Tomorr (2.416 m) und den endlosen Flanken des Shpirag (1.194 m), ist Berat vorwiegend aufgrund seiner historischen Bauten eines der wichtigsten Besucherziele des Landes. Die aparten, eng aneinander gereihten Häuser mit ihren hellen Fensterfronten haben ihr aufgrund dieses eigenwilligen Baustils auch den Beinamen „Stadt der 1000 Fenster" eingebracht und bieten einen äußerst reizvollen Anblick.

Bereits 1961 wurde Berat von Enver Hoxha zur Museumsstadt erklärt, was damals bereits eine Bebauung mit neuen Häusern im Altstadtbereich verbot.

Schon um 2600 v. Chr. fand eine Besiedelung im heutigen Stadtbereich statt. Im 4. Jhd. v. Chr. erfolgte die Befestigung des 180 m hohen Burghügel durch Illyrer. Darauffolgend wechselte der Ort nach Zugehörigkeit zum Makedonischen Königreich unter Römische Herrschaft. Das damalige Antipatreia war bereits Bischofssitz, als im 9. Jhd. Bulgaren die Region besetzten. Sie gaben dem Ort den Namen Beligrad – Weiße Stadt. Im 11. Jhd. ging die Macht an die Byzantiner über, wobei mehrheitlich lokale Gewaltherrscher die Führung übernahmen. 1417 wurden diese von den Osmanen abgelöst, sie konnten sich jedoch vorläufig nur sieben Jahre halten. Die Adelsfamilie Muzaka, Verbündete von Skanderbeg, konnten sie bis 1450 halten, dann verloren sie Berat endgültig an die Türken. Es entstand ein starkes regionales Handelszentrum und die Stadt wurde Sitz eines Sandschak (Verwaltungsbezirk). Damals schon war es eine schöne Ansiedlung mit prächtigen Herrenhäusern und Villen. 1851 wurden große Teile der Stadt bei einem Erdbeben zerstört. Die fensterreichen, typischen Häuser stammen aus der Zeit unmittelbar danach.

Nach der Vertreibung der deutschen Truppen 1944 wurde hier die erste „Demokratische Regierung Albaniens" mit Enver Hoxha als Ministerpräsidenten ins Leben gerufen.

wie viele Fenster sollen das sein?

Albaniens top Fotomotiv

Sehenswertes in der Stadt

Das Stadtgebiet gliedert sich in drei alte Teile und die Neustadt. **Kalaja - die Altstadt** auf dem Berg, welche die ursprüngliche Siedlung innerhalb der Burg beherbergte, **Mangalem** am Fuße der Erhebung und **Gorica**, auf der anderen Seite des Osums an den Felsen. Empfehlenswert für eine Besichtigung ist die nachfolgende Reihenfolge, so kann man den Rundgang mit einem Besuch in einem der Cafés entlang der gepflegten Fußgängerzone abschließen.

Stadtteil Kalaja: Hinter dem wuchtigen Tor und den stattlichen, teils begehbaren Festungsmauern, die deutlich die unterschiedlichen Errichtungsperioden zeigen, angefangen von den Illyrern, verbergen sich noch sehr viele alte, typische Gebäude aus mehreren Epochen. Die kleinen, steinernen Häuschen in den verwinkelten Kopfsteinpflastergassen sind fast alle bewohnt. Da die Bevölkerung seit byzantinischer Herrschaft hauptsächlich aus Christen bestand und diese auch zur Zeit der türkischen Besetzung den Stadtteil nicht räumen musste, gab es hier einst 24 prächtige Kirchen, einige sind noch heute gut erhalten und weisen im Inneren erstaunlich schöne Fresken auf. Im Zentrum befindet sich die **ehemalige Kathedrale Shën Merisë** aus dem 18. Jhd. mit ihrer prächtigen Ikonostase, ihr angeschlossen ist das Onufri-Museum mit Werken des gleichnamigen, berühmten Ikonen-Malers aus dem 16. Jhd. (200 Lek). Umrundet man den Kernbereich gegen den Uhrzeigersinn, passiert man die übermannsgroße **Büste** (eine Replika) **des byzantinischen Kaisers Konstantin des Großen**. Etwas unscheinbar oberhalb liegen die drei alten Kirchen **Shën Konstandini** (17. Jhd), **Shën Mëri Vllahernës** (13. Jhd.) und **Shën Kollit** (16. Jhd.). Einige Meter weiter gelangt man zu wohl einem der populärsten Fotomotive des Landes, die **Dreifaltigkeitskirche Shën Triades** mit ihrem hübschen Schächtelmauerwerk. Sie stammt aus dem 13./14. Jhd. und wurde kürzlich renoviert. Bevor man zur Akropolis hinaufsteigt, sollte man einen Blick auf den Berg Shpiraq werfen, man kann einen aus Steinen gelegten Schriftzug erkennen, früher stand da ENVER, heute ist daraus ein beherztes **NEVER** geworden - nie wieder Kommunismus und Diktatur. Hinter den inneren Burgmauern liegen links die Reste der **Weißen Moschee**, sowie die Überreste der Stallungen, Kasematten und Wohnhäuser aus der osmanischen Ära. Bevor man diesen Bereich wieder verlässt, stößt man rechts hinter einem Tor auf die eindrucksvolle **Zisterne** aus dem 14. Jhd. Außerhalb der Zitadelle fällt rechts ein schornsteinartiges Minarett auf, die gut erhaltenen Ruinen der **Roten Moschee**. Das große Gebäude wenige Meter weiter links war früher als die **Kirche Shën Gjergj** bekannt, wurde zu kommunistischer Zeit aber als Versammlungsort bzw. Krankenstation genutzt, heute fungiert es wieder als schlichtes Gotteshaus. Steigt man die Steintreppen dahinter hinunter, gelangt man zu einem Top-Aussichtspunkt **(Top-Tipp)**. Das auffällige Gebäude mit Kuppel ist die **Neue Universität** mit den Fakultäten für Sozial- und Politikwissenschaften. Der Eintritt zum Burggelände beträgt 100 Lek, Kircheninteressierte wenden sich am Stadttor an einen Führer zur Öffnung der alten Gebetshäuser, man bekommt auch eine komplette Altstadtführung.

Anfahrt: Am besten über die Rruga Muzak Topia, sie zweigt vor der Stadt ca. 150 m vom Grand White City Hotel nach links ab.

Stadtteil Mangalem: Hier wohnte in der Vergangenheit der osmanische Teil der Bevölkerung, entsprechend geprägt ist das architektonische Stadtbild. Die dicht stehenden Häuser mit ihren großen Fenstern gaben Berat ihren klangvollen Beinamen.

gut erhaltene Fresken

der Tomorr in seiner ganzen Pracht

Konstantin der Große in groß

die alte Brücke im Osum gespiegelt

die Altstadt vom Burgtor herab

das Ethnografische Museum

Direkt an der Hauptstraße, gegenüber der Fußgängerzone, liegt die sogenannte **Junggesellenmoschee**. Sie wurde 1827 fertiggestellt und war damals ausschließlich jungen, ledigen Handwerkern zugänglich. Besonders schön sind die aufwendigen Malereien an der Ostfassade. Hinter den letzten Häusern gegenüber des Flusses an der Rruga Antipatrea führt ein schmaler, steiler Fußweg zur kleinen **Kirche Shën Mehili** aus dem 14. Jhd. Von hier bietet sich eine schöne Aussicht über Teile der Stadt. Die von außen eher schlichte **Königsmoschee** mit ihrem schlanken Minarett, am Fuße des Burghügels ostseitig, stammt aus dem Jahr 1492. Sie besitzt schöne Holzverzierungen und im Inneren einige aufwendige Details. Sehr sehenswert ist die dahinter liegende **Tekke des Halveti-Ordens**. Der gut 12x12 m große Bau wurde 1785 errichtet und verfügt über einen eindrucksvoll mit Malereien und Schnitzwerk ausgestatteten Hauptraum (geringe Eintrittsgebühr). Daneben befindet sich ein gut erhaltenes **Han-Gebäude** und den Mittelpunkt bilden einige antike Objekte. Auf der anderen Straßenseite kann man in einem Innenhof noch die beachtlichen **Ruinen des Paschapalastes** besuchen, etliche der Säulen stammen aus dem antiken Apollonia. Folgt man dem gepflasterten Weg nach oben zur Altstadt, liegt rechts in einem stattlichen Haus aus der osmanischen Zeit das **Ethnografische Museum**. Es wurde bereits 1979 gegründet und gehört mit Sicherheit zu einem der interessantesten des Landes. Das Erdgeschoss wurde einer Bazarstraße nachempfunden, hier werden anschaulich die damaligen Handwerksberufe dargestellt. Zudem gibt es Trachten und im Obergeschoss befinden sich die original ausgestatteten Wohn- und Schlafräume - i 200 Lek, Mo-Sa 9-14 h, 16-19 h, So 9-19 h. Folgt man der Rruga Antipatreia stadtauswärts nach Osten, liegen links die kürzlich renovierte **Bleidachmoschee** aus dem Jahr 1553 und die neue **Orthodoxe Kathedrale** des Hl. Demetrius.

Stadtteil Gorica: Man gelangt über zwei Fußgängerbrücken in den christlichen Stadtteil. Neben der neueren Brücke nahe der Fußgängerzone führt auch die knapp 130 m lange **Ura e Goricës** über den Osum. 1780 wurde eine bereits bestehende Brücke auf diese Größe erweitert und erhielt ihr typisches Aussehen. Lange Zeit war das Wahrzeichen der Stadt die einzige Verbindung der südwestlich gelegenen Dörfer mit der Kreisstadt, wodurch sie über die Jahrhunderte erheblichen Schaden erlitt. Auch in Gorica weisen die Häuser einen einheitlichen, sehr typischen Baustil auf, wenngleich auch etwas weniger aufwendig. Die meisten stammen aus der Zeit nach dem Erdbeben von 1851. Mittelpunkt ist die **Kirche** des Schutzheiligen von Korfu, **Shën Spiridon** aus dem Jahr 1864 mit ihrer prächtigen Ikonostase.

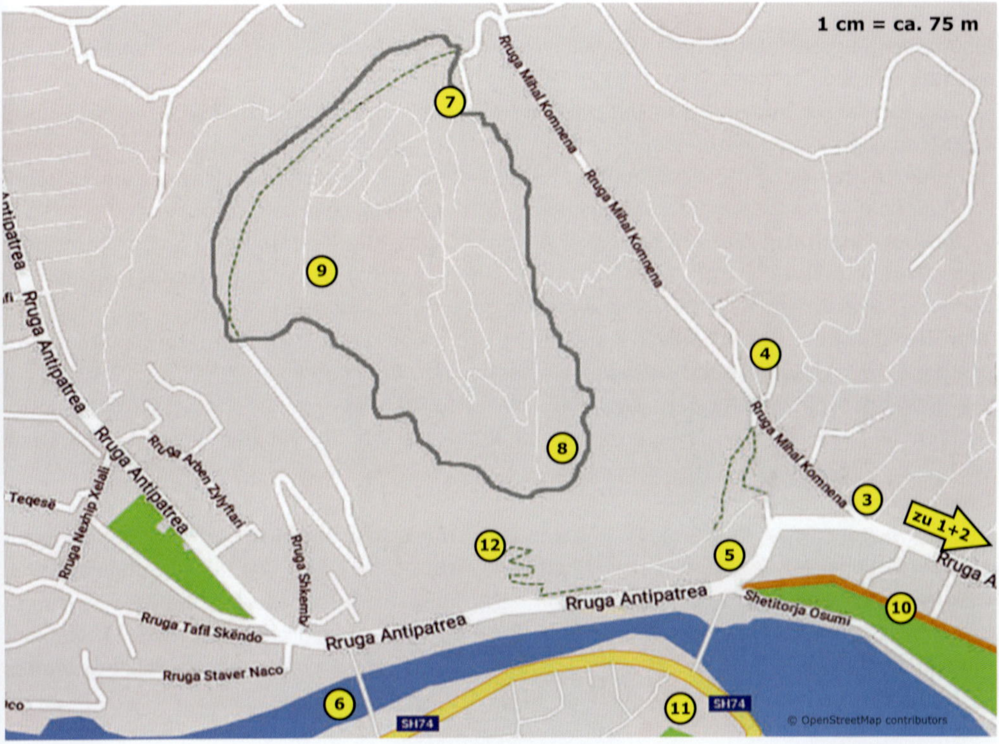

1 Bleidachmoschee
2 Kathedrale
3 Königsmoschee
4 Ethnografisches Museum
5 Junggesellen-Moschee
6 Steinbrücke
7 Burg/Altstadt - Eingang
8 Aussichtspunkt Burg
9 Dreifaltigkeitskirche
10 Fußgängerzone
11 Aussichtspunkt
12 Shën Mëhilli

Die Trans-Adriatic-Pipeline (kurz TAP) ist eine knapp 880 Kilometer lange Erdgaspipeline von Ostgriechenland über Albanien und durch die Adria bis nach Süditalien, sie bildet den Anschluss an die transanatolische Pipeline vom Kaspischen Meer über Aserbaidschan, Georgien und die Türkei. Bislang bezieht die EU Erdgas vorwiegend über Rohrleitungen mittels dreier Gaskorridore. Russland liefert über den östlichen Korridor, Norwegen über den nördlichen und Nordafrika über den westlichen. Mit diesem vierten, südlichen Gaskorridor soll nun unabhängig aus dem Mittleren Osten und dem kaspischen Raum Gas bezogen werden, und somit eine Ausweitung der Wahlmöglichkeiten geschaffen werden. Von der italienischen Anlande-Gasstation kann dann über bestehende Leitungen das Gas nach Deutschland, Frankreich und Großbritannien transportiert werden. Somit wird das Vorhaben von etlichen europäischen Institutionen gefördert und als Projekt von gemeinsamen Interesse angesehen. Nach einer 12-jährigen Prüfungs- und Planungszeit durch die schweizer Axpo - 2013 erst gab das aserbaidschanische Schah-Denis-Konsortium sein Einverständnis für den Verlauf über Griechenland und bremste somit die Nabucco-Pipeline über Bulgarien und Österreich aus - begannen 2015 die Arbeiten in Albanien. Für die Trasse wurden komplett neue Brücken und Straßenverläufe (teilweise sogar asphaltiert) geschaffen. 2016 wurden die ersten Rohre verlegt, wovon eines im übrigen 12 Tonnen wiegt. Im Dezember 2017 war man mit 2/3 des Verlaufes fertig. Eine komplette Fertigstellung ist für 2020 geplant, dann wird Schah-Denis via der TAP Erdgas nach Europa verkaufen. Jährlich sollen es 10-20 Milliarden m³ sein. Für Albanien ist ein eigener Pufferspeicher geplant. Doch durch das TAP-Projekt wird nicht nur ein gewaltiges Energievorhaben realisiert, die Gesellschaft engagiert sich auch sonst im Land. Sie finanziert und unterstützt den Bau von Schulen und anderen sozialen Einrichtungen, sie leistet Beihilfe bei Umweltschutzprojekten, verbessert infrastrukturelle Anliegen, supportet kulturelle Veranstaltungen und engagiert sich bei Umweltkonferenzen und bei Umweltschutzfragen.

Infos & Tipps:

Eine neue Touristeninformation befindet sich am Sheshi Axhensia, gegenüber der Neuen Kathedrale und Bleidachmoschee.

Von dort fahren zudem sämtliche Überlandbusse ab, der letzte nach Tirana gegen 15.00 h. Taxis sind ebenfalls dort zu finden.

In der neuen Fußgängerzone gibt es etliche Tourenveranstalter, welche die populärsten Ausflugsziele in der Region Skrapar ansteuern. Zudem vermitteln sie Unterkünfte.

Parken (auch für Wohnmobile o.ä.): Vor der Altstadt auf dem Hügel; an der Rr, Antipatrea direkt am Fluss; entlang der Shetitorja Osumi (parallel zur Fußgängerzone) bis zur Uni (Achtung: Einbahnstraße und Parken zeitweise gebührenpflichtig);

Tipp für Camper: Berat Caravan Camping in Ura Vajgurore, 12 km nördlich der Stadt. Gepflegter Wiesenplatz mit sehr sauberen Sanitäranlagen, Restaurant; www.beratcaravancamping.com; 40°46'42.5"N 19°51'28.9"E)

Zentrale Alternative: Parkplatz des Guesthouses Vila Juri in der Rruga Ismail Leshi (40°42'18.5"N 19°56'26.6"E)

Übernachten:

Obwohl viele Besucher Berat nur im Rahmen eines Tagesbesuches ansteuern, verfügt die Stadt über ein vielfältiges Angebot. Viele Unterkünfte befinden sich in einem der 19. Jhd.-Originalhäuser.

Castle Park - eine sehr stilvolle Unterkunft sehr ruhig etwas abseits vom Stadtteil Gorica gelegen, sehr gemütliche, holzgetäfelte Zimmer in Bungalows, behaglicher Speisesaal, Restaurant mit traditionellen Speisen und edlen Weinen. Umfangreiches Freizeitangebot, Folkloreabende. DZ ab € 60,-- inkl. Frühstück. Rruga Berat-Përmet, Drobonik;
Tel. +355672006623, www.castle-park.com, info@castle-park.com

Belgrad Mangalem - stilistisch zwei verschiedene Unterkünfte, beide zentral im Stadtteil Mangalem, wahlweise im Originalhaus aus dem 19. Jhd., harmonische Einrichtung oder wenige Meter weiter in modern eingerichteten Zimmern, große Frühstücksterrasse mit tollem Ausblick. DZ ab € 35,-- inkl. sehr üppigem Frühstück. Rruga Kostaq Stefa; Tel. +355697843420, Reservierung über diverae Buchungsportale

Hotel Klea - fantastische Lage mitten in der Altstadt (mit dem Auto anfahrbar), gemütliches Ambiente und überaus freundliche Gastgeber, empfehlenswertes Restaurant mit lokalen Spezialitäten. DZ ab € 30,--. Stadtteil Kala, Tel. +355697684861, über Buchungsportale

Die günstigsten Unterkünfte, Guesthouses und Hostels findet man hauptsächlich im Stadtteil Gorica, z.B. Guesthouse Lorenc, Berat Backpackers, Villa Elisa.

Essen und Trinken:

Antigoni - gilt als eines der besten Restaurants der Stadt mit umfangreicher Speisekarte und moderaten Preisen (albanisch, italienisch, mediterran, Achtung: im Sommer etwas eingeschränkt), tolle Aussicht auf Mangalem und bester Service. Im Stadtteil Gorica, direkt oberhalb der Fußgängerbrücke Rr. Kristaq Tutulani, Tel. +355693625189, Mo-So 8.00-0.00 h;

Home Made Food Lili - sehr klein aber fein, rustikal gemütliches Lokal mit traditionellen, ausschließlich hausgemachten albanischen Gerichten, überaus freundlich. Etwas versteckt im Stadtteil Mangalem, Rruga Llambi Guxhumani, Tel. +355692349362;

Antipatrea - klassisch albanische Gerichte und Grillspezialitäten, tolle Aussicht von der Terrasse und lobenswerter Service. Mitten in der Altstadt, Rr. Mbrica Kala, Tel. +355694591419;

Taverna Lazaro - beliebtes Grillspezialitätenrestaurant, sehr freundlich und familiär, günstige Preise. Vor den Toren der Altstadt (mit Campingstellplatz), Rr. Muzak Topia, Tel. +35532231935;

Sehenswertes in der Umgebung

Berat und die Region Skrapar eignen sich aufgrund ihres hohen Freizeit- und Kulturpotenzials durchaus auch für einen mehrtägigen Aufenthalt.

Südöstlich von Berat liegt der **Tomorr-Nationalpark**. Mit einer Größe von knapp 25.000 ha ist er eines der wichtigsten nationalen Schutzgebiete hinsichtlich Biodiversität und Ökosystemgesundheit mit einer unglaublichen Vielfalt an Flora und Fauna. Den Mittelpunkt des Reservates bildet das markante gleichnamige Bergmassiv, welches bei den Albanern als Art Nationalheiligtum gilt. Der wuchtige Kalkstock hat zwei Hauptgipfel, den 2.415 m hohen Çuka e Partizanit und den 2.402 m hohen Maja e Tomorrit. Er ist 19 km lang und 6 km breit. Auf dem Gipfel befindet sich die Türbe des Abbas Ali, einem Heiligen der Bektashi-Anhänger. Alljährlich wird Anfang August auf dem Berg ein mehrtägiges Opferfest begangen, zu dem sich Zehntausende des Sufiordens einfinden. Im südlichen Bereich werden in großem Maße wunderschöne Steinplatten abgebaut, sie finden nicht nur im ganzen Land Verwendung, sondern werden auch exportiert. Geländegängige können den Berg mobil erkunden, die Zufahrt liegt beim Ort Mbrakull. Der Nationalpark entwickelt sich immer mehr zu einem beliebten Wandergebiet. Eine Attraktion sind die zahlreichen Höhlen, die meisten sind jedoch noch unerforscht.

25 km südöstlich von Berat durchquert man **Poliçan**, auf den ersten Blick eine sehr unscheinbare Stadt. Im Ort befand sich zu kommunistischer Zeit eine der wichtigsten Waffenproduktionsstätten Hoxhas. Noch deutlich kann man heute die Hinterlassenschaften erkennen. Verrostete Schornsteine, Kamine und Entlüftungsschächte ragen wie bizarre Pilze aus den grünen Hügeln. Bis vor wenigen Monaten fanden noch hörbar Entschärfungsaktionen statt. Am besten sieht man diese Relikte vom Parkplatz der Tankstelle am südlichen Ortsrand rechts.

Nach weiteren 10 km erreicht man **Bogovë**, einen kleinen Ort mit Tavernen und Frischwasserquellen. Etwas abseits der Straße befinden sich herrliche Wasserfälle, die vor allem im Frühjahr ein fantastisches Schauspiel bieten. Aus etlichen Metern Höhe ergießen sich die Kaskaden in ausgewaschene Becken. Es gibt zwei Möglichkeiten dorthin zu kommen: Am nördlichen Ortsrand führt ein Fahrweg 2 km nach oben, an einer Linkskurve beginnt ein etwas steiler Pfad nach unten. Alternativ startet hinter den Tavernen ein etwa 2 km langer Wanderweg dorthin.

Unmittelbar vor Çorovoda zweigt eine Straße Richtung Nordosten ab. Sie führt an der **Ura e Kasabashit**, einer Steinbogenbrücke aus dem 17. Jhd. über den Çorovoda-Fluss vorbei zum Gradec-Canyon mit seinen bis zu 350 m hohen Steilwänden, hoch oben in der nördlichen liegt mit knapp 1.300 m Länge eine der tiefsten Höhlen Albaniens, die Shpella e Pirogoshit.

Weitere interssante Destinationen in Skrapar: www.visitskrapar.com

Kulinarischer Tipp: Die Region um Berat gilt als ein hervorragendes Weinanbaugebiet. Eine Qualitäts-Kantina ist das Weingut Çobo in Ura Vajgurore (40°46'41.2"N 19°51'30.2"E, neben dem Berat Caravan Camping), die edlen Tropfen sind nicht ganz billig. Weinproben können vereinbart werden, dazu gibt es meist eine Auswahl an Berati-Oliven, sie zählen zu den besten des Landes (www.cobowineryonline.com).

Reisetipp: Fährt man vom Osten bzw. aus Elbasan nach Berat, kann man dies auf einer schönen Alternativstrecke zur SH7/SH4/SH72 unternehmen. Sie führt über die SH58 nach Belsh und von dort über die reizvolle Dumreja-Hügellandschaft (Grekan, Deshiran, Kozare). Dabei passiert man etliche der über 60 Karstseen und später die Ölfelder von Kuçovë. Ebenfalls dort befindet sich links der Straße ein aktiver Militärflughafen.

Ura e Kasabashit am Gradec-Canyon

Blick von der Brücke bei Kilometer 8

die Auffahrt nach Asphalt-Ende

fast schon am Pass von Sevran

Osum-Canyon (Highlight)
(Karte 1:150.000 von freytag & berndt: O 8 + P 9)

Diese farbintensive Schlucht zählt mit Sicherheit zu den spektakulärsten Europas. Kontinuierliche und langanhaltende Erosion durch Wind und Wasser haben im Laufe von Jahrmillionen auf natürliche Weise ein geologisches Naturwunder von atemberaubender Schönheit geschaffen. Über 13 km Länge schneidet der Fluss Osum, mit 161 km der fünftlängste Albaniens, eine bis zu 100 m tiefe Schneise in die silbergrau-rotbraunen Steilwände, die Breite beträgt zwischen 4 und 35 Meter. Damit ist dieser Canyon der größte Albaniens. Mit den hinteren, weniger tiefen Schluchtabschnitten ist er sogar 26 km lang. Rund um den Canyon hat sich ein wertvolles Ökosystem mit einer vielfältigen Flora und Fauna gebildet. Im Frühjahr nach der Schneeschmelze kann man eine Vielzahl von Wasserfällen bewundern, später im Sommer versiegen sie vollkommen und geben den Blick auf Höhlen und seltsame Gesteinsformen preis, die phantasievolle Namen wie „Kathedrale“ oder „Teufelstor“ tragen.

Inzwischen kann man das Schauspiel bequem auf asphaltierter Strecke erkunden. Es wurden sogar im Rahmen des TAP-Projektes hochmoderne Aussichtsplattformen geschaffen. Man verlässt Çorovoda über den kurzen Serpentinenabschnitt nach Südosten, der erste Eindruck auf das Spektakel eröffnet sich nach 4 km an einem kleinen Natur-Campingplatz mit einer Bar, hier läuft man links am Häuschen hinunter bis zur neuen Aussichtsterrasse. Im weiteren Verlauf passiert man eine kleine Tekke, der nächste Halt liegt am „Vrima e Nuses"-Point. Nach etwas über 8 km von Çorovoda zweigt nach rechts unten ein Weg (100 m Piste) zu einer Brücke ab, von hier bietet sich ein sensationeller Blick in alle Richtungen, in weiter Ferne und bei gutem Wetter ist das Tomorr-Massiv gut zu erkennen. Bald läuft der vordere Teil des Canyons aus, hier liegt der Einstiegspunkt für Schluchtwanderungen im Sommer und Herbst. An einer markanten Linkskurve mit einem geschotterten Parkbereich bietet sich ein weiteres Highlight. Auf einem schmalen Steig auf halber Höhe in der Canyonwand gelangt man zu einer kleinen Holzbrücke über den Fluss (siehe Bild Doppelseite 44/45). Auf der anderen Seite erreicht man über einen Trampelpfad den oberen Canyonrand. Nach 14 km ist das Ende des spektakulärsten Teils erreicht. Geländegängigen bietet die Strecke ab der zweiten Brücke eine nicht minder eindrucksvolle Durchquerung der Gebirgslandschaft bis Përmet an. Es erfolgt ein Anstieg auf 940 m mit grandiosen Panoramen bis weit hinein in die griechische Bergwelt, vorbei an bizarr geformten, erodierten Felsen und idyllischen Bergdörfern.

Einen kleinen Zwischenstopp sollte man unbedingt am Pass von Sevran machen. In dem kleinen, aber äußerst liebevoll ausgestatteten "Zeltcamping" mit Imbißplattform gibt es besten Honig und Raki sowie hausgemachte Leckereien und kühles Bier. Die Strecke ab Çorovoda bis Përmet ist etwa 38 km lang.

die einladende Terrasse am Pass

Ausblick vom Ort Sevran

Raftingtouren auf dem Osum werden je nach Wasserstand von Anfang Mai bis Mitte Juli von mehreren Veranstaltern angeboten (www.outdooralbania.com; www.albrafting.org).

Fier (Karte 1:150.000 von freytag & berndt: N 4)

Die Stadt (65.000 EW) ist relativ jung und ohne historische Bedeutung. Sie entstand erst im 19. Jhd. auf dem Reißbrett, um, bedingt durch die in den 1930er-Jahren begonnenen Erdölförderungen in der Umgebung und der landwirtschaftlichen Nutzung der Myzeqe-Ebene, ein Verwaltungszentrum zu schaffen. Der damals osmanische Stadthalter holte sich hierbei Unterstützung bei französischen Architekten. Fier bietet wenig Besichtigungspotential, sehenswert ist allein der Zentralplatz Sheshi Pavarësia mit seinem überdimensionalen Globus und der nahegelegenen neuen Großen Moschee. Das Historische Museum mit Ausstellungsstücken aus Byllis und Apollonia befindet sich in der Seitenstraße Rr. Leon Rei, auf dem Weg nach Apollonia links gelegen. Den dichten Verkehr und die Staus durch die Stadt wird man in Kürze durch eine Umgehung vermeiden können.

ein sehr alter Bohrturm bei Fier

1976 wieder aufgerichtet

Apollonia (Top-Tipp)
(Karte 1:150.000 von freytag & berndt: N 4)

Die eindrucksvolle antike Stätte Apollonia liegt auf einem Hügel nördlich der Vjosa, wenige km von der adriatischen Küste entfernt, westlich der Stadt Fier und ist flächenmäßig die umfänglichste des Landes. Bereits 588 v. Chr. von griechischen Kolonisten gegründet, wurde sie dem Gott Apoll geweiht und war damals die größte der 30 ihm zu Ehren benannten antiken Städte. Zu dieser Zeit lag sie noch direkt an der Mündung des Flusses und war neben Durrës ein wichtiger Hafen der Adria, er konnte 120 Schiffe fassen. Bereits Mitte des 4. Jhd. v. Chr. begann man mit der Prägung von Silbermünzen. Nach Jahrhunderte langer kleinkriegerischer Auseinandersetzungen mit illyrischen Stämmen unterstellte man Apollonia 229 v. Chr. dem Schutz des Römischen Reiches. Damit nahm die Stadt in vielen darauffolgenden Kriegen eine wichtige Position ein. Später gehörte sie zur Provinz Makedonien und musste an Rom Steuern entrichten. Viele bedeutende römische Staatsmänner wirkten in Apollonia, 44 v. Chr. studierte Kaiser Augustus sogar hier an der Rhetorenschule, einer der bedeutendsten des Reiches. Stets zeigte sich die Stadt der Prominenz gegenüber wohlwollend, was sich in der Befreiung der Steuerpflicht auswirkte. Dieser Status war von großem Vorteil, der Ort entwickelte sich neben der ertragreichen Landwirtschaft zu einem florierenden Handelszentrum. Damals betrug die Größe des Stadtgebietes rund 137 Hektar und war von einer vier Kilometer langen Mauer umgeben, man schätzt die Einwohnerzahl auf etwa 60.000 Menschen. Im 4. Jhd. veränderte ein starkes Erdbeben den Verlauf der Vjosa, der Hafen verlandete, was eine Nutzung unmöglich machte. Ende des 6. Jhd. war Apollonia weitestgehend verlassen.

Im 9. Jhd. wurde am Rande der Ruinen das Kloster Shën Merisë gegründet. Die dazugehörende Klosterkirche stammt aus dem 13. Jhd. Zahlreiche Fundstücke aus der antiken Stätte wurden hier aufbewahrt. Während der politischen Unruhen in den 1990er Jahren fiel eine große Menge der Objekte der Zerstörung oder dem Diebstahl zum Opfer.

Die archäologische Forschungsgeschichte Apollonias begann sehr früh. Bereits Anfang des 15. Jhd. identifizierte man sie als Augustus´ Studienstadt. Im 19. Jhd. schon wurden zahlreiche Fundstücke schriftlich erfasst. Erster Archäologe war der Franzose Heuzey, er erstellte Pläne und sandte einige Statuen in den Louvre nach Paris. Umfassendere Ausgrabungen fanden von 1904 bis 1916 statt. Den größten Teil der Funde aber brachten österreichische Altertumsforscher nach Wien. Später teilten sich die Ausgrabungsarbeiten französische, sowjetische, amerikanische und albanische Archäologenteams. Die Tätigkeiten dauern immer noch an, angeblich sind bis jetzt erst 5-10% der gesamten Fläche untersucht.

Sehenswerte Bauwerke:

Apollonia beherbergte aufgrund ihrer Größe neben ausgedehnten Wohngebieten und einem dichten Straßennetz eine Vielzahl an prächtigen Sakral- und Profanbauten. Das wohl eindrücklichste Gebäude der Stadt war das sogenannte **Buleuterion**, der für griechische Städte typische Versammlungsraum, hier mit einem wunderschönen **Agonotheten-Monument**, benannt nach einem Leiter der Gladiatorenwettkämpfe, dem in der Inschrift gedacht wird. 6 Säulen mit aufwendigen Kapitellen schmücken die Fassade des Gebäudes aus dem 2. Jhd. n. Chr. Es wurde 1976 aufgerichtet und originalgetreu restauriert. Die gegenüberliegende, **theaterähnliche Arena** an der Nordseite der Agora war das **Odeon**. Es bot rund 300 Personen Platz und diente kleineren kulturellen und politischen Veranstaltungen. Westlich davon lag ein kleiner **Tempel** und im Anschluss die **große Stoa**, eine überdachte Allee, die durch 36 Säulen in zwei parallele, 77 Meter lange Fußwege geteilt war. Von hier hatte man vermutlich den besten Ausblick auf die Stadt. Hier wurden während Spaziergängen politische und philosophische Streitfragen erörtert. Sie war reich mit Skulpturen ausgeschmückt und besaß vermutlich sogar ein zweites Stockwerk. Direkt westlich neben dem Buleuterion lagen das **Prytaneion**, der Regierungssitz der Stadtrepräsentanten und der **Diana-Tempel**, der Göttin der Jagd, des Mondes und der Geburt geweiht. Östlich davon befand sich die **kleine Stoa**, sie wurde später von einem römischen Anwesen überbaut. Durch ein Tor nahe des Odeon gelangte man in die Oberstadt. 1962 entdeckte man unterhalb der Akropolismauern ein **Nymphäum**. Die Badeanlage stammt aus dem 3. Jhd. v. Chr. und ist eine der am besten erhaltenen und größten ihrer Art. Vermutlich wurde sie nur ca. 100 Jahre genutzt, bis es durch ein Erdbeben verschüttet wurde. Rund 300 Meter südwestlich lag das **Theater**. Als eine der größten solcher Anlagen im heutigen Albanien bot es 8.000 Besuchern Platz. Es stammt ebenfalls aus dem 3. Jhd. v. Chr. Südlich der Agora befand sich das **Gymnasion** aus dem 6. Jhd. v. Chr. So bezeichnete man in der Antike die vorwiegend sportlich orientierten Erziehungsstätten der Jugend - *300 Lek, April-September 8.00-20.00 h, Okt.-März 9.00-17.00 h.*

das Kloster ohne rechten Winkel

Außerhalb der Stadtmauer liegt das bereits erwähnte **Kloster Shën Merisë** aus dem 9. Jhd. mit einer byzantinischen Kirche, erbaut 1250. Zahlreiche Verzierungen im Mauerwerk und Reliefarbeiten machen das Bauwerk zu einem sehenswerten Objekt. Für die Errichtung wurden zum großen Teile Steine des antiken Theaters verwendet. Ein unerklärliches Merkmal der byzantinischen Kreuzkuppelkirche und der Mauern ist der verzogene Grundriss ohne rechte Winkel. Die Klosteranlage beherbergt viele Ausgrabungsstücke der antiken Stätte, an den Wänden haben sich bemerkenswerte Fresken erhalten.

Anfahrt: Apollonia ist ab Fier sehr gut ausgeschildert, es sind etwa 10 km in westliche Richtung.

Von der UNESCO gibt es einen informativen Beschreibungs- und Orientierungsplan:
www.unesco.org/new/fileadmin/MULTIMEDIA/FIELD/Venice/pdf/news/Apollonia mapguide English.pdf

Byllis (Karte 1:150.000 von freytag & berndt: O 6) (Top-Tipp)

Eine weitere beeindruckende Ruinenstadt ist das antike Byllis mit seinem Nachbarort Nikaia. Sie befinden sich etwa 20 km südöstlich von Fier auf einem 524 m hoch gelegenen Berghügel mit einem traumhaften Ausblick auf den Verlauf der Vjosa im Tal. Bereits vor dem 5. Jhd. v. Chr. begannen illyrische Siedler mit der Erschließung des Nachbarhügels Nikaia, welcher Ende des 5. Jhd. v. Chr. eine befestigte Siedlung war. Durch Stammeskonflikte in der Umgebung nahm die Stadt mehr und mehr Menschen auf, bald wurde der Hügel zu klein und bis Ende des 4. Jhd. v. Chr. entstand Byllis. Griechische Kolonisten vermischten sich hierbei mit dem illyrischen Stamm der Byllionen. Ackerbau und Handel bestimmten den wirtschaftlichen Aufschwung, es entstand sogar eine eigene Münzprägerei. Ab 148 v. Chr. gehörten Byllis und Nikaia zur Provinz Makedonien und waren ein wichtiger militärischer Stützpunkt. 48 v. Chr. unterhielt Cäsar dort ein Militärlager. Bereits im 5. Jhd. war der Ort Bischofssitz und ein wichtiges christliches Zentrum. In der näheren Umgebung fand man die Überreste von 15 frühchristlichen Basilika, eine davon im Ort Ballsh,

eine der freigelegten Basilika

Blick auf die Vjosa im weiten Tal

alte Steine aus Byllis im Dorf Klos

den man auf dem Weg nach Byllis passiert. Rege Bautätigkeit setzte zuletzt unter Kaiser Justinian ein, wobei das Stadtgebiet aber um ein Drittel verkleinert wurde, damals dürfte die Einwohnerzahl bei 7.000 gelegen haben. Im späten 6. Jhd. fielen Slawen in das Gebiet ein, die Stadt wurde 586 zerstört, verlassen und nicht wieder aufgebaut. Der Bischofssitz wurde nach Ballsh verlegt. Viele Steine der Gebäude hat man für den Bau anderer Siedlungen verwendet, so z. B. im angrenzenden Dorf Klos. Anfang des 20. Jhd. wurden erste Reste der antiken Stätte freigelegt, Teile der Mauer, der Stoa und des Theaters. Um die Jahrtausendwende erfolgten umfangreiche Ausgrabungen, etliche Häuser, Basilika und Rundtürme kamen zum Vorschein.

Sehenswerte Bauwerke:
Ursprünglich umfassten 2,2 km lange, bis zu 9 m hohe Mauern das 30 ha große Stadtgebiet. Sie waren 2,5 m dick und enthielten sechs Eingangskorridore mit Wachtürmen. Davon sind noch beeindruckende Reste zu sehen. Im Zentrum lag die **Agora** mit Treppenstufen und mehrere aufwendige Stoas, Wandelgänge zur Pflege von philosophischem Meinungsaustausch. Das gut erhaltene **Theater** hatte einen Durchmesser von 80 m und bot knapp 8.000 Zuschauern Platz, war somit für den Besuch auswärtigen Publikums gerüstet. Eine 50 m lange Zisterne diente der Trinkwasserversorgung. Bisher konnte man **5 Basilika** freilegen, die größte stammt aus dem 5. Jhd., man hatte sie um ein Baptisterium erweitert. Etliche gut erhaltene, farbenprächtige Bodenmosaike (zum Schutz oft abgedeckt) zeigen christliche Motive aus dem alltäglichen Leben. Des Weiteren zu sehen sind die Überreste des Gymnasion und auch einiger Wohnhäuser.

Byllis besticht nicht nur durch die eindrücklichen Ruinen, sondern ist auch aufgrund der einmaligen Sicht auf die Vjosa und deren breites Schwemmbett ein empfehlenswertes Besichtigungsziel - i *300 Lek, 8.00-18.00 h*.

Anfahrt: In Fier hält man sich gemäß eines braunen Touristenschildes Richtung Ballsh. Von hier nach knapp 3 km nach Hekal abbiegen, nach 7 km in einer Linkskurve nach rechts weiterfahren. Nach Nikaia gelangt man über Klos.

Lagune von Narta (Karte 1:150.000 von freytag & berndt: O 4)
Die mit 42 km² zweitgrößte Lagune des Landes beginnt etwa 3 km nördlich von Vlorë und reicht bis zur Mündung des Flusses Vjosa. Sie ist nur durch einen sehr schmalen Dünenstreifen, durch den das Meerwasser in die Lagune gelangt, von der Adria getrennt. Im flachen Nordteil werden durch Verdunstung Unmengen an Speisesalz gewonnen. Das Gebiet ist über den Ort Novosele zu erreichen und auf schmalen Dämmen bis zu einigen sandigen Strandabschnitten befahrbar.

Albanien verfügt über zahlreiche **Bodenschätze**. Zu den ergiebigsten Vorkommen gehören hochwertige Chromerze, Erdöl, Erdgas, Kupfer, Bauxit, Nickel, Braunkohle, Eisenerze und Phosphate. Bis Mitte des 20. Jhd. war Albanien ein reines Agrarland, obwohl bereits ausländische Unternehmen um 1900 Bodenschätze abbauten. Nach dem Zweiten Weltkrieg wurde der Bergbau zum wichtigsten Sektor der albanischen Wirtschaft. Bis 1990 war die Kupferförderung für die Binnenindustrie von wichtigster Bedeutung, der Abbau von Chromerzen spielt weltweit eine beachtliche Rolle. Obwohl sich die Reserven der Erze noch auf ca. 35 Mio. Tonnen belaufen, deren Wert über 4 Milliarden Euro beträgt, sinken die jährlichen Förderquoten. Aktuell werden in den maroden Bergwerken nur noch etwa 330.000 Tonnen jährlich zu Tage gebracht, Investitionen in eine Modernisierung lohnen sich nicht mehr. Die meisten Vorkommen gibt es im Osten des Landes, die Abbauzentren befinden sich in den Landkreisen Burrel und Bulqizë, das weiterverarbeitende Werk in Elbasan. Anders sieht es da mit der Förderung von Erdöl und -gas aus, die wichtigsten und ertragreichsten Bodenschätze des Landes. Die ausgedehntesten Ölfelder liegen über mehrere Quadratkilometer Ausdehnung östlich von Fier und seit kurzem wird auch bei Kuçovë und am Berg Spiraq intensiv gefördert. In dem ehemals bis in die 1920er-Jahre von Malaria verseuchtem Gebiet der Myzeqe-Ebene entstand nach der Trockenlegung der Sümpfe einer der größten On-Shore-Betriebe Europas. Mit Unterstützung des kanadischen Investors „Bankers Petroleum" und der chinesischen „Geo-Jade-Petroleum" werden hier zwischen 15 und 20.000 Fass Rohöl pro Tag gefördert, die Reserven schätzt man allein bei Patos-Marinza auf mehrere hundert Millionen Barrel. Ausgenommen in Erdöl und -gas setzt man in die Förderung der anderen Materialien wenig Energie. Die Erschließung der unzugänglichen Gebiete erfordert viel Zeit und finanziellen Aufwand. Die Rohstoffe der Gegenwart und nahen Zukunft sind marmorierte Kalksteinblöcke, Steinplatten und Gips. Über Edelmetalle ist derzeit offiziell wenig bekannt. 2013 erwarb ein kanadisches Unternehmen eine Explorationslizenz für Gold. Aktuellen Bohrungen und Funden gemäß besteht beträchtliches Erschließungspotenzial.

Vlorë (Karte 1:200.000 von freytag & berndt: P 3)

Die viertgrößte Stadt (124.000 EW) des Landes verfügt nach Durrës über den zweitgrößten Hafen Albaniens, allerdings mit abnehmenden Umschlagzahlen. Dennoch ist Vlorë ein bedeutender Industriestandort, bedingt durch das mit Öl betriebene Wärmekraftwerk nördlich der Stadt, welches aber immer wieder Angriffsziel von Umweltschutzaktivisten ist. Bis Mitte der 1990er-Jahre befand sich an dieser Stelle ein Chemieunternehmen, das für eine immense, immer noch messbare Bodenverseuchung der unmittelbaren Umgebung verantwortlich war. Das Erdöl-Terminal soll zukünftig auch Station einer Öl-Pipeline von Bulgarien über Mazedonien bis nach Italien werden. Das italienische Festland liegt an dieser Stelle nur 90 km entfernt. Ein weiterer wichtiger Wirtschaftszweig ist die Olivenöl-Produktion. Einige Sorten werden sogar in großen Mengen exportiert.

Da sich Vlorë nicht im Einzugsbereich der Mündungsgebiete großer Flüsse befindet, ist das Wasser, abgesehen vom unmittelbaren Hafengebiet, meist klar und sauber. Ein Grund für den boomenden Badetourismus, der aber hauptsächlich einheimische Urlauber anspricht. Vor allem die Strände südlich der Stadt erfreuen sich zunehmender Beliebtheit, was sich auch in der wachsenden Zahl der nicht immer ansehnlichen Hotelbauten bemerkbar macht. Die Unterkünfte reihen sich inzwischen fast nahtlos vom beliebten Ujë i ftohtë am südlichen Stadtrand über das langgestreckte Radhimë bis nach Orikum. Die Vlorë gegenüberliegende Halbinsel Karaburun sowie die Insel Sazan hingegen sind touristisch jedoch noch nicht erschlossen, Besuche sind aber möglich. Seit der Regierungsübernahme durch die Sozialisten 2013 unterliegt der Küstenstreifen einer Säuberung von illegal errichteten Gebäuden. Besonders rigoros ist man dabei in Vlorë vorgegangen. Südlich des Hafens sind komplette Hotelkomplexe und Häuserreihen verschwunden und machten Parkanlagen und Flaniermeilen mit Freizeiteinrichtungen Platz. Auf jeden Fall ein optischer Mehrwert der sonst recht unattraktiven Stadt. Vlorë ist aber auch als Zentrum der Region Labëria ein wichtiger kultureller Standort. Bis heute wird von den Bewohner bei farbenprächtigen Folklorefesten der Isopolyphone Gesang gepflegt, eine mehrstimmige Musik ohne Instrumente, die lediglich von einem tiefen Halteton begleitet wird. Er zählt zum Immateriellen Weltkulturerbe.

der Blick von der Festung Kanina

die alte Muradie-Moschee in Vlorë

das große Unabhängigkeitsdenkmal

Da der Ort seit jeher über einen natürlichen Hafen verfügt, war er bereits in der Antike ein wichtiger Handelsplatz. Bis zum 1. Jhd. v. Chr. befand sich eine Vorgängersiedlung einige Kilometer weiter nordwestlich bei Treport, das damalige Daulia war bereits im 7. Jhd. v. Chr. besiedelt und wurde zugleich von Byllis als Hafenstadt genutzt. Diese Siedlung war jedoch im 1. Jhd v. Chr. bereits wieder verlassen. An der heutigen Stelle entstand das antike Aulon bzw. Avlona. Unter Kaiser Justinian erlebte die Stadt Mitte des 6. Jhd. eine große Zuwanderung, auch aus dem aufgegebenen Apollonia. Ende des 6. Jhd. war Vlorë ein von slawischen Stämmen umkämpfter Ort, viele Einwohner flohen. Im 11. Jhd plünderten Normannen die Stadt, im Anschluss gehörte sie dem Herrschaftsgebiet Epirus und der Grafschaft Anjou aus Neapel an und ab Mitte des 14. Jhd. zu Serbien. 1417 wurde Avlona als erster Hafen an der Adria von Osmanen eingenommen, die aber erst 1478 endgültig, mit einer kurzen Zwischenherrschaft der Republik Venedig Ende des 17. Jhd. und des abtrünnigen Osmanenherrschers Ali Pascha, die Stadt einnahmen. Mit der Zuwanderung von Juden aus Spanien erlebte Vlorë seine Blütezeit. Es entstand eine achteckige Festungsanlage mit 90 Metern Kantenlänge und einem imposanten Turm, deren Steine fielen jedoch Anfang des 20. Jhd. dem Bau der Hafenstraße zum Opfer. In der jüngeren Geschichte erlangte die Stadt große Bedeutung, als Ismail Qemali 1912 hier die Unabhängigkeit des Landes ausrief. Für kurze Zeit war Vlorë sogar Hauptstadt des Landes.

Im Zweiten Weltkrieg fielen fast sämtliche alten Gebäude Bombardierungen zum Opfer, Grund hierfür war der nahe U-Boot-Hafen. In den 1990er Jahren war die Stadt für ihre hohe Kriminalitätsrate verrufen, bedingt auch durch den Waffen- und Drogenschmuggel mit Italien. Immer noch kämpfen die Behörden mit internationaler Unterstützung gegen das organisierte Verbrechen, vor allem mit Marihuana.

Sehenswertes in der Stadt

Vlorë bietet zwar ein recht übersichtliches Besichtigungspotental, lohnt sich aber dennoch für einen Zwischenstopp, allein schon der guten Einkaufsmöglichkeiten wegen. Die schön verzierte **Muradie-Moschee** aus Stein und Ziegel im nördlichen Stadtzentrum am Hauptboulevard stammt aus der Mitte des 16. Jhd. Sie gilt als eines der ältesten Bauwerke Vlorës und hat als einzige der osmanischen Moscheen ein Erdbeben von 1851, zahlreiche Kriege und die Atheismuskampagne schadlos überstanden. Nur wenige Meter nördlich davon passiert man die restaurierte **Residenz des Eqrem Bej Vlora**, einem einflussreichen Adligen und Politiker, der 1964 in Wien im Exil starb aber 2014 nach Vlore überführt wurde. Dahinter liegt der historische Kern der Stadt Avlon, wovon aber lediglich nur mehr einige **Mauerreste der Festung** zu sehen sind. Hier im Park befindet sich auch das **Grab des Ismail Qemali**, Albaniens erstem Ministerpräsidenten. Das imposante **Unabhängigkeitsdenkmal** am Flaggenplatz nördlich davon erinnert an das große Ereignis von 1912, die Befreiung von den Osmanen. Auf der anderen Seite der Rr. Ismail Qemali gelangt man in einen historischen Teil der Stadt mit einer Vielzahl an Häusern aus der osmanischen Ära. Südlich der Moschee zweigt vom kleinen Busbahnhof ein Fußweg zu einer kleinen Tekke und einem Bektashi-Kloster auf dem **Hügel Kuzum Baba** ab. Von hier bietet sich ein schöner Blick auf die Stadt. Entlang des Boulevards Richtung Hafen befinden sich in einem Park neben dem Petro Marko Theater zwei **Bronzestatuen**. Es handelt sich um Avni Rustemi und Marigo Jovan Posio. Ersterer war ein herausragender, sozialfreundlicher Politiker, wurde aber aufgrund dessen bereits im Alter von 29 Jahren ermordet. Zweitere war eine Freiheitskämpferin und Frauenvorbild, sie bestickte auch jene Fahne mit dem schwarzen Doppeladler, welche 1912 stolz gehisst wurde. Sie starb 1932 im Alter von 50 Jahren und liegt auf der Klosterinsel Zvërnec begraben.

Unabhängigkeitsmuseum - Das gelbe, zweistöckige Gebäude im neoklassizistischen Stil am Sheshi Isa Boletini, dem Hafenvorplatz, war ursprünglich eine Quarantäneanstalt und dann ab 1912 der Sitz der ersten albanischen Regierung. Vom Balkon wurde durch Ismail Qemali die Unabhängigkeit proklamiert.

Die Räume sind noch mit den Originalmöbeln der damaligen Zeit ausgestattet. Zudem enthält es wichtige Fotos, Dokumente und Kopien, welche die Geschehnisse von vor über 100 Jahren belegen. Im Hof vor dem Haus reihen sich die Büsten der ersten Ministerpräsidenten des Landes.

i *100 Lek mit englischer Führung, Mo-Sa 8.00 -11.00 h + 17.00-22.00 h, So 18.00-22.00 h*

Historisches Museum - Das ehemalige Gemeindehaus liegt 200 m nördlich vom Unabhängigkeitsplatz in der Rr. Perlat Rexhepi. Inzwischen ist es recht gut sortiert und zeigt archäologische Funde und historische Artefakte der Umgebung, sowie Waffen und alte Schriften. Eine eigene Abteilung dokumentiert den Einsatz der Stadt in verschiedenen Kriegen.

i *100 Lek, täglich 8.00-18.00 h, oft wechselnd*

Ethnografisches Museum - Die sehenswerte, umfangreiche Ausstellung ist in einem original türkischen Haus untergebracht, das Anfang des 20. Jhd. lange Zeit als Treffpunkt des Labëria-Clubs diente, der sich für den Erhalt alter Kulturen einsetzte. Sie enthält Objekte der Fischerei, Landwirtschaft, Handwerksmanufakturen, Trachten, sowie original ausgestattete Wohnräume. Das gelbe Gebäude liegt in einem Hinterhof der Rruga Justin Godard.

i *100 Lek, Mo-Fr 9.00-14.00, 17.00-20.00 h, Sa+So 9.00-12.00*

Infos & Tips:

Die Touristeninformation befindet sich in der Rruga Liria, nahe dem Unabhängigkeitsdenkmal.

Verkehr & Parken:

Vlorë verfügt über ein Einbahnsystem. Der Durchgangsverkehr wird durch eine Umgehung geregelt, die vom Autobahnende bis zum Hafen reicht. Parken ist im Innenstadtbereich und südlich des Hafens gebührenpflichtig (SMS). Kostenfreie Plätze gibt es entlang der Umgehung (Rruga Gjergj Kastrioti, wenige Gehminuten ins Zentrum) und in einigen Seitenstraßen.

Ein zentraler Busbahnhof liegt wenige Meter südlich der Muradie-Moschee, ein weiterer am Sheshi Isa Boletini am Hafen.

Es gibt eine Fährverbindung in das italienische Brindisi, im Sommer manchmal nach Otranto.

Einkaufen in Vlorë:

Gegenüber vom Hafen gibt es ein großes Einkaufszentrum mit Shops aller Art unter einem Dach. Ansonsten befinden sich die meisten Läden und Supermärkte entlang der Rruga Sadik Zotaj vom Unabhängigkeitsplatz am Hafen bis zur Moschee.

Übernachten, Essen & Trinken:

Die meisten Hotels, Ferienwohnungen und Hostels befinden sich südlich des Hafens, das Angebot ist mehr als reichlich und über diverse Buchungsportale ist selbst im Hochsommer ein freies Zimmer zu finden. Besser übernachten kann man im nur wenige Kilometer südlich gelegenen Rhadimë, auch hier ist das Angebot reichlich.

Wie nirgendwo sonst in Albanien ist die Küche der Restaurants italienisch geprägt mit viel Fisch, Pasta und Pizza. Einheimisches Essen findet man selten. Zudem existiert eine Vielzahl von Fast-Food-Buden, Szene-Bars, saisonale Diskotheken und Strandcafés. Ein schöneres Ambiente bieten die Lokale Richtung Zvërnec.

Kloster Zvërnec (Karte 1:150.000 von freytag & berndt: O 4) (Top-Tipp)

Der südliche Teil der Narta-Lagune hat den Charakter eines Brackwassersees und ist überaus fischreich. Er ist als Landschaftsschutzgebiet mit Jagdverbot ausgewiesen, was zur Folge hat, dass das Gebiet von vielen Wasservögeln frequentiert wird, darunter auch Pelikane und Flamingos. Eine Straße führt direkt bis zu einer neuen, geschwungenen Pfahlbrücke, auf dieser gelangt man zu Fuß zu einer urwüchsigen, romantischen Insel. Auf ihr liegt das Kloster Zvërnec. Das hübsche Kirchenkleinod im byzantinischen Stil aus dem 13. Jhd. ist komplett erhalten, es weist einen reich verzierten Säulengang auf und besitzt im Inneren eine außerordentlich schön geschnitzte Ikonostase mit wertvollen Bildern sowie einen Grabstein mit Totenkopf. Der übrige Klosterbereich stammt aus dem 20. Jahrhundert.

die alte Klosterkirche auf der Insel

Bei einer Wanderung über die 9 ha kleine Insel auf die andere Seite, gelangt man zu einem winzigen Kirchlein und es bietet sich ein schöner Ausblick auf die dahinterliegende weite Bucht.

Eine Piste führt vor der Insel zur äußersten Lagunenspitze. Der dortige Küstenabschnitt überrascht mit bizarren Felsformationen, erodierten Lehmklippen und mehreren traumhaft schönen, aber in der Saison oft nicht mehr einsamen Badebuchten.

Anfahrt: Unmittelbar am Hafen die Stadt über den Kreisverkehr nach links auf die Rr. Kosova verlassen, an deren Ende geradeaus auf die Rr. Sazani, von hier sind es, immer der Teerstraße folgend, 15 km bis zur Insel. Alternativ ab Autobahnende vor Vlorë nach Westen durch das Dorf Narta.

Sehenswertes in der Umgebung

Die **Festung Kanina** liegt hoch über Vlorë und bietet sowohl einen einmaligen Blick auf die Stadt, die Halbinsel Karaburun und die Insel Sazan sowie auf das hügelige Hinterland. Die strategisch wichtig gelegene Burganlage entstand im 3./4. Jhd. und enthält Ruinenreste sämtlicher nachfolgenden Epochen bis hin zur osmanischen Ära. Sie war vor allem zum Schutz des Hafens erbaut worden. **Anfahrt:** Etwa 200 m südlich der Muradie-Moschee zweigt die Rr. Sulejman Delvina Richtung Südosten ab. Nach etwa 5 km den Abzweig nach rechts oben nehmen.

Der kleine Ort **Orikum** bietet neben schönen Strandabschnitten auch eine aktive Marina (www.orikum.it) und etliche gute Fischlokale. Unmittelbar vor der Lagune, die vor allem im Herbst ein schönes Farbspiel bietet, zweigt ein Fahrweg zu einer sehr hübschen Kleinkirche ab. Die **Kisha e Marmorit** stammt aus dem 13. Jhd. und liegt auf einem baumbestandenen Hügel 3 km vom Abzweig. Unmittelbar am Militärstützpunkt hinter der Absperrung befinden sich die Überreste des antiken Orikos. Der Archäologiepark kann bei Anwesenheit eines Wächters besichtigt werden. Die sehr wasserarme **Halbinsel Karaburun** und die **größte Insel des Landes Sazan** sind touristisch so gut wie nicht erschlossen. Da sie teilweise immer noch als militärisches Sperrgebiet ausgewiesen sind, waren Besuche lange Zeit nicht möglich. Aktuell werden die Bestimmungen gelockert, nähere Infos gibt es am Hafen von Vlorë. Beide Ziele sind als gemeinsamer Marinenationalpark deklariert und verfügen neben einer reichen Unterwasserwelt über wunderschöne kleine Badebuchten und Grotten. Während des Kalten Krieges diente die Militärbasis Pashaliman vorübergehend sogar als einziger sowjetischer Militärstützpunkt im Mittelmeer.

Besuche per Boot nach Sazan: www.facebook.com/teutaboat
Wandern auf dem Karaburun: www.albanian-riviera.net/karaburun

die alte Marmorkirche im Orikum

Karaburun und die Insel Sazan

Ismail Qemali ist einer der bedeutendsten Figuren der neueren albanischen Geschichte. Am 28. November 1912 rief er in seiner Geburtsstadt Vlorë die Unabhängigkeit des Landes aus und wurde der erste Ministerpräsident Albaniens. Er stammte aus einer wohlhabenden Familie und wuchs in Ioannina und später in Istanbul auf. Dort trat er 1900 in den Dienst des Osmanischen Reiches ein, bekannte sich aber bald zur albanischen Freiheitsbewegung. Nach einigen Jahren im Exil in Westeuropa kehrte er 1908 nach Albanien zurück und wurde wieder in das osmanische Parlament, diesmal als Abgeordneter für Berat gewählt. Bald schloss er sich aber erneut der Unabhängigkeitsbewegung an, die 1911 in einen offenen Aufstand überging. Er reiste nach Budapest und gewann die Unterstützung Österreich-Ungarns für einen unabhängigen Staat. Am 11. November 1912 kehrte er auf einem österreichischen Schiff nach Albanien zurück und hisste an jenem bedeutenden Tag die von Marigo Posio, einer Aktivistin der albanischen National- und Unabhängigkeitsbewegung, bestickte rote Fahne mit Skanderbegs Doppeladler. Die erste Regierung hatte mit großen Schwierigkeiten zu kämpfen, unter anderem mit der Anerkennung im eigenen Lande. Zudem fehlte die Erfahrung einen modernen Staat zu führen, was die Großmächte in den nachfolgenden Kriegen zu ihrem Vorteil ausnutzten. Nachdem Deutschland und Österreich-Ungarn den deutschen Prinzen Wilhelm zu Wied zum Fürsten von Albanien erklärt hatten, trat Qemali im Januar 1914 zurück. Er verließ Albanien und starb fünf Jahre später in Italien.

Auch hier überrascht Albanien:
Griechisch geprägte, romantische Küstenorte, traumhafte Badebuchten mit strahlend blauem Wasser, im Hintergrund die hohen, schroffen Gipfel des Ceraunischen Gebirges - eine großartige Kulisse! Dazu die lebensfrohe, freundliche albanisch-griechische Bevölkerung - beste Voraussetzungen für unvergessliche Eindrücke!

- Llogara-Pass
- Palasë
- Dhërmi
- Gjipë
- Vuno
- Jalë
- Alt-Himarë
- Livadh
- Himarë
- Pilur
- Kudhës
- Porto Palermo
- Qeparo
- Borsh
- Piqeras
- Bunec
- Lukovë

der Blick vom Llogara-Pass über die gesamte südalbanische Küste und rechts am Horizont liegt die Insel Korfu

Die Albanische Riviera **(Highlight)** beginnt am Llogara-Pass, südlich der Hafenstadt Vlorë und reicht bis Sarandë, der südlichsten Hafenstadt, der griechischen Insel Korfu vorgelagert. Die schmucken, ursprünglichen Dörfer, oft erhöht in die Berghänge gekuschelt, sind durch eine kurvenreiche, geteerte Straße miteinander verbunden. Die Bewohner möchte man schon aufgrund ihrer Ausblicke beneiden. Oft sprechen sie Griechisch und manche Ortschaften sind regelrechte Sprachinseln. Gerne wird diese Region aufgrund der landschaftlichen Kontraste als die schönste des Landes bezeichnet: das tiefblaue Wasser des Ionischen Meeres, gesäumt von unzähligen feinkiesigen, weißen Traumstränden und -buchten, kombiniert mit der Kulisse der markanten, unmittelbar hinter der Küste aufragenden Gebirgsketten, teilweise über 2.000 m hoch. Nach jeder Kurve bietet sich ein fantastisches Panorama. Erlebnisreiche Abstecher in das geschichtsträchtige Hinterland gewähren Einblicke in bereits früh besiedelte Gebiete.

Die Infrastruktur ist in diesem Gebiet noch etwas spärlich entwickelt, so findet man auch in den größeren Ansiedlungen nur kleinere Minimärkte, welche jedoch alles bieten. In jedem Ort gibt es reizvolle Unterkunftsmöglichkeiten, die Restaurants öffnen meist Anfang Mai, die Betreiber der Dorfbars jedoch kennen keine Saison, somit kann man stets die gute einheimische Küche genießen. In den Sommermonaten ist die Riviera ein beliebtes Urlaubsziel der Einheimischen, es ist voll und zuweilen auch mal laut. Hingegen wirken viele Dörfer von Oktober bis Mai wie ausgestorben und man hat die Buchten fast für sich alleine. Das Meer dort eignet sich übrigens hervorragend zum Schnorcheln und Tauchen.

Llogara-Nationalpark und Llogara-Pass (Karte 1:150.000 von freytag & berndt: Q 5)
Vor dem Anstieg zum Llogara-Pass passiert man den Ort Dukat. Das schlichte Restaurant „Beluli" in Dukat-Fshat ist bekannt für seine ausgezeichnet zubereiteten Zicklein, Spanferkel und Fisch. Der Rotwein der Region gilt als Delikatesse. Etwa 500 m oberhalb des Dorfes liegt eine alte Wehr- bzw. Wohnanlage im türkischen Stil aus dem 13. Jhd., die Kulla e Dervish Aliut. 1979 wurde der stattliche Bau zum Kulturdenkmal erklärt. Besichtigungsvereinbarung im Restaurant. Die Zufahrt zum Dorf ist ab der SH8 ausgeschildert.

Hinter Dukat erfolgt die kurvenreiche und steile Auffahrt durch den gleichnamigen Nationalpark zum 1.027 Meter hohen Llogara-Pass. Das Gebiet mit 1.010 ha Größe ist seit 1966 geschützt und Heimat zahlreicher Wildtiere. Auffällig an den Nordflanken der Hänge sind die typischen, durch

Wettereinflüsse geformten Flaggenpinien, sie stehen unter Naturschutz. Die höchsten Berge sind der Mali i Çikes (2.045 m) und der Mali Gjipalit (2.018 m). Der Park ist ein beliebtes Ausflugsziel mit Einkehr- und Übernachtungsmöglichkeiten, zudem ein hervorragendes Wandergebiet. Die Aussicht vom Pass selbst ist nicht spektakulär, zudem liegt der Übergang oft in Wolken oder im Nebel. Den besten Blick auf die Riviera, bei guter Sicht sogar bis zur griechischen Insel Korfu, hat man weiter unten in einer Kehre vom Paragliding-Platz aus. Der Abstieg zur Küste fällt hier wesentlich weniger steil aus, man muss lediglich vier Kehren überwinden. In der Gegend um den Pass gibt es sehr guten Berghonig (alb.: mjalt) und Bienenprodukte.

Der Llogara-Pass trennt Albanien in zwei Hälften. Klimatisch und dadurch natürlich auch optisch. Die Tagestemperaturen sind im Schnitt etwa 3 Grad höher und die Sonnentage erreichen meist eine stattliche Anzahl von 300 im Jahr. Der Landstrich ist geprägt von Oliven- und Zitrushainen, Zypressenwäldern, Macchia und Palmenbestand.

auffällige Flaggenpinien am Pass

der Strand von Palasë am Abend

Palasë (Karte 1:150.000 von freytag & berndt: Q 5)

Eine erste Gelegenheit, sich von der Wasserqualität der albanischen Riviera zu überzeugen, bietet der 4 km lange und stellenweise sehr breite Strand von Palasë. Der helle Abschnitt am Fuße des Mali i Çikes lockt schon unmittelbar südlich des Passes. Die Zufahrt wurde erst vor wenigen Jahren asphaltiert und die touristische Erschließung schreitet flott voran. Wer möchte, kann sich im Green Coast Resort einkaufen. Hier entsteht ein kleines, ultramodernes Luxus-Feriendorf mit Hotel, Bungalows, Villen, Swimmingpools, Restaurants, Freizeiteinrichtungen und Läden (www.greencoast.al). Schon jetzt ist es im Sommer mit der Ruhe vorbei, nur ganz hinten kann man dann ein freies Fleckchen finden. Doch auch das Hotel Palasa, 700 m hoch am Hang gelegen, hat komfortable Zimmer mit Meerblick und Pool.

Dhërmis Kirchen und Klöster

Dhërmi (Karte 1:150.000 von freytag & berndt: R 5)

Das pittoreske, schon fast griechisch anmutende Bergdorf ist eines der hübschesten entlang der Riviera und geprägt durch seine alten, sehenswerten Kirchen. Das sind mitunter Shën Konstantin gleich am Ortseingang, Shën Dimitrit mit der blauen Kuppel und das Kloster Shën Merisë auf dem Hügel über dem alten Ortskern (zu erreichen über einen Fahrweg am südlichen Ausgang des Dorfes). Im Mittelalter gab es hier über 30 Stück dieser Art. Doch Dhërmi ist vor allem wegen seiner Strände beliebt. Die langen, sandigen oder kiesigen Uferabschnitte der neueren Ortsteile Drymades, Jaliskari und Dhralë sind in den

alte Fresken im Nachbarort Vuno

Sommermonaten ein gut frequentiertes Ferienziel und dann entsprechend überlaufen. Dorthin gelangt man über eine Zufahrtsstraße am nördlichen Ortsrand bei Kondraq. Viele illegal errichtete Bauten sind verschwunden, die verbliebenen Hotels und Ferienanlagen unterschiedlichster Preisklasse sind modern und gepflegt und haben sich recht harmonisch in die Landschaft eingefügt. Die Strandrestaurants bieten ausgezeichnetes mediterranes und albanisches Essen. Es gibt an den Stränden sehr einfache, saisonale Camping- und Zeltplätze.

Gjipë (Top-Tipp) (Karte 1:150.000 von freytag & berndt: R 5/6)

Einige Kilometer südlich von Dhërmi, nahe des Ortes Ilias, liegt der Abzweig zum legendären Strand und der Schlucht von Gjipë. Den Weg dorthin, eine 2 km lange, übertrieben ausgebaute Straße, die Zufahrt zum Kloster "Manastiri Thodoris", säumen rote Sandsteinfelsen. Vom Parkplatz führt ein sehr schlechter Weg (4x4 oder zu Fuß) in etwa 25 Minuten zu einem absoluten Traumstrand. Bis vor wenigen Jahren war dies, bedingt durch die schwierige Erreichbarkeit, noch ein fast unberührter Abschnitt mit Robinson-Charakter. Dies hat sich schnell herumgesprochen und nun hat auch vor diesem Paradies die Erschließung nicht Halt gemacht. Strandbars, ein Camping und Liegestühle bestimmen die Natur des Traumstrandes. In den trockenen Sommermonaten ist der Canyon etliche hundert Meter zu erwandern. Es ist inzwischen ein beliebtes Kletterziel: www.climbingalbania.com/climbing spot/gjipe

der Traumstrand von Gjipë

Privat-Museum - versteckt in Vuno

Vuno & Jalë (Karte 1:150.000 von freytag & berndt: R 6)

Viele alte Steinhäuser bestimmen das Bild des charmanten Ortes. Eine Engstelle ist durch ein Einbahnsystem mit Ampel geregelt, für mehr als eine schmale Spur war hier kein Platz. Das Städtchen war lange Zeit fast unbewohnt, erfährt aber aktuell durch touristische Aufwertung mittels Gästehäuser wieder Zuzug. Auf jeden Fall lohnt sich ein Spaziergang durch die schmalen Gassen am oberen Hang, Kulturbewusste können hierbei viele liebevolle Details entdecken. Unterhalb der Hauptstraße liegen drei schöne Kirchen.

Kurz hinter Vuno zweigt eine Straße zum Strand von Jalë ab. Der Küstenbereich von Gjipë bis dorthin bietet kleine, weiße Badebuchten mit Höhlen und Grotten, sie sind aber allesamt nur zu Fuß oder per Boot zu erreichen. Auch südlich von Jalë kommt man über einen schlechten Fahrweg an schöne Badeplätze. Die Unterkünfte in Jalë sind einfach, es gibt gute Restaurants, eine Top-Adresse ist die neue Anlage der Folie Marine mit Tauch- und Schnorchelmöglichkeiten. Alle haben jedoch nur in der Saison geöffnet, außerhalb ist es einsam aber vermüllt.

Alt-Himarë & Livadh & Himarë (Karte 1:150.000 von freytag & berndt: R 6)

Zwischen Vuno und Himarë liegt der 375 Meter hohe Pass Qafë e Vishes. Die Abschnitte dahinter bieten immer wieder Ausblicke auf das eindrucksvolle Kurvelesh-Gebirge.

Das **Dörfchen Himarë-Fshat** ist ein besonderes Kleinod entlang der Küste. Der Ursprung des Ortes geht bis in illyrische Zeit zurück. In den nachfolgenden Jahrhunderten konnte sich die

Siedlung durch die exponierte Lage auf dem Hügel bis zur Übernahme durch Ali Pascha Tepelena immer eine gewisse Unabhängigkeit bewahren, selbst unter der Herrschaft der Osmanen. Sehr sehenswert sind die alten, inzwischen schon recht umfassend renovierten Steinhäuser in den verwinkelten Kopfsteinpflastergassen und drei byzantinische Kirchen mit Fresken nahe der Spitze des Hügels. Dort befinden sich auch die Reste der Burganlage und es eröffnet sich ein traumhafter Blick auf die Bucht von Livadh. Ebenfalls restauriert wurde die große Orthodoxe Kirche neben der griechischen Schule. Zugang und Parkplätze zum autofreien Dorf findet man in der Kurve vor der Abfahrt nach Himarë, an einer kleinen Kirche meerseitig.

Der kiesige **Strandabschnitt von Livadh** ist einer der beliebtesten und auch schönsten der Riviera. Entsprechend vielfältig ist das touristische Angebot, es gibt einfache Pensionen, Hotels, **etliche Campingplätze** (z.B. Moskato inmitten eines weitläufigen Olivenhains), Tavernen, Restaurants und auch Minimärkte. Am südlichen Ende existiert ein Fußweg nach Himarë. Der Abzweig in die Bucht liegt zwischen Alt- und Neu-Himarë gegenüber vom Friedhof.

Neu-Himarë ist das Verwaltungszentrum der Region. Die Kleinstadt mit etwa 5.000 Einwohnern wird hauptsächlich von der griechischen Minderheit bewohnt. So spricht man hier auch offiziell Griechisch und nicht Albanisch. Der Ort ist in zwei Teile unterteilt und verfügt über mehrere Badebuchten, sie fallen hier weniger steil ab als anderen Stellen entlang der Riviera. Der ursprüngliche Ortskern „Spile“ liegt im Norden um den kleinen Hafen. Zahlreiche einladende Bars und Restaurants reihen sich hier entlang der verkehrsberuhigten Uferpromenade. Hier findet man auch Banken, gut sortierte Kleinsupermärkte, Metzgereien und Gemüsegeschäfte. Im neuen Abschnitt „Potami“ weiter südlich befinden sich die meisten Unterkünfte und Ferienanlagen, auch das moderne Rapos Resort.

Alt und Neu vereint in Himarë-Fshat

der Traumstrand......

.....und die Bucht von Livadh

Pilur & Kudhës (Karte 1:150.000 freytag & berndt: R 6)

Kurz hinter Himarë zweigt links eine schmale Teerstraße in das kleine Bergdorf Pilur ab. Von hier hat man einen außerordentlich beeindruckenden Blick über einen Teil der Riviera sowie das gebirgige Hinterland. Das Dorf ist bekannt für seine farbenprächtigen Volksfeste. Etliche Kilometer vor Pilur führt der ungeteerte Weg am Kieswerk vorbei nach Kudhës. Die Fahrt erfolgt über eine sehr sehenswerte Berglandschaft. Beim Ort Qeparo trifft der Weg wieder auf die Staatsstraße. Da zu kommunistischer Zeit die Region um Porto Palermo durch die U-Boot-Bunker militärisches Sperrgebiet war, schuf man hier eine Ausweichroute über die Berge. Die gesamte Strecke ist landschaftlich sehr reizvoll und führt durch Oliven- und Zitrushaine, Zypressenwälder und alte Steineichenbestände. Sie soll übrigens in naher Zukunft Bestandteil der übermäßig ausgebauten Strecke von Vlorë über das Tal der Shushica an die südliche Riviera sein.

die Festung auf der Halbinsel...

...und ihr mystisches Inneres

Porto Palermo (Top-Tipp)
(Karte 1:150.000 von freytag & berndt: R 6)

Eingebettet in einer weitläufigen, trapezförmigen Bucht liegt eine kleine Halbinsel mit einer sehr sehenswerten Festung des Gewaltherrschers Ali Pascha. Dieser ließ um 1800 auf den Resten einer venezianischen Burgruine, welche 1662 von den Osmanen wieder aufgebaut wurde, die Verteidigungsanlage in heutiger Größe errichten, charakteristisch für seine Bauten ist der dreieckige Grundriss. Sie enthält äußerst gut erhaltene Katakomben, mit Wohn- und Schlafräumen, Küche und ein Gefängnis, inzwischen hat man sogar Informationstafeln angebracht. Auf dem Dach befindet sich eine kleine Kapelle. Von hier oben ist der Blick über den Meeresabschnitt sehr eindrucksvoll. Strategisch war dieser seit jeher bis fast in die Gegenwart bedeutsam, so befindet sich am nördlichen Ende der Bucht ein U-Boothafen aus kommunistischer Zeit. Er ist immer noch als militärisches Sperrgebiet ausgewiesen. Nach Gründung des Warschauer Paktes stationierte die Sowjetunion hier 12 U-Boote. Vier davon behielt Enver Hoxha nach dem Bruch mit Moskau 1961 ein. In den späten 1960er-Jahren baute man mit chinesischer Hilfe für die Boote den fast 800 m langen Bunker, der heute aber definitiv leer ist. Nur am Eingang sind noch Militärboote stationiert. Eine landschaftliche Besonderheit sind die weiten Agavenfelder am Hang hinter der Bucht, zudem ist die Region eines der wichtigsten Salbeiabbaugebiete Europas. Die Bungalows der Ferienanlage am Hang werden ökologisch bewirtschaftet, ebenso das Restaurant. Das hier steil und tief abfallende Meer eignet sich gut zum Tauchen. Die Zufahrt zur Festung liegt gegenüber des Restaurants. Für die Besichtigung der Katakomben sollte man eine Taschenlampe mitnehmen - i *100 Lek, 9.00-17.00 h*.

Der Parkplatz unterhalb der Festung wird oft als Stellplatz von Wohnmobilen genutzt.

Tepedelenli Ali Pascha (1740-1822, so steht es auf seinem Denkmal) trug seinem Namen alle Ehre, er beherrschte als Tyrann weite Teile des osmanischen Griechenlands und Südalbaniens. Durch verräterische Machenschaften erlangte er großes Ansehen beim Sultan und daraufhin etliche Paschaliks zur Verwaltung. Bei einem Angriff 1797 auf Himarë und einem späten Sieg 6 Jahre später starben 6.000 Menschen. Er erhielt weitere Titel und herrschte unabhängig über weite Teile des Balkans. Seine Armee umfasste über 100.000 Mann. Später verbündete er sich mit griechischen Aufständischen der Unabhängigkeitsbewegung, woraufhin er vom Sultan geächtet wurde und sich vor dem osmanischen Kriegsministerium verantworten musste. Nach einjährigem „Hausarrest“ in seinem Palast in Ioannina (Nordgriechenland) wurde er geköpft, seine drei Söhne hingerichtet und seine Frau inhaftiert. Seinen Kopf setzte man in Istanbul bei. Seit 2013 bestehen Verhandlungen über die Rückgabe an Albanien. Kurioserweise war er ein guter Freund des britischen Dichters und Balkanreisenden Lord Byron. Ihm zu Ehren ziert eine Plakette einen Bastionsturm der Festung in Tepelena. In großen Teilen des Landes wird Ali Pascha auch als später „Robin Hood des Balkans“ bezeichnet. Albert Lortzing (1801-1851) verewigte ihn in seiner erfolgreichen Oper „Ali Pascha von Janina“.

Qeparo (Karte 1:150.000 von freytag & berndt: R 6)

Neben einem weiteren Badestrand mit touristischer Infrastruktur hat die kleine, zweigeteilte Ortschaft auch historisch Interessantes zu bieten. Hoch oben über der Nationalstraße befindet sich der uralte Kern Qeparos mit seinen alten Steinhäusern und einem schönen Blick in das Kurvelesh-Gebirge. Vor nicht allzu langer Zeit lagen die meisten der Gebäude in Ruinen dar, wurden aber inzwischen mehrheitlich hübsch restauriert und sind wieder bewohnt. Im unteren Ortsteil zweigt die südliche Zufahrt zur Strecke von Pilur nach Kudhës ab.

Burg mit phantasischer Aussicht

Tipp: Am nördlichen Ortsausgang kann man bei „Anastas Gjikondi" bestes Olivenöl erstehen. Die Produkte des Familienunternehmens wurden mehrfach mit Preisen ausgezeichnet.

Borsh (Karte 1:150.000 von freytag & berndt: R 7)

der endlos lange Strand von Borsh

Borsh wartet mit dem längsten Strand der Rivieraküste auf – 4,5 km ist er lang, teils sandig, teils kiesig. Nur im Südbereich gibt es Unterkünfte, kleine Bars und Restaurants. Der sumpfige Untergrund, verursacht durch den Borsh-Fluss aus dem Hinterland, macht es zum Glück schwierig, in Unmengen größere Hotelanlagen entstehen zu lassen. Daher ist der Strand auch bei Wildcampern sehr beliebt. Am südlichen Ufer sind noch etliche antike Ankerplätze zu sehen. Oben auf dem kegelförmigen, knapp 400 Meter hohen Hügel befindet sich die antike Burg von Borsh bzw. Sopot. Der Anlage war bereits zu Illyrerzeit ein wichtiger Stützpunkt und bis ins 20. Jahrhundert bewohnt. Sie enthält noch Reste von Türmen, Gewölben, Gräbern und eine zu einer Moschee umgebaute Kirche. Die Stätte ist über einen sehr schlechten Fahrweg vom südlichen Ortsende (ausgeschildert mit Kalaja) und im Anschluss über einen neuen Fußpfad zu erreichen. Der unasphaltierte und teils anspruchsvolle Weg (4x4) von der Burg in das Hinterland führt über Fterrë und Kuç in das großartige Shushica-Tal (s. S. 101). Es ist die einzige Verbindung von der südlichen Riviera über das Hinterland bis nach Vlorë, die 80 km lange Strecke soll bis 2019 für Fahrzeuge aller Art ausgebaut werden.

Im Ort Borsh ist der hintere Bereich des Restaurants Ujevara zu empfehlen. Der Garten wurde mit kleinen, wasserumplätschernden Sitzgruppen auf Inselchen terrassenförmig angelegt. Die Quellen an der Straße liefern allerbestes Trinkwasser.

Piqeras & Bunec (Karte 1:150.000 von freytag & berndt: R 7)

Der kleine Ort **Piqeras** verfügt über keinen Strand, dafür aber über das Kloster der Heiligen Maria von Krimarova, gegründet 1625, mit einer jüngeren Klosterkirche. Das Kulturdenkmal oberhalb des Dorfes ist über einen ausgeschilderten Fußweg zu erreichen und offeriert eine schöne Aussicht. Das Wahrzeichen Piqeras ist ein uralter, großer Olivenbaum im Zentrum und es gibt eine Frischwasserquelle an der Straße. Die uralten unteren Häuser des Dorfes weisen noch architektonisch wertvolle Elemente auf.

Bunec besteht nur aus wenigen Häusern entlang der schlechten Zufahrtsstraße zum gleichnamigen Strandabschnitt. Zu kommunistischer Zeit befand sich hier ein wichtiges Befehlszentrum des Militärs, die zahlreichen Bunker wurden bereits entfernt. Neben einer einladenden Ferienanlage mit Blockhütten existieren im Sommer Strandbars und sehr einfache Campingplätze.

Kloster vor der Bucht von Kakomë

die gut erhaltenen Fresken

Lukovë (Karte 1:150.000 von freytag & berndt: S 7)
Das Gebiet um Lukovë gehört zu den am ältest besiedelten Regionen entlang der Küste, etwas verstreut findet man noch Reste alter Siedlungen aus der Bronze- und der Illyrerzeit. Das Dorf mit seinem Umland liegt terrassenförmig inmitten von Olivenhainen und war auch zu Enver Hoxhas Zeiten durch die Landwirtschaft ein lebhafter Ort. Viele junge Leute mussten damals als "Freiwillige" die Zitrus- und Olivenplantagen anlegen. Schätzungsweise wurden damals über 700.000 Bäume gepflanzt. Heute entstehen rund um den alten Ortskern viele neue Häuser und die Strände werden touristisch erschlossen. Der südliche Abschnitt ist über eine asphaltierte Zufahrt zu erreichen, die nördlichen Strände über staubige Pisten. Mehr und mehr entstehen Unterkünfte und saisonale Strandbars.

Oberhalb der Stadt am Hang liegt das komfortable, architektonisch gelungene Hotel Lukova Palace, Zimmer und Suiten mit Blick über die Küste, Swimmingpool und griechischem Restaurant. Wahrzeichen Lukovas ist die große Orthodoxe Kirche. Von der südlichen Bucht existiert ein Fußpfad zur einsamen Bucht von Krorëz, in der Saison wird diese von Badebooten angefahren.

Hinter Lukovë verlässt die Straße die Küste, es eröffnet sich der Blick auf die **Ebene von Vurgut**, die sich bis weit hinter Sarandë zum Butrintsee und den östlich gelegenen Bergen erstreckt. Erwähnenswert ist der Ort **Shën Vasil**. Während der Türkenzeit entstand hier eine Festung Ali Paschas, heute steht auf deren Grundmauern wieder eine Kirche des Schutzheiligen der Schifffahrt Vasilios. Sie befindet sich nur wenige Meter vom Zentrum Richtung Osten.

Man passiert **Nivicë**, ein Ort mit einer 300 Jahre alten Platane im Ortszentrum. Einige Kilometer weiter liegt der ausgeschilderte Abzweig zur **Bucht von Kakomë**. Der Strandabschnitt selbst ist nicht zugänglich, immer noch hindern ungeklärte Besitzverhältnisse die Investoren am Bau eines gigantischen Freizeitressorts (www.kakomebay.com). Die Bucht ist ein hervorragendes Tauchrevier, jedoch nur von Sarandë mit dem Boot zu erreichen. Doch der Abstecher lohnt sich auch aufgrund des idyllisch gelegenen, frisch restaurierten **Klosters Kakomë**, zu Fuß in etwa 20 Minuten über einen Weg rechts vor der Absperrung zu erreichen.

(Top-Tipp) Das wunderschöne Tal des 80 km langen Flusses erstreckt sich von den Ausläufern des Kurvelesh-Gebirges bis nach Vlorë, wo er etliche Kilometer weiter nördlich in die Vjosa mündet.

Die Strecke entlang der Shushica ist die einzige Verbindung abseits der Küste, welche die südliche Riviera mit Vlorë verbindet. Das Tal war in der Geschichte immer wieder Schauplatz heftiger Gefechte, zahlreiche und auffällige Partisanendenkmäler zeugen hiervon. Viele kleine Dörfer säumen den Weg und die Berghänge. Durch deren Abgeschiedenheit steht es immer noch sehr schlecht mit der ärztlichen Versorgung, nur einmal pro Woche befährt ein Arzt obligatorisch die Strecke, Schulen gibt es in der Region kaum.

Durch das fruchtbare Land stellte die Landwirtschaft stets die Existenzgrundlage der Menschen hier dar. Es war die Kornkammer des Südens, trotzdem wanderten viele Bewohner ab. Zu kommunistischer Zeit wurden eine Vielzahl von Getreidespeicher angelegt, man erkennt sie an den schwarzen, mit Bitumen gedeckten Dächer. Doch mit der Beschaulichkeit soll es bald vorbei sein. Der stellenweise 9 m breite Ausbau der Strecke hat bereits begonnen.

Sehenswertes entlang der Strecke - Nur wenige Brücken überqueren die Shushica, ansonsten gelangt man meist durch Furten auf die andere Straßenseite. Eine davon liegt bei Drashovicë, 12 km südöstlich von Vlorë (SH76). Ein Monument erinnert an den Einsatz der Partisanenkämpfer Südalbaniens im dreimonatigen Krieg 1920 von Vlorë gegen italienische Invasoren.

Knapp 6 km ab der Brücke zweigt ein Fahrweg nach links oben ab. Das kleine Dorf Mavrovë mit seiner 2.700 Jahre alten Geschichte ist auch als Olympia bekannt, was ein Münzfund mit entsprechender Prägung belegt. Auf dem Hügel sind noch wenige Reste einer Burgmauer zu sehen, weit mehr interessant sind die Steinhäuser mit ihren Gravuren und Verzierungen.

Südlich des Dorfes Kotë führt die SH76 zum Archäologiepark Amantia, einer illyrischen Gründung und wie so oft mit einer fantastischen Aussicht. Die eher unscheinbare Stätte hat bislang nur wenige, freigelegte Bauwerke - i *200 Lek*. (**Achtung:** nach wenigen Kilometern ab Amantia geht die SH76 bis kurz vor Tepelena in eine heikle Piste - in wunderschöner Landschaft - über).

Bleibt man am Fluss, führt vor Gjorm nach links ein Weg an den Fuß des 1.970 m hohen Mali i Tartarit, ein kaum besuchtes Gebiet mit viel Entdeckungspotenzial. Es existiert eine Vielzahl an Höhlen und Wanderwege auf den Berg.

Im Dorf Brataj zweig ein Fußweg nach unten zum Fluss zu einer imposanten Steinbogenbrücke ab. Südlich des Dorfes bleibt man entweder am Fluss oder nimmt den Rundkurs über Terbac, eine kleine Ansiedlung mit schöner Aussicht ins Tal.

Wer mehrere Tage im Shushica-Tal verweilen möchte, kann in einem der Gästehäuser des hübschen Dorfes Vranisht übernachten, direkt am Fuße des Mali i Çikes, dem höchsten Gipfel (2.044 m) des Llogara-Nationalparks.

Kurz vor Kuç zweigt an einer Brücke ein ausgeschilderter Weg an die Küste (Pilur, Himarë) ab, es ist jedoch eine der anspruchsvollsten Pisten des Südens. Bei Kuç lohnt sich eine Einkehr in der Taverna Balili, hier bekommt man fangfrische Saiblinge. Im weiteren Verlauf gelangt man in das obere Kuç und vom Pass entweder über Fterrë oder Corraj nach Borsh mit seinem weiten Strand (beides sind Strecken für 4x4).

die türkise Shushica bei Kuç

der Mali i Çikes in voller Pracht

Der landschaftlich und kulturell vielfältig strukturierte Süden des Landes ist mitunter auffällig griechisch geprägt. Er bietet neben äußerst sehenswerten Städten, zahlreichen antiken Ausgrabungsstätten eine prächtige Landschaft mit weiten Ebenen und hohen, schroffen Gebirgszügen. Und natürlich eine lebensfrohe und überaus gastfreundliche Bevölkerung.

- Tepelena
- Këlcyrë
- Gjirokastër
- Labova e Kryrit
- Libohovë
- Syri i Kaltër - Blue Eye
- Finiq
- Mesopotam
- Delvina
- Sarandë
- Ksamil
- Butrint

Im Gegensatz zur rauen Hochgebirgslandschaft im Norden wirken die Gebirgsmassive Südalbaniens weicher, grüner und bezwingbarer, dennoch stehen sie der Schönheit der Albanischen Alpen in nichts nach. Das Land wirkt weniger zerklüftet, die Ebenen sind weiter, die ursprünglichen Bergdörfer zahlreicher und in der Regel gut erreichbar. Das gesamte Gebiet war bereits sehr früh besiedelt, so gibt es sehr viele geschichtsträchtige und überaus interessante antike Siedlungen. Durch die Mischung aus Albanern und der griechischen Minderheit ist der Süden geprägt von einer ganz besonderen Lebensart und Kultur. Unzählige Gegenden laden zum Wandern und Erforschen ein. Und was in nordalbanischen Alpentälern vor wenigen Jahren erfolgreich umgesetzt wurde, soll nun auch hier realisiert werden. Ein nachhaltiger Outdoor-Tourismus mit einer Förderung der Bewohner in den Bergdörfern. Man sollte sich Zeit nehmen für ein ganz anderes, mit zahlreichen Höhepunkten bestücktes Albanien.

die türkise Vjosa vor Tepelena

die abenteuerliche Brücke

hier geht es nach Progonat

Tepelena (Karte 1:150.000 von freytag & berndt: Q 8)

Die unscheinbare Kleinstadt (4.500 EW) liegt etwa 32 km nördlich von Gjirokastër am Zusammenfluss des Drinos in die Vjosa. Der Blick von der Stadt bietet eine schöne Aussicht auf das weite Bett der Vjosa und im Hintergrund auf die 1.900 m hohen Berge der Mali i Trebeshinë. Tepelena ist ein wichtiger Verkehrsknotenpunkt im Süden, von hier sind die nächsten Großstädte (außer Berat, die SH74 ist nicht asphaltiert!) über neu ausgebaute, bzw. geteerte Straßen gut zu erreichen. Über den Fluss führt eine imposante Fußgängerbrücke in das Dorf Beçisht, dem Geburtsort des osmanischen Gewaltherrschers Tepedelenli Ali Pascha. Das Gebiet um die Stadt war schon in der Antike besiedelt, sie selbst entstand aber erst während der osmanischen Besetzung im 16. Jhd. Von der ehemals 4,5 ha großen Burganlage aus dem 18. Jahrhundert sind nur noch wenige, restaurierte Teile erhalten. Einer der erhaltenen Bastionstürme liegt direkt im Stadtzentrum und trägt eine Plakette des englischen Dichters Lord Byron, welcher eine freundschaftliche Beziehung zum Tyrannen Ali Pascha pflegte. Am Eingang der Stadt erinnert ein großes Denkmal in typischer Position an den Herrscher. 1920 wurde Tepelena von einem schweren Erdbeben zum größten Teil zerstört, erst ab 1980 erfolgten wieder umfassende Aufbauarbeiten in der Stadt.

Sehenswertes in der Umgebung

In Uji i Ftothë, etwa 7 Kilometer Richtung Gjirokastër, befinden sich die Großquellen von Tepelena, nahe der gleichnamigen Mineralwasserfabrik. Rund um die hier angesiedelten Bars und Restaurants sprudeln zahlreiche Quellen aus dem Berg und fließen in den Drinos, es ist allerbestes Trinkwasser. Man bekommt frischen Fisch, zubereitet im Restaurant oder noch lebend an der Straße zu kaufen. Des Weiteren gibt es Honig, bestes Olivenöl, Kräuter und Souvenirs.

Am nördlichen Stadtrand von Tepelena führt eine Straße (im Sanierungszustand) am Fluss Benca entlang in südwestliche Richtung in das Herz des Kurvelesh-Gebirges nach Progonat. In der Schlucht passiert man das Gefängnis und ein stattliches Aquädukt aus dem 18. Jhd. Im Anschluss windet sich die kurvenreiche Strecke über 15 km durch eine phantastische Landschaft auf das Hochplateau. Dort oben findet man, bedingt durch die mögliche Wanderung auf den 2.121 m hohen Maja e Këndrevicës, bereits eine gewisse Infrastruktur vor, es gibt einfache Gästehäuser und Tavernen. Geländegängige können den Weg ab Gusmar in das Tal der Shushica bis Kuç wählen oder über Picar in die Dropull-Ebene zurückkehren.

der Schluchtdurchbruch bei Këlcyrë

Restaurant über den Wasserfällen

Schlucht von Këlcyrë
(Karte 1:150.000 von freytag & berndt: Q 8/9)

5 km südlich von Tepelena zweigt die SH75 über eine einspurige Brücke Richtung Osten ab. Nach einigen Kilometern passiert man die Eisenbrücke von Dragot - eine Konstruktion aus dem Zweiten Weltkrieg. Nur jeweils ein Fahrzeug sollte die Brücke überqueren, so steht es zumindest auf dem Hinweisschild, vermutlich aufgrund der Schwingungen. Danach führt die Straße 12 km durch eine mal enge, mal weite Schlucht, begleitet vom Verlauf der sehr oft türkisfarbenen Vjosa und den Bergen Shëndeli, Mali i Trebeshina und Mali Dhëmbeli. Kurz vor der Abfüllanlage der großen Mineralwasserfabrik Trebeshina entstand vor wenigen Jahren das neue Orthodoxe Kloster der Këlcyrë-Schlucht. Etwas weiter besteht an zwei Ausflugsrestaurants, direkt über mehreren Kaskaden in die Vjosa die Möglichkeit der Einkehr. Dahinter führen Wanderwege am Berg entlang. Kurz vor dem Schluchtdurchbruch bei Këlcyrë kann man hoch oben am Hang die Reste einer türkischen Festung erkennen, die ursprüngliche Befestigungsanlage stammte jedoch aus dem 13. Jhd. Die uninteressante Kleinstadt selbst bietet lediglich passable Versorgungsmöglichkeiten, im Zentrum zweigt nach Norden die SH74 nach Berat ab, die jedoch nur bis Ballaban auf ca. 8 km asphaltiert ist und dann in eine sehr anspruchsvolle Offroad-Piste mit teils steil abfallenden Flanken übergeht.

Ismail Kadaré

Albaniens bekanntester und das Land charakerisierendster Schriftsteller hat bislang über 30 Werke veröffentlicht, in 30 Sprachen übersetzt. 1936 in Gjirokastër geboren, unter bescheidenen Verhältnissen aufwachsend, finanzierte ihm sein Großvater später in Tirana und Moskau ein Sprachen- und Literaturstudium. Viele seiner Werke handeln von den Erlebnissen und Ereignissen in seiner Kindheit und Jugend, während und nach dem Zweiten Weltkrieg. Durch das kommunistische Regime waren viele seiner Schriften der Zensur unterworfen. Als Verteidiger der Demokratisierung musste er ins Exil und fand 1990 politisches Asyl in Frankreich. 1999 kehrte er nach Albanien zurück. Er gelangte erneut unter Kritik, als er die Meinung vertrat, den Albanern sei der Islam während der osmanischen Besetzung aufgedrängt worden. Grundsätzlich aber begrüßte er das Religionsverbot unter dem kommunistischen Regime – seiner Meinung nach diente es der Wiederfindung des Einzelnen in seinem Glauben. Sein berühmtestes Werk ist "Der General der toten Armee" (1963), verfilmt mit Michel Piccoli und Marcello Mastroiani. Sein Persönlichstes „Chronik in Stein" - eine fast autobiografische Schilderung über die schwierigen Verhältnisse im Zweiten Weltkrieg in seiner Geburtsstadt Gjirokastër. 2005 wurde er mit dem Man Booker Prize ausgezeichnet.

die Burg thront märchenhaft verschlafen hoch über der Stadt vor den hohen Bergspitzen der Mali i Gjerë

Gjirokastër (Karte 1:150.000 von freytag & berndt: R 8) (Highlight)

Ein Besuch dieser landschaftlich privilegiert zwischen den hohen Berghängen der Mali i Gjerë und Mali i Lunxherisë gelegenen Stadt (20.000 EW) stellt kulturell gesehen einen unumstrittenen Höhepunkt jeder Albanienreise dar. Einerseits ist Gjirokastër berühmt geworden durch die einzigartige Architektur, welche ihr 2005 einen Platz auf der Liste der UNESCO-Weltkulturerbestätten einbrachte, zum anderen erlangte sie historische Bedeutung durch zwei Persönlichkeiten: Ismail Kadaré, Albaniens Vorzeigeschriftsteller wurde hier geboren und verlieh der Stadt mit seinem Roman "Chronik in Stein" den Beinamen "Stadt der tausend Stufen". Albaniens Diktator Enver Hoxha stammte ebenfalls von hier, er erklärte Gjirokastër 1961 zur Museumsstadt. Das Bild Gjirokastras ist geprägt durch die mystisch wirkende Burg auf dem 480 m hohen Hügel (üdM.) und seine festungsartigen Wehrhäuser mit den steinernen Untergeschossen und den holzverbauten Obergeschossen. Die grauen Schieferdächer waren ausschlaggebend für ihren zweiten Beinamen „Stadt der Steine". Die engen Gassen bestehen aus dunkelgrauem Kopfsteinpflaster, was dem Ort zusätzlich einen faszinierend düsteren, mystischen Flair verleiht. Ein Zitat aus Ismail Kadarés „Chronik aus Stein: *„Es war dies wirklich eine sehr seltsame Stadt. Man konnte auf einer Straße gehen und, wenn man wollte, den Arm ein wenig ausstrecken, um seine Mütze über die Spitze eines Minaretts zu stülpen. Vieles war schwer zu glauben, und vieles war wie im Traum."*

Bereits in der Antike verliefen in der Nähe der Stadt wichtige Handelswege. Die Zeichen einer illyrischen Besiedelung des Hügels gehen auf das 3. Jhd. vor Chr. zurück. Reste der heutigen Grundmauern der Burg stammen aus dem 6. Jhd. Erste Aufzeichnungen über die Stadt Argrykastron - Silberstadt, stammen aus byzantinischer Zeit, damals wurde sie erweitert und erstreckte sich bald rund um den Festungshügel. 1417 eroberten die Osmanen Gjirokastër, wobei jedoch der damals vorherrschende Familienclan der Zenebeshi die Oberherrschaft behielt, ihr Preis war der Übertritt zum Islam. Die Mehrheit der Einwohner jedoch blieb Christen. Die Stadt entwickelte sich zu einem blühenden Handels- und Handwerkszentrum. Ab 1811 erreichte die Altstadt unter Tepedelenli Ali Pascha ihren heutigen Umfang, die meisten Gebäude stammen aus dieser Zeit. Gjirokastër konnte sich bereits 1880 von den Türken lösen, war aber dafür bis 1925 stark zwischen Albanern und den Nordgriechen umkämpft. Während des Zweiten Weltkrieges wurde die Stadt in Folge von allen Besatzungsmächten eingenommen, zuletzt von den Deutschen. Zu kommunistischer Zeit entwickelte sich ein industrielles Zentrum mit Bekleidung und Kunsthandwerk. Nach dem Zusammenbruch verfielen die Industriebetriebe und die Bevölkerung wanderte ins nahe gelegene Griechenland ab. Eine erneute Emigrationswelle erfolgte 1997, zur Zeit heftiger politischer Unruhen. Heute erfährt die Stadt wieder einen enormen Zuwachs durch den derzeit aufstrebenden Tourismus und die Ansiedlung ausländischer Firmen.

Sehenswertes in der Stadt

Ein gepflasterter Zufahrtsweg führt bis vor den Eingang der beeindruckenden **Festungsanlage** auf dem die Stadt überragenden Hügel. Hinter dem Eingang beginnt man den Rundgang am besten rechts. Dort befinden sich unter freiem Himmel eine **Bektashi-Gedenkstätte** sowie weiter hinten die unterirdischen Kellerräume und Stallungen. Das äußerste Ende liegt immer noch unter Schutt und Steinen begraben. Links durchschreitet man die **große Galerie**, in deren Nischen sich beeindruckende Kanonengeschütze aus dem Zweiten Weltkrieg verbergen. Des Weiteren ist hier das **Waffenmuseum** untergebracht (200 Lek extra). Dahinter erstreckt sich ein großes Freigelände. Eine kleine Attraktion ist ein altes amerikanisches **Düsenflugzeug**, eine Lockheed T33 aus den 1950er Jahren, welches angeblich als Spionageflugzeug enttarnt und zur Landung gezwungen worden war. Die große Freiluftbühne dient zahlreichen Kulturveranstaltungen, vom **Uhr- und Pulverturm** an der nordöstlichen Spitze ist der Blick über die Altstadt, die gegenüberliegenden Mali i Lunxhërisë und das Drinos-Tal sehr beeindruckend.

ℹ *200 Lek, 9.00-17.00, Apr.-Sept. bis 19.00 h*

Der Bereich unterhalb der Festung gehört zum **alten Bazar**. Inzwischen sind fast alle Häuser restauriert und keines steht mehr leer. Es ist schon fast eine tagesfüllende Aufgabe in all den kleinen Läden zu stöbern, manchmal kann man wahre Schätze entdecken, auch echte Antiquitäten. Inzwischen werden auch die lokalen Künstler gefördert, deren Werke hier zum Verkauf angeboten werden. Dazu gehören Schnitzereien, Metallkunstgegenstände, Textilien und Gemälde. Natürlich gibt es auch viel Krims-Krams zu kaufen.

Gjirokaster Juni 2011 - Geisterstadt

Sehr sehenswert sind die alten, restaurierten Wehrhäuser, wie z.B das **Zekate-Haus, Angonate-Haus oder Skënduli-Haus**. Diese sind alle mittels brauner Touristenschilder gut ausgewiesen. Besonders sehenswert, innen wie außen, ist das 4-stöckige Zekate-Haus oberhalb der Stadt, in der typischen Holz-Steinbauweise errichtet. Mit einem geräumigen Innenhof und reich verzierten Wohnräumen zeugt das besterhaltenste osmanische Gebäude der Stadt vom Reichtum der Familie. Im Erdgeschoss befand sich links ein Vorratsraum, rechts die Zisterne. Man integrierte sie in das Haus, um das Wasser vor Vergiftungen zu schützen. Das erste Obergeschoss diente als Empfangsraum und hier waren auch die Wirtschaftsräume der Frauen untergebracht. Im zweiten Stockwerk lagen die Haupträume und Aufenthaltszimmer für den Winter. Die dritte Etage mit den prunkvoll verzierten Zimmern war hauptsächlich den Männern und frisch vermählten Paaren vorbehalten. Hier hielt man sich im Sommer vorwiegend auf, vom Balkon bietet sich eine fantastische Aussicht auf die Stadt und die Burg (200 Lek). Innen noch einen Tick prachtvoller ist das Haus der Familie Skënduli, hier werden auch Führungen angeboten.

2017 - renoviert und wiederbelebt

Im restaurierten Geburtshaus von Enver Hoxha ist das **Ethnografische Museum** untergebracht. Es beherbergt viele Gegenstände und Trachtenkostüme einer typisch wohlhabenden Familie aus dem 19. Jhd. - ℹ *200 Lek, Mo+Di geschlossen*.

Zekate-Haus hoch über der Stadt

innen sehr prunkvoll ausgestattet

Im ebenfalls renovierten **Kadaré-Haus** befindet sich eine Literaturausstellung. Alle Häuser der Altstadt tragen dem Titel Museumsstadt Rechnung.

Ein markanter **Obelisk** auf einem Hügel inmitten der Stadt ist eine Hommage an die albanische Bildung des 20. Jhd. Das „Mutterland ABC" wurde nahe der Stelle platziert, wo im Jahr 1908 in Gjirokastër die erste Schule eröffnete. Vom Plateau bietet sich eine schöne Aussicht auf alle Stadtteile.

Hinter dem Hotel Cajupi am Sheshi Çerçiz Topulli hat man einen **Luftschutzbunker** aus der Kommunismusära der Öffentlichkeit zugänglich gemacht. Er wurde damals direkt unter der Burg in den Hügel eingearbeitet. Die Gänge und Räume der Anlage sind jedoch leer und längst nicht so sehenswert wie jene in Tirana - ℹ *200 Lek, mit Führer ab der Touristeninfo*.

Für die Besichtigung der Altstadt sollte man sich mindestens zwei Stunden Zeit nehmen, um all die Denkmäler und Tafeln, die Moschee, den Brunnen und die Wehrhäuser zu erkunden und das einzigartige Gesamtbild in sich aufzunehmen. Sämtliche Sehenswürdigkeiten sind gut ausgeschildert.

Enver Hoxha war eine herausragende und charismatische politische Persönlichkeit Albaniens, ein verehrter und zugleich verhasster "Diktator", im Ausland oft als Tyrann verurteilt. Er gehört wohl zu den wichtigsten politischen Figuren der Geschichte des Landes und war einer der unabhängigsten Politiker des Kommunismus weltweit. Hoxha wurde 1908 in Gjirokastër geboren, seine muslimischen Eltern galten als wohlhabend. Nach dem Abschluss einer französischen Hochschule absolvierte er in Frankreich ein Studium der Naturwissenschaften, in Belgien befasste er sich eingehend mit Jura. Zurück in Albanien, gründete Hoxha mit jugoslawischer Hilfe die „Kommunistische Partei Albanien", deren Vorsitzender er nach dem Zweiten Weltkrieg wurde. Aus ihr ging die Sozialistische Volksrepublik Albanien hervor. Spannungen mit Tito veranlassten Enver Hoxha sich ab 1948 an die Sowjetunion anzulehnen. Nach dem Bruch 1961 mit Stalin kooperierte er mit der Volksrepublik China. 1968 trat Albanien aus dem Warschauer Pakt aus. Mit chinesischem Know-How und finanzieller Unterstützung entstanden eine Vielzahl von industriellen Einrichtungen. Nach Mao Zedongs Tod 1976 konnte er sich mit den politischen Ansichten eines Neuen Chinas nicht mehr identifizieren und brach auch hier sämtliche diplomatischen Beziehungen ab. Es folgten Jahre der absoluten Isolation. Bereits in den 1960er Jahren wurden sämtliche religiösen Traditionen unterbunden und das Land zum ersten atheistischen Staat der Welt erklärt. Zahlreiche Gotteshäuser sind damals zerstört oder umfunktioniert worden. Ebenso untersagt war der Besitz eines privaten Autos. Mit seinem Alter nahm auch Hoxhas Paranoia zu, er fühlte sein Land zunehmend von der Übernahme durch Großmächte bedroht. Im Laufe der Jahre ließ er angeblich bis zu 700.000 Bunker planen bzw. errichten, deren Stahl- und Betonimporte die Wirtschaft mehr als stark belasteten. Enver Hoxha starb im April 1985 an Herzversagen. Die Albaner empfanden dies als großen Verlust, er war trotz seiner Strategien eine unter den Albanern äußerst beliebte Persönlichkeit, er gab dem Volk das Gefühl des Schutzes und der Sicherheit. Noch lange nach seinem Tod hielt der Kult um seine Person an, es wurden Statuen errichtet, Örtlichkeiten und Einrichtungen nach im ernannt. Seine Arbeit wurde noch bis 11. November 1990 unter seinem Nachfolger Ramiz Alia fortgesetzt.

Gute **Infos** unter www.gjirokastra.org.

Eine **Touristeninformation** befindet sich am Sheshi Çerçiz Topulli, dort können auch Guides und Ausflüge in die Umgebung gebucht werden. Es werden Unterkünfte vermittelt.

Parken und Verkehr (auch für Wohnmobile o.ä.): Am Sheshi Çerçiz Topulli vor der Altstadt, PKW können auch direkt vor der Burg parken, jedoch erfordert das Fahren auf dem glatten, steilen Kopfsteinpflaster gute Nerven. Die blauen Stadtbusse sind kostenlos. Die Überlandbusse fahren vom nördlichen Stadtrand ab der SH4/Ecke Bulevardi 18 Shtatori (Neustadt).

Einkaufen: Souvenirs, Kunstgegenstände und Antiquitäten bekommt man reichlich in der Altstadt. In der Neustadt und an der SH4 gibt es größere Supermärkte, Banken und Geldwechsler.

Tipp für Camper: Camping Gjirokastër, 2 km nordöstlich der Neustadt in Topullaraj mit einem der besten Restaurants der Stadt (traditionelle Küche); (40°06'04"N 20°09'02"E); (www.campinggjirokaster.com);

Übernachten: Gjirokastër lohnt sich aufgrund des interessanten Umfeldes durchaus für einen längeren Aufenthalt. Es gibt inzwischen besonders viele Unterkünfte aller Art in traditionellen Häusern zu vernünftigen Preisen. Sie befinden sich alle im Altstadtbereich. Die herkömmlichen Häuser liegen nördlich oder südlich der Stadt.

Kerculla Resort - luxuriöses Ambiente hoch oben über der Stadt mit fantastischer Aussicht, geschmackvoll eingerichtete Zimmer mit Privatbalkon, kleiner Pool, Restaurant mit albanischer und europäischer Küche, bester Service. DZ ab € 65,-- inkl. Frühstück. Rruga Bashkim Kokona, Tel. +355694410222, www.facebook.com/kercullaresort

Old Bazaar 1790 - eines der stilvollsten Unterkünfte in einem Original-Wehrhaus aus dem 18. Jhd., schlichte aber gemütliche Zimmer, toller Aussichtsbalkon, Bar, super Service, Stadtführungen. DZ ab € 35,-- inkl. üppigem Frühstück. Rruga AstritKaragjozi, Tel. +35584266661, www.oldbazaar.al, info@oldbazaar.al

Hotel Kalemi - traditionelles, geschmackvolles Haus in zentraler Lage, schon fast ein Museum für sich, sehr ansprechende Zimmer, teils mit tollem Ausblick. DZ ab € 30,-- inkl. Frühstück. Rruga Bashkim Kokona, Tel. +35584263724 , www.kalemihotels.com, info@kalemihotels.com

Karafil Guesthouse - schnuckelige, familiäre Unterkunft mit vielen liebevollen Details, ruhig in einer Seitenstraße gelegen, sehr freundliche Betreiber. DZ mit Gemeinschaftsbad ab € 18,-- inkl. Frühstück. Rruga Pertef Kokona, über viele Buchungsportale

Essen und Trinken: Grundsätzlich ist ein Besuch der Tavernen und Cafés rund um den Alten Bazar sehr zu empfehlen um das rege Treiben zu beobachten, hier bekommt man in der Regel auch traditionelles Essen. Sehr beliebt ist auch das Restaurant des oben erwähnten Kerculla Resorts und viele Einheimische treffen sich zum Essen am Camping Gjirokastër.

Kujtimi - authentisch albanisches Essen in angenehmer, familiärer Atmosphäre, umfangreiche Speisekarte und bester Service zu günstigen Preisen. Rr. Zejtareve (Bazarviertel), Tel. +35584265945, Mo-So 9.00-23.00 h

Gjoça - gemütliche Taverne mit vielerlei albanischen Leckereien, freundlich, familiär, günstig. Rr. Gjin Zenebishi, Tel. +355693243544, Mo-So 10.00-22.00 h

Rrapi - beliebtes, zentral gelegenes Traditionslokal mit kleiner aber ausgewählter Speisekarte, guter Service, vernünftige Preise, angenehme Atmosphäre unter einer alten Platane. Rr. Alqi Kondi, Tel. +355695312693

Liqeni i Viroit - ca. 3 km nördlich von Gjirokastër liegt links der Straße SH4 um einen See ein einladender Freizeitpark mit Rad- und Spazierwegen sowie einem Hotel (Komplexi Freskia e Viroit, ab € 28,--) und zwei Restaurants (Oksigen Park O² und Viroi)

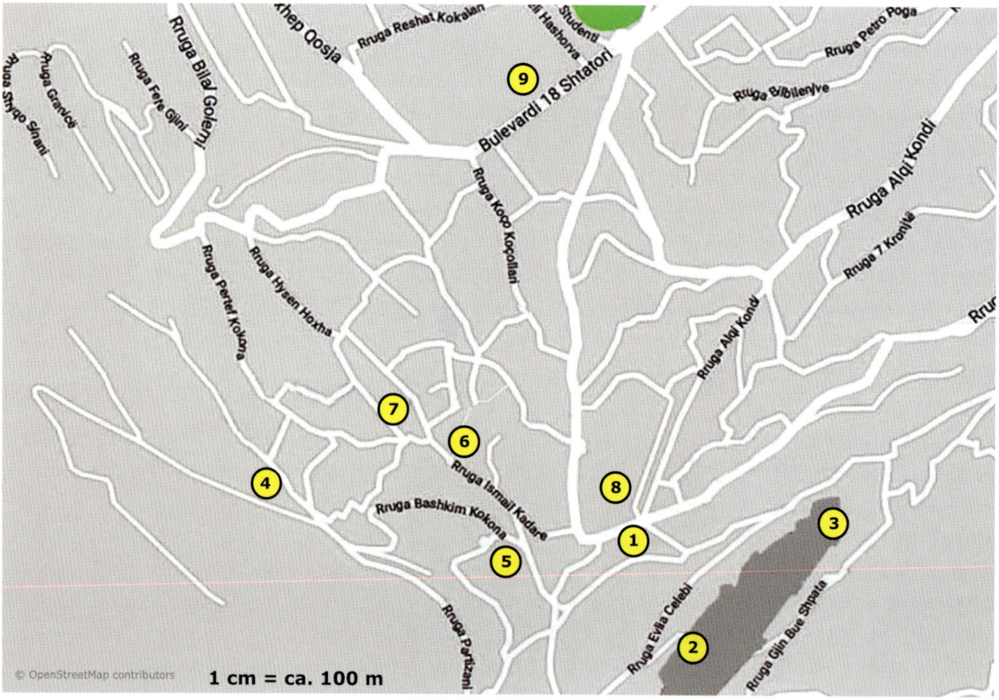

1 Altstadtzentrum
2 Eingang zur Burg
3 Burg Aussichtspunkt
4 Zekate-Haus
5 Angonate-Haus
6 Skënduli-Haus
7 Ethnografisches Museum
8 Obelisk
9 Neustadt-Boulevard

die alte Brücke über den Drinos

die Überreste von Antigonea

Sehenswertes in der Umgebung

Etwa 3 km südlich von Gjirokastër liegt ostseitig der Straße hinter einem weidenbestandenem Autowaschplatz und einer Bar die stattliche Steinbogenbrücke **Ura e Kardhocës** aus dem 18. Jhd. über den Drinos.

Antigonea (Karte 1:150.000 von freytag & berndt: R 9)
Auf einem landschaftlich exponierten Hügel östlich der Gjirokastër-Ebene befindet sich der Archäologiepark "Antigonea". Die Gründung der antiken Stadt, durch den epirotischen König Pyrrhos, geht auf das Jahr 296 v. Chr. zurück. Antigone war der Name seiner Geliebten. Wie auch das alte Finiq lag die Stadt an einer wichtigen Handelsstraße und wurde so zu einem bedeutendem Zentrum der Antike. Die Siedlung hatte nur eine kurze Hochphase, sämtliche Einwohner wurden nach der Zerstörung 168 n. Chr. versklavt und ein Wiederaufbau fand nie statt. Dennoch konnte sich in dieser kurzen Zeit eine beeindruckende Stadt entwickeln. Zu den bereits ausgegrabenen Sehenswürdigkeiten zählen die Basilika mit einem schönen Mosaik, die große Stoa, die byzantinische Kirche, Reste der Wohn- und Arbeitshäuser, Gebäude mit Peristyl (ein von Säulen

umgebener Innenhof), Brunnen und das Nymphaeum. Die Anlage ist auf Wegen gut zu erforschen, die Ruinen sind mit Schautafeln (englisch) beschriftet. **Anfahrt:** Die 16 km lange, geteerte Strecke ist in Gjirokastër gegenüber der Hauptstraße in der Neustadt ausgeschildert, nach 400 m auf der anderen Seite des Drinos rechts abbiegen.

200 Lek, Mo-Fr 8.00-16.00 h, Sa+So 9.00-15.00 h

Kurz vor der Ausgrabungsstätte passiert man das Dorf **Saraqinishte**. Mit seinen alten Steinhäusern und orthodoxen Kirchen zählt es zu den schönsten Ortschaften der Region.

Labova e Kryrit frisch renoviert

Labova e Kryrit (Top-Tipp) (freytag & berndt: R 9)

Die in den Bergen östlich von Gjirokastër gelegene Kirche von Labova gilt als eine der schönsten und auch bedeutendsten byzantinischen Kirchen in Albanien. Die ursprünglichen Grundmauern stammen vermutlich aus dem 6. Jhd., die aufgesetzten, neueren Bauten entstanden zwischen dem 10. und 13. Jhd. In der Tat ist der Bau mit seinen Reliefs, Ziegelanordnungen, Säulen und Verzierungen äußerst sehenswert. Im prachtvollen Inneren schmücken filigrane, goldverzierte Schnitzereien, beeindruckende Hängeleuchter und imposante Statuen das Kirchenjuwel. 2017 wurde das gesamte Anwesen restauriert und das für Jahrhunderte mit Schieferplatten gedeckte obere Dach in seinen leuchtend roten Urzustand zurückversetzt.

die wunderschöne Ikonostase

200 Lek, Schlüsseldienst im Haus rechts vom Eingang

Anfahrt: 12 km südlich von Gjirokastër der Ausschilderung folgen, nach nicht ganz 4 km links und nach weiteren 5 km rechts abbiegen. Der 15 km lange Weg ab der SH4 wurde kürzlich saniert, wird aber im Dorf sehr steil.

Ebenso lohnt sich ein kurzer Abstecher in das am Weg liegende **Libohovë** mit seiner gigantischen Platane.

das "vergessene" Hadrianopolis

Spiegelbildlich zum Abzweig nach Libohovë führt bei Sofratikë ein Weg zum kleinen Ausgrabungsareal der **antiken griechisch-römischen Stadt Hadrianopolis**, von der noch Ruinen des Theaters, des Aquädukts und einiger Kirchen zu sehen sind. Sie war im 5. Jhd. sogar Bischofssitz, wurde dann aber unter der Herrschaft Kaiser Justinians im 6. Jhd. in höhere Lagen verlegt.

Südlich von Gjirokastër bis zum Grenzübergang Kakavia nach Griechenland erstreckt sich am Fluss Drinos die **Dropull-Ebene**. Dazu zählen 31 teils unglaublich hübsche Dörfer mit alten Steinhäusern, Kirchen und Kleinfestungen, die allesamt von der griechischen Minderheit bewohnt werden, daher auch die zweisprachige Ausschilderung.

4x4-Tipp: Eine mit landschaftlich umwerfenden Eindrücken gespickte Strecke führt über die Cajupi-Hochebene und die Zagoria-Dörfer in die Bergwelt östlich von Gjirokastër. Die Region zählt zu den schönsten des südlichen Albanien und entwickelt sich zunehmend zu einem beliebten Wanderziel, in Shepër existiert ein Guesthouse.

Anfahrt: Ab Gjirokastër über die Panoramastrecke Valarë-Erind bzw. über Libohovë-Suhe.

der Urwald an der Quelle

Liqueni i Bistrices in voller Pracht

Stadteingang vom Bunker bewacht

das Theater am Hang

Syri i Kaltër (Karte 1:150.000 von freytag & berndt: S 9)
Als eine regelrechte Landschaftspilgerstätte hat sich das „Blaue Auge" des Südens entwickelt. Es handelt sich hierbei um eine unumstritten idyllisch gelegene Karstquelle inmitten eines urwaldähnlichen Mischwaldes. Das glasklare, türkisblaue Wasser der Quelle sprudelt mit konstant 12 Grad aus der Tiefe, der Bach mündet in den romantischen, mit Seerosen bewachsenen Liqueni i Bistrices. Dieser Stausee speist zwei kleine Wasserkraftwerke. Die mit 6m³/s wasserreichste Quelle des Landes ist von oben über eine Aussichtsplattform zu beobachten. Bislang ist sie bis 50 Meter Tiefe erforscht und zählt zu einem ausgedehnten Fluss-System der Mali i Gjerë mit 18 Quellen. Zum Ausflugsziel gehören zwei Restaurants und kleine Chalets zum Übernachten. Eine Besonderheit sind die kleinen blauen Libellen. Syri i Kaltër ist an der SH99 von Sarandë nach Gjirokastër ausgeschildert. Vor der Brücke wird eine fahrzeugabhängige Gebühr fällig, dahinter ist die Strecke auf ca. 1 km zwar gut ausgebaut aber nicht asphaltiert.

Finiq/Phoinike: (Karte 1:150.000 freytag & berndt: S 8)
Nordöstlich von Sarandë liegen oberhalb des Dorfes Finiq auf auf einem freistehenden, 270 m hohen Hügel die Überreste der antiken Stadt Phoinike. Diese Siedlung wurde bereits im 6./5. Jhd. v. Chr. von den Chaoniern gegründet, einem der großen griechischen Stämme des Epirus. Später wurde sie von den Illyrern übernommen und nach etlichen Kriegen dem Römischen Reich eingegliedert. Zwei wichtige Handelsstraßen passierten den Hügel, was Phoinike zu einer reichen und wichtigen Stadt machte. Der Hafen des heutigen Sarandë wurde rege genutzt und es entstand ein Bischofssitz. Nach relativ kurzer Blütezeit jedoch war die Stadt im 6. Jhd. verlassen. Erst seit wenigen Jahren wird hier intensiv geforscht und seit 2013 ist Finiq ein offizieller Archäologiepark (200 Lek Eintritt), mit inzwischen beachtlichen Ausgrabungsstücken. Auf dem langgezogenen Areal wurden bereits etliche Teile des Wohnbereiches, eine Basilika, das Amphitheater am Berghang, die Akropolis und die Bibliothek freigelegt. Die Bauwerke stammen aus der anfänglichen Römerzeit. Für das italienisch-albanische Archäologenteam sind hier Arbeiten für die nächsten 12 Jahre geplant. Am Südende des Hügels befindet sich eine sehr interessante, begehbare, tunnelartige Bunkerkombination (Bild 3 Seite 62). Der Ausflug auf den Hügel lohnt sich auch wegen der herrlichen Aussicht über die Ebene von Vurgut, den Butrintsee und die umliegenden Berge. Ebenfalls sieht man die Klosterkirche Mesopotam von oben.
Anfahrt: Von Sarandë nach Gjirokastër ist Finiq an der SH99 wenige Meter vom Abzweig und Kreisverkehr auf die SH97 nach Konispol ausgeschildert. Im Dorf am Haus mit der auffälligen Aussentreppe auf der linken Seite nach rechts oben abbiegen.

Klosterkirche Mesopotam
(Karte 1:150.000 von freytag & berndt: S 8)

Zwischen den beiden Flüssen Bishtrica und Kalasa befindet sich auf einem einsamen Hügel die eigenwillige Klosterkirche Shën Kollë. Oft wird sie als die ungewöhnlichste Kirche der gesamtbyzantinischen Architektur bezeichnet, die keinem gewohnten Bautyp zugewiesen werden kann. Sie entstand vermutlich im 13. Jhd. aber mit Sicherheit auf den Grundmauern eines älteren Gebäudes, für welches man Steine aus dem aufgegebenen Phoinike verwendete. Das Bauwerk weist zahlreiche interessante Details auf, wie Tierreliefs, eine ausgefallene Positionierung der Ziegel und das unregelmäßige Schächtelmauerwerk. Das Innere der Kirche verfügt über uralte Fresken. Bei Erdbeben im 18. und 19. Jhd. wurde das Kloster stark beschädigt und aktuell kämpft man mit der Erhaltung der Kirche. Eine umfassende Renovierung wurde 2018 in Angriff genommen, seit Jahren wird sie durch starke Stahlseile gehalten. Auf dem Gelände ebenfalls erhalten sind einige Mauer- und Bodenreste sowie ein freistehender Glockenturm. Hin und wieder finden Forschungs- und Ausgrabungstätigkeiten statt.

Anfahrt: Entlang der SH99, etwa 10 Kilometer östlich von Sarandë an der Brücke im Ort Mesopotam rechts abbiegen, das Tor ist nicht verschlossen, die Zufahrt bis zur Mauer möglich (bei Anwesenheit des Wärters 100 Lek).

woher kommt dieser Stein?

die Malerei hinter der Ikonostase

Delvina & Gjin-Aleksi-Moschee in Rusan
(Karte 1:150.000 von freytag & berndt: S 8)

Alternativ zur gut ausgebauten SH99 über den Muzinë-Pass existiert eine nördlichere Strecke via Delvina. Die SH78 ist zwar asphaltiert aber in einem sanierungswürdigen Zustand. Die Kleinstadt (7.500 EW) wird zwar von Touristen kaum besucht, bildet aber gerade deshalb ein gutes Anschauungsbeispiel, wie südalbanisches soziales Miteinander gelebt wird. Südlich des neuen Zentralplatzes existieren noch einige stattliche Wohnhäuser aus der osmanischen Zeit. Auf einem Hügel über der Stadt erinnern die Ruinen einer byzantinischen Burg an eine Hochphase ab dem frühen Mittelalter.

Nordwestlich der Ortschaft befindet sich im beschaulichen Dorf Rusan ein islamisches Kleinod - die schlichte Gjin-Aleksi-Moschee. Das 2017 restaurierte Kulturdenkmal aus dem 17. Jhd. wurde auf den Fundamenten einer kleinen byzantinischen Kirche aus dem 12. Jhd. errichtet und ist eine der hübschesten Einkuppelmoscheen in Albanien.

Anfahrt: Etwa 800 m südlich vor Delvina links in die Rruga Rusan abbiegen, ab hier ca. 2 km.

das verschlafene Delvina

die Moschee noch nicht renoviert

der kleine Fischerboot-Hafen

Standort des Fotografen ist geheim

ein kleiner Stadtstrand von vielen

die quirlige Strandpromenade

Sarandë (Karte 1:150.000 von freytag & berndt: S 7+8)
Besonders in den letzten Jahren hat sich das ehemals verträumte Fischerdorf zu einem mondänen Küstenort (17.500 EW) entwickelt. Mitunter ausschlaggebend ist die stetig zunehmende Anzahl der Tagestouristen, die die Stadt im Rahmen einer Kreuzfahrt besuchen, unter anderem aus Korfu.

Zu kommunistischer Zeit schon war Sarandë ein beliebter Urlaubsort, jedoch mit wenig Infrastruktur. Erst in den letzten 20 Jahren entwickelte sich dieser aufgrund rasant steigender Besucherzahlen zu einem schmucken Küstenstädtchen mit einem reichen Angebot an Unterkünften aller Art und Vergnügungseinrichtungen. Die Stadt liegt sehr malerisch terrassenförmig am Hang in einer Bucht des Ionischen Meeres an der Straße von Korfu, die an der engsten Stelle gerade mal 3 km breit ist. Bis zu 600 m hohe Berge bestimmen das Hintergrundpanorama. Über die optische Attraktivität der Stadt herrschen unterschiedliche Meinungen. Die Anfahrt erfolgt entweder über die Küstenstraße SH8, über die SH4 im Landesinneren oder, was immer öfter gewählt wird, per Flugzeug und Fähre über die griechische Insel Korfu. Dies ist generell eine gute Möglichkeit, um eine Landeserkundung per Mietwagen vom Süden aus zu starten. Mit dem eigenen PKW/Wohnmobil wäre eine Anreise über den griechischen Fährhafen Igoumenitsa zu empfehlen, bis zum Grenzübergang Qafë Botë nach Albanien sind es ca. 30 km, bis Sarandë ab dort 45 km über die relativ gut ausgebaute Schnellstraße SH97.

In der Antike wurde die kleine Siedlung Onchesmos ursprünglich als Hafen von Finiq, 6 km östlich auf einem Hügel gelegen, genutzt. Unter der römischen Herrschaft war die Stadt frei und unabhängig. In der Spätantike entstand zwar noch eine 900 Meter lange Stadtmauer, dennoch schützte diese den Ort im 6. Jhd. während der Völkerwanderung nicht vor seiner Zerstörung. Fast zeitgleich wurde hoch oben auf einem Hügel ein Pilgerort mit dem Kloster der 40 Heiligen Märtyrer errichtet, wonach sich der Name in Agioi Saranda änderte, wovon nur noch Sarandë übrigblieb. Im Mittelalter hatte die Stadt so gut wie keine Bedeutung und während der osmanischen Ära verfiel sie fast ganz. Im Balkankrieg war Sarandë von griechischen Truppen besetzt, erst ab 1914 gehörte sie zu Albanien. Damals hatte der Ort nur noch etwa 100 Einwohner. In beiden Weltkriegen wurde er dann vorwiegend als italienischer Militärstützpunkt genutzt. In den 1950er Jahren stieg die Bedeutung als Urlaubsort stark und die Einwohnerzahl nimmt seither stetig zu. Heute ist Sarandë neben einer gepflegten Hafenstadt ein sehr beliebtes Feriendomizil.

der Blick von der Burg Lëkurzi, links der Butrintsee, die Halbinsel von Ksamil und Korfu in seiner vollen Größe

Sehenswertes in der Stadt

Kulturell hat Sarandë relativ wenig zu bieten, es ist eher ein Ort um einen abwechslungsreichen Badeurlaub zu verbringen und die Ziele in der Umgebung zu erkunden. Dennoch gibt es einige erwähnenswerte Örtlichkeiten. Die **Fußgängerzone** bzw. **Strandpromenade** ist zweifelsohne die charmanteste in ganz Albanien. Zahlreiche Cafés, Tavernen und kleine Läden säumen die gepflegte Meile. Das abendliche Flanieren ist hier ein besonderes Erlebnis. Mediterrane Pflanzen wie Bananenstauden und Oleanderbüsche, lockern nicht nur den Weg vom Hafen Richtung Süden auf, sondern bestimmen das ganze Stadtbild. Grundsätzlich wirken die Bausünden hier nicht ganz so ausgeprägt wie in vielen anderen albanischen Küstenstädten.

Entlang des Ufer sind noch einige spärliche Überreste der **antiken Hafenanlage** und der **Stadtmauer** zu erkennen. Vom kleinen Sportboothafen führt eine Treppe ins Zentrum. Dort liegt der angenehme **Grünpark der Freundschaft** mit seinem üppigen Palmenbestand und einem Springbrunnen, ein beliebter Treffpunkt bei Jung und Alt. Ihm gegenüber befindet sich ein **kleines Ausgrabungsarea**l mit den Resten einer Basilika und einer Synagoge. Die Symbole in den Bodenmosaiken deuten auf eine frühe jüdische Besiedelung hin. Ein auffälliger Bau ist die neue **Orthodoxe Kathedrale** am östlichen Ende der ufernahen Rruga e Flamurit. In der gleichen Straße gibt es sowohl ein kleines **archäologisches** als auch ein **ethnografisches Museum**. Ein sehenswerter **Kleinmarkt** mit frischem Obst, Gemüse und Fisch findet jeden Vormittag in der Rruga Jonianet nahe des Hafens am Beginn der Fußgängerzone statt.

Etwas außerhalb der Stadt Richtung Gjirokasër (SH99) liegt auf einem Hügel die **Festungsanlage Lëkurzi** **(Top-Tipp)**. Von hier bietet sich ein traumhafter Blick auf Sarandë (s. Bild oben), über das bergige Hinterland, die Straße von Korfu bis hin zur Lagune von Butrint. Heute ist in den renovierten Gemäuern ein Top-Restaurant mit Aussichtsterrasse und Festivalbühne untergebracht. Die geteerte Zufahrt ist gut ausgeschildert.

Auf dem gegenüberliegenden, fast baumlosen Hügel ruhen die sehenswerten Reste des **Klosters der Vierzig Heiligen**. Von der ehemals riesigen Kirche ist nicht mehr viel übrig, jedoch sollen die Gewölbe und eine Krypta faszinierende Malereien enthalten und bald der Öffentlichkeit zugänglich gemacht werden. Bis dahin lohnt sich die Auffahrt wegen der fantastischen Aussicht. Die steile und enge Zufahrt liegt etwa 50 m nördlich gegenüber der Auffahrt nach Lëkurzi, hinter der neuen Moschee im Zickzack nach oben halten.

die wachsen mitten in der Stadt

Eine **Touristeninformation** befindet sich im Pavillon an der südlichen Promenade. Hier bekommt man auch Literatur und Souvenirs.

Parken und Verkehr: Sarandë verfügt über ein Einbahnsystem, die Straßen sind teilweise eng. Parkplätze sind rar und sollten außerhalb des Zentrums gesucht werden, beispielsweise entlang der SH8. Der **Busbahnhof** liegt im Zentrum Ecke Rruga Flamurit/Rruga Lefter Talo.

Baden: Südlich des Hafens bis zum Ende der Promenade erstrecken sich die öffentlichen Abschnitte. Die Buchten im Anschluss bis zum Ende der Rruga Butrinti gehören fast alle zu den dort befindlichen Unterkünften, etliche können aber gegen Gebühr benutzt werden.

Übernachten: Sarandë ist wohl eine der Städte mit dem vielfältigsten Angebot, doch nur für Urlauber geeignet, die sich im Trubel wohl fühlen. Besonders groß ist das Angebot an Ferienwohnungen, auch im gehobenen Bereich. Eine Ausweichmöglichkeit ist das südlichere Ksamil.

Hotel Demi - moderne Unterkunft im südlichen Ortsteil aber doch zentral, mit eleganten Zimmern teilweise mit Balkon und Meerblick, Privatstrand und Restaurant vorhanden. DZ ab € 70,-- inkl. Frühstück. Rr. Butrinti, Lagjia No.1, Tel. +35585224703, www.demi.al, info@demi.al

Vila Kalcuni - neues, ansprechendes Hotel, zentrumsnah, moderne, elegante Zimmer teilweise mit Balkon und Meerblick, schöner Sitzbereich mit Garten, strandnah. DZ ab € 50,-- inkl. Frühstück. Rr. Mitat Hoxha 61/2, Tel. +355085223647, www.vila-kalcuni.com, info@vilakalcuni.com

Piccolino - zentrumsnahes, kleineres Hotel mit teils originell ausgestatteten Zimmern mit Meerblick und Balkon oder Terrasse, kleines Restaurant, unweit vom öffentlichen Strand. DZ ab € 18,-- inkl. Frühstück. Rr. Mitat Hoxha 87, Tel. +355693927660, www.hotel-piccolino.com, info@hotel-piccolino.com

Essen und Trinken: Die Palette reicht von Fast-Food-Buden über wirklich nette Tavernen mit traditioneller Küche und italienisch-griechisch orientierter Karte bis hin zum Top-Restaurant mit gehobener Mittelmeerküche, um auch den Kreuzfahrt-Besuchern gerecht zu werden.

Taverna Tsakas - authentisches und einfaches Lokal aber sehr vielfältig und wirklich vorzügliche traditionelle und südländische Küche, Vorspeisen, Salate, Grillgerichte mit Fleisch und Fisch, Suppen, günstige Preise, Rr. Mustafa Matohiti, Tel. +355693656389, tgl. 8.00-00.00 h;

Limani - sehr empfehlenswertes Restaurant am Sportboothafen, italienische und mediterrane Küche, gute Weine und große Auswahl an Eis, moderate Preise, Tel. +35569407 7471, tgl. 7.30-0.30 h;

1 Beginn der Strandpromenade
2 Touristeninfo
3 Sportboothafen
4 Stadtpark
5 antike Mauerreste
6 antike Basilika
7 Festung Lekurzi
8 Kloster der 40 Hl.
9 Orthodoxe Kirche
10 Fährhafen

diesen Traum-Blick über die Bucht bis zum Llogara-Pass hat man beim Spaziergang auf den südlichen Hügel

Ksamil (Karte 1:150.000 von freytag & berndt: T 7+8)

Auf der Strecke von Sarandë nach Butrint liegt der zumindest im Sommer lebhafte Küstenort Ksamil. Das kleine Städtchen bietet eine Vielzahl von schönen Badestränden, teils durch eine Strandpromenade miteinander verbunden, sehr gute Versorgungsmöglichkeiten und eine Vielzahl an Unterkünften verschiedenster Preisklassen, vom Appartement mit Selbstversorgung bis zum Luxus-Hotel. Die vorgelagerten, bewaldeten Inselchen mit den kleinen Badebuchten bilden ein hübsches Gesamtpanorama. Im Sommer sind sie per Boot zu erreichen. Abgerundet wird das Angebot durch zahlreiche Restaurants mit vorzüglicher Mittelmeerküche.

weiße Sandbuchten, blaues Meer

Tipp: Rilinda am Ende der südlichen Strandpromenade, schöne Terrasse, excellente Gerichte, bester Service (39°46'23.9"N 19°59'53.8"E).

Den besten Rundblick und die schönsten Sonnenuntergänge erlebt man von der Terrasse des Cafés „Jimmy Blue Eyes“ (www.albanien-ksamil-cafe.com) auf einem Hügel am nördlichen Ende von Ksamil. Ein Tunnel führt hier auf die andere Seite des Berges mit Aussicht auf den Butrint-See.

Badetipp: Eine weitere, sehr schöne Badebucht liegt am Anfahrtsweg von Sarandë nach Ksamil: **Plazhi Pasqyrave**, der Strand ist mittels eines großen Plakats ausgeschildert, die letzten Meter nach unten sind nicht asphaltiert.

Tipp für Camper: **Ksamil Caravan Camping, in einer Seitenstraße am nördlichen Ortsrand, bester Standard und Service, ganzjährig; (39°46'41.2"N 20°00'21.5"E).**

www.ksamilcaravancamping.com

der Traum-Strand von Pasqyrave

die Büste der Venus von Butrint

Baptisterium - abgedecktes Mosaik

ganz frische Ausgrabungsobjekte

das Theater - Butrints Highlight

Butrint (Highlight)

(Karte 1:150.000 von freytag & berndt: T 8)

Auf der kleinen Halbinsel Butrint, 20 km südlich von Sarandë, liegt der gleichnamige, in jeglicher Hinsicht eindrucksvolle Archäologiepark. 1992 wurde er zur ersten UNESCO-Weltkulturerbestätte des Landes erklärt. Auch dieser Ort geht auf eine illyrisch/griechische Besiedelung im 7/6. Jhd. v. Chr zurück und war ursprünglich einer der Hauptorte der Chaonier, einem der großen Stämme des Epirus. Noch heute sind stattliche Überreste der typischen Quadersteinbauweise der Illyrer zu erkennen. Die ältesten Funde stammen jedoch aus der Zeit davor und wurden auf das 8. bis 10. Jhd. v. Chr. datiert, wohingegen der gegenüberliegende Hügel Kalivo bereits im 12. vorchristlichen Jhd. besiedelt war. Im 4. Jhd. v. Chr. stellte Butrint schon eine der größten städtischen Ansiedlungen der Region mit einer befestigten Stadtmauer um die Akropolis, Theater, Gymnasion und Tempel dar, das Gebiet umfasste 4 Hektar. Die sprachliche und kulturelle Entwicklung entsprach schon einem hohen Niveau. Auch unter römischem Einfluss ab 168 v. Chr. konnte die Stadt eine gewisse Eigenständigkeit bewahren. Julius Cäsar machte das damalige Buthrotum zu einem der wichtigsten strategischen Punkte des Landes und schuf dort eine Militärbasis. Butrint florierte und mit dem Reichtum kam auch der exklusive Bauboom: Große Tempelanlagen, Säulen, Skulpturen, Mosaike, verzierte Gebäude, Inschriften. Im 4. Jhd. erfolgte die Christianisierung und der Ort wurde Bischofssitz. Damals reichte das Siedlungsgebiet bis weit über den Kanal hinaus und betrug über 20 Hektar. 380 n. Chr. richtete ein Erdbeben schweren Schaden an. Unter dem Regiment des Byzantinischen Reiches im 8. Jhd. erlebte Butrint eine weitere Blütezeit, mit dem Eindringen der Slawen und in Folge der Normannen erfolgte dann ein vorübergehender Niedergang. Im 14. Jhd. übernahmen die Venezianer das geschwächte Gebiet und trugen zum erneuten Aufschwung bei. Auch sie hinterließen ausgeprägte architektonische Spuren. Bis zur Übernahme durch Ali Pascha 1799 konnte Butrint den Osmanen standhalten.

1928 begannen erste Erforschungen des Geländes und Ausgrabungen durch ein italienisches Archäologenteam, doch erst ab den 70er Jahren wurden bedeutende Bauwerke großräumig freigelegt. Immer noch arbeitet hier jeden Sommer eine internationale Auswahl an fähigen Forschern. Immer mehr jedoch erschweren tektonische Senkungen den Erhalt und die Arbeiten an dieser geschichtlich beeindruckenden Stätte, deren Besonderheiten ihr einen exklusiven Rang und damit auch hohen touristischen Wert verleihen. Die Anlage selbst befindet sich in einem landschaftlich sehr reizvollem Gelände mit Wanderwegen rund um die Sehenswürdigkeiten. Die Ausgrabungen sind mit umfassenden Erläuterungstafeln (englisch), versehen, daher erfolgt an dieser Stelle nur die Auflistung der Ausgrabungsobjekte. Kernpunkte der Ausgrabungsstätte sind der venezianische Wehrturm im Eingangsbereich, der Trichonchos-Palast, die Basilika und das Baptisterium (das eindrucksvolle Mosaik ist meist leider ständig zum Schutz mit Sand bedeckt), das Asklepius-Heiligtum, etliche Thermen, das Löwentor, das Amphitheater, das venezianische Kastell auf dem Hügel mit einem darunter liegenden Museum. Durch die informativen Schautafeln mit geschichtlichen Daten wird man keine Schwierigkeiten haben, die Bauwerke zu identifizieren, inzwischen gibt es eine deutsche Infobroschüre an der Kasse und es werden Führungen angeboten. Auch das neu sortierte Museum am venezianischen Turm sollte man besuchen, es enthält interessante Fundstücke aus allen Epochen und informiert mittels Multimediashows über die Entwicklung der Stätte. Im Gelände gibt es in der Saison Souvenir- und Erfrischungsstände. Man sollte sich mindestens 2,5 Stunden Zeit nehmen, empfehlenswert ist die Besichtigung des Areals gegen den Uhrzeigersinn, somit kann man dem allgemeinen Besucherstrom entfliehen und hat das interessanteste Objekt, das Theater, zum Schluss vor sich.

i *700 Lek, 8.00-17.00 h, neu: Gruppenrabatt erst ab 30 Personen*

hier führt der Rundgang durch

Butrint Nationalpark

Der Nationalpark von Butrint umschließt die Halbinsel mit der Ausgrabungsstätte und umfasst gesamt ein Gebiet von etwa 8.600 Hektar. Seit dem Jahr 2000 gehört das Areal zu einem der 14 Nationalparks des Landes und unterliegt seit 2003 aufgrund seiner vielen Feuchtgebiete mit vom Aussterben bedrohter Tiere den RAMSAR-Naturschutzkonventionen. Das Terrain mit seinen Lagunen und Wasserflächen ist ein wichtiges Rückzugsgebiet für Vögel und Wildtiere. 14 gefährdete Tierarten leben hier, nirgendwo sonst in Albanien gibt es 246 Vogelarten, 25 Reptilien- und 10 Amphibienarten. Des Weiteren wurden 40 Säugetierarten und 105 Fischarten nachgewiesen. Die Landschaft bietet zu allen Jahreszeiten ein eindrucksvolles Bild. Das Zentrum des Parks bildet das antike Butrint, weitere kulturhistorische Überreste sind in den umliegenden Dörfern zu finden. Römische Villen und Tempel, die Anlage Kalivo aus der Bronzezeit, Festungen aus der venezianischen und osmanischen Zeit. Die Nationalparkverwaltung hat eine Wanderkarte veröffentlicht: www.infoalb.net/02conavstivit/Butrint/Butrint_Walking_Trails.pdf

der Nationalpark im Oktober

Weiterreise nach Griechenland: Direkt vor dem Archäologiepark führt eine abenteuerliche und überteuerte Ponton-Fähre über den Vivar-Kanal. Für ein Auto zahlt man inzwischen bis zu € 7,--, Wohnmobile werden ab € 10,-- das kurze Stück transportiert. Doch der Weg von hier über die SH81, SH98 und SH97 ist der kürzeste an den Grenzübergang Qafë Botë bei Konispol nach Griechenland (Igoumenitsa).

Artenerhaltungsmaßnahme?

Ostalbanien - das ist fast so wie eine komplett eigene Nation innerhalb der Landesgrenzen. Landschaftlich und kulturell so konträr zu den anderen Regionen und vor allem so weit weg. Und doch so faszinierend und wunderschön wie all die anderen Provinzen Albaniens auch.

- Peshkopia
- Ohrid-See
- Prespa-Seen
- Pustec
- Ausflug nach Mazedonien
- Pogradec
- Selca
- Korça
- Dharda
- Voskopoja
- Vithkuq
- Ersekë
- Leskovik
- Benja
- Përmet
- Frashër Nationalpark

Kulisse am Großen Prespasee

Der Osten Albaniens erstreckt sich ausnahmslos entlang mächtiger, schroffer Gebirgsketten, die zwar unbezwingbar erscheinen, sich aber mehr und mehr zu bedeutenden Wander- und Trekkingzielen entwickeln. Der höchste Berg des Landes, der 2.764 m hohe Korab ist neben der abwechslungsreichen Ohrid- und Presparegion im wahrsten Sinne ein landschaftlicher Höhepunkt. Die reich bewaldete Natur erscheint nicht nur ursprünglich, sie ist es auch. Nur wenige Städte und Dörfer durchbrechen die üppige Vegetation und die fruchtbaren, für die Landwirtschaft ertragreichen Hochebenen. Tiefe Flusstäler, Schluchten und Canyons, Berg- und Gletscherseen, warme Quellen sowie eigentümliche Felsformationen vollenden das vielgestaltige Landschaftsbild. Eine Vielzahl, auch seltene Tierarten wie Bären und Luchse nennt den einmaligen Osten Albaniens seine Heimat. Doch auch kulturell hat dieser Landesteil viel zu bieten. Alte Klöster und Kirchen, charaktervolle Dörfer, ehrenhafte Wehrhäuser und eine stattliche Anzahl Denkmäler aller Art. Auf meist sanierten Straßen sind die bedeutsamsten Sehenswürdigkeiten gut, aber nicht unbedingt schnell zu erreichen. Die Bevölkerung wirkt zwar mancherorts scheu, zeigt sich aber dennoch stets zuvorkommend, gastfreundlich und aufgeschlossen. Hier, fernab von Trubel und Zivilisation, kann man noch echte Abenteuer erleben und das ursprüngliche Albanien kennenlernen.

die kleine Stadt im Überblick

eine extrem hohe Mercedesdichte

und weitere Verkehrsteilnehmer

Peshkopia (Top-Tipp)
(Karte 1:150.000 von freytag & berndt: G 10)

Die äußerst sympathische, muslimisch geprägte Kleinstadt Peshkopia (13.300 EW) ist das administrative Zentrum Ostalbaniens und der Verwaltungsort der Region Dibra, sie liegt nur 20 km von der mazedonischen Grenze entfernt. Auf 650 m ü.d.M. ist sie von etlichen hohen Gebirgszügen umgeben, darunter auch das 2.764 m hohe Korab-Massiv, der strenggenommen höchste Berg Albaniens, den sich das Land aber mit seinem östlichen Nachbarn teilt. Unter der osmanischen Herrschaft war der Ort nur ein kleiner Marktflecken, der vom heute mazedonischen Debar überschattet wurde. Bis zum Ende des 18. Jhd. konvertierte die davor ausschließlich christliche Bevölkerung, Peshkopia war sogar Bischofssitz, zum Islam. Nach dem Zerfall des ottomanischen Reiches wurde die Region Dibra getrennt, nur der kleine nordwestliche Teil wurde Albanien zugesprochen, das größere Gebiet um die Stadt Debar gehörte fortan zu Serbien. Heute ist Peshkopia, durch den langen Anfahrtsweg von anderen Zentren des Landes, immer noch eine sehr abgelegene Stadt, gewinnt aber mitunter durch den zunehmenden Tourismus mehr und mehr an Bedeutung. Durch den bereits begonnenen Ausbau der sogenannten Rruga e Arberit, einer uralten Handelsstraße, aktuell als SH61 von Tirana abgehend, soll eine bessere Anbindung der Region an die Hauptstadt erreicht werden. **NEU: Camping Kapxhiu**

Sehenswertes in der Stadt

Tagsüber macht Peshkopia einen überaus lebendigen Eindruck, abends kehrt Ruhe und Gemütlichkeit in die gepflegten Straßenzüge ein. Im unteren Stadtteil findet entlang der Zentralstraße alltäglich ein bunter Markt statt. Hier gibt es einfach alles: frische Lebensmittel, nützliche Haushaltsgegenstände, handgefertigte Gebrauchsgegenstände, Dienstleistungen aller Art und fast antiquarische Objekte. In den kleinen Gassen oberhalb kann man noch etliche alte **Häuser im osmanischen Stil** entdecken, einige bereits traditionell renoviert, hier liegt auch die kleine, **alte Moschee** aus osmanischer Zeit, **die Neue**, nicht zu übersehen, am kleinen Kreisverkehr. Obligat ist ein Bummel durch die **Fußgängerzone** Bulevard Elez Isufi im Zentrum der Oberstadt. Gesäumt von alten Linden, zahlreichen Bars und Cafés und kleinen Geschäften zählt sie bestimmt zu den attraktivsten des Landes. Fast mittig informiert im Kulturhaus ein kleines **Museum** mit historischen und archäologischen Artefakten über die Region Dibra, es gibt auch ein **Theater**. Ende Oktober findet hier ein Liederfestival statt. Eine kleinere Version **Skanderbegs in Bronze** soll daran erinnern, dass der Held in der Region Dibra geboren wurde. Das **Schwefel-Heilbad** „Llixhat" im Osten der Stadt bietet auch Bäder für Tagesgäste an, jedoch sollte man keinen Luxus erwarten, obwohl die Quellen bereits bei den Römern begehrt waren.

Sehenswertes in der Umgebung:

Die Region Dibra beeindruckt vorwiegend durch ihre fast unberührte, spektakuläre Natur mit hohen Bergen und abenteuerlichen Flusstälern, zwischendurch kann man aber auch kulturelle Kleinode entdecken wie alte Kirchen, Moscheen und für die Region typische Wehrhäuser. Landschaftlich sehr reizvoll ist die neu asphaltierte Strecke über Radomirë nach Kukës (77 km, etwa 2,5 Stunden) mit überwältigenden Ausblicken auf die wunderschöne Bergwelt, bei gutem Wetter bis zum 2.764 m hohen Korab, dem höchsten Berg Albaniens und auch Mazedoniens. Ab Radomirë, dort existieren einfachere Unterkünfte, kann er in einem Tagesausflug bestiegen werden (ca. 10 Stunden, Grenzübertritte vermeiden!). Für geländegängige Fahrzeuge ist die alte, landschaftlich phänomenale Pistenroute (SH31) entlang des Schwarzen Drin ein eindrucksvolles Erlebnis (ein Tag). Von Kukës kommend, findet man den Abzweig 2 km hinter Kolesjan an einer großen „U"-Kurve. An deren Ende führt ein Weg zwischen den Leitplanken hindurch.

links der höchste Berg - der Korab

Entlang der Anfahrtsstrecke von Peshkopia liegt der östliche Abzweig in das überbewertete Lura-Seen-Gebiet. Dies ist ebenfalls eine 4x4 Strecke, jedoch nur für geübte Geländefahrer.

Hinweis: Teile der neuen Trasse von Peshkopia entlang der mazedonischen Grenze bis nach Librazhd befinden sich bereits in gutem Zustand, wenn auch bisher nur breit geschottert. Etliche Etappen im südlichen Bereich, westlich des Nationalparks Shebenik-Jabllanica, können nach Regen anspruchsvoll sein. Eine sehr schöne Ausweichroute, um an den Ohrid-See zu gelangen, führt auf mazedonischer Seite entlang des Debar-Stausees und über Struga (R1201).

die Schlucht des Schwarzen Drin

Widerstandsbewegungen Rilindja und Balli Kombëtar - Vorreiter sämtlicher Freiheitsbewegungen im Land war die Organisation Rilindja, was soviel wie Wiedergeburt oder nationales Erwachen heißt. Das begann in Albanien um 1870. Durch die jahrhundertelange Unterdrückung war der Nationalismus in Albanien zwar nicht sonderlich stark ausgeprägt, begann sich aber durch die Vorgänge in den Nachbarländern zu manifestieren. Wobei die Strukturen innerhalb des Osmanischen Reiches und die fehlenden gemeinsamen Sprach- und Bildungsgrundlagen den Aktivisten wenig Spielraum für einen schnellen Identitätswechsel gaben. Hinzu kam, dass es den Albanern an historischen Vorbildern zur Grundsteinlegung eines Großalbanien fehlte und die Aufstände somit lange erfolglos blieben. Schwung in die Thematik kam 1878, als im Frieden von San Stefano nach dem russisch-osmanischen Krieg die Unabhängigkeit etlicher Länder geregelt wurde, die bislang zum Osmanischen Reich gehörten. Albanien wurde nicht berücksichtigt. Einflussreiche Albaner organisierten sich in der Liga von Prizren, um eine Aufteilung der von Albanern bewohnten Gebiete zu vermeiden. Man strebte eine Selbstbestimmung von Albanien, Südmontenegro, Kosovo, Westmazedonien und Teilen des Epirus innerhalb des Osmanischen Reiches an. Die Liga wurde zerschlagen und die Missachtung der Interessen gipfelte in Bismarcks Aussage während des Berliner Kongresses 1878, dass Albanien als Nation gar nicht existiere. Erst viel später brachte eine Reise Ismail Qemalis Erfolg, als Österreich-Ungarn 1912 seine Unterstützung zusagte. Im November des Jahres folgte die Unabhängigkeitserklärung. Die wichtigsten Mitbegründer von Rilindja waren die drei Frashëri Brüder Abdyl, Naim und Sami. Balli Kombëtar (Nationale Front) war dann später mehr oder weniger die Nachfolgeorganisation, sie schloss sich ab 1942 als nationalistische und antikommunistischen Bewegung zusammen und kämpfte während des Zweiten Weltkrieges gegen italienische und deutsche Besatzer, und durch deren Zugehörigkeit zu den Achsenmächten auch indirekt gegen Griechenland und Jugoslawien. Auch hier war der Grundgedanke, ein einheitliches ethnisches Großalbanien mit Teilen der Nachbarländer zu etablieren. 1944 setzte sich die Kommunistische Partei Albaniens gegenüber der BK im Kampf um den Widerstand gegen die Besatzer durch, die Anhänger wurden inhaftiert oder getötet oder flüchteten. Immer noch existiert in Albanien eine kleine, politisch rechtsgerichtete Splitterpartei, welche als Partia Balli Kombëtar die Ideen der Bewegung vertritt.

der Thora-Pass - Lin von oben

und sehr ursprünglich von innen

Ohrid- und Prespa-Region (Highlight)
(Karte 1:150.000 von freytag & berndt: M 12)

Mitten im Dreiländereck Albanien, Mazedonien, Griechenland liegt, eingebettet in einer anmutenden Gebirgslandschaft mit bis zu 2.000 m hohen Gipfeln, eine beeindruckend schöne Seenlandschaft mit drei einzigartigen Gewässern. Die ehemals schwer zugängliche Ohrid-Presparegion zählt heute zu einem der ökologisch wertvollsten Bereichen des Grünen Bandes Europas. Die Seen befinden sich in einer Senke tektonischen Ursprungs und üben durch ihre fast unwirklich tiefblaue Farbe auf jeden Besucher einen unglaubliche Anziehungskraft aus. Der Ohrid-See ist der älteste See des Balkans, seine Entstehung dürfte 2-5 Millionen Jahre zurückliegen, mit 363 km² der Zweitgrößte (nach dem Skutari-See) und mit maximal 287 m der Tiefste, zudem gilt er als der Klarste, gespeist wird er von zahlreichen unterirdischen Quellen und mitunter dem höher gelegenen Großen Prespa. Er liegt auf knapp 700 m ü.d.M. und 2/3 der Fläche gehören zu Mazedonien. Der große Prespa-See hat eine Fläche von 273 km², ist aber lediglich bis zu 54 m tief, er liegt auf 850 m ü.d.M., und auch er gehört zum größten Teil zu Mazedonien. Der Kleine Prespa-See ist nur knapp 46 km² groß, den Hauptanteil besitzt Griechenland. Auf albanischer Seite wurde das Gebiet um die beiden Prespa-Seen 1999 zum

Nationalpark erklärt, er schützt auf 27.750 Hektar ein einzigartig ökologisches System. Die gesamte Region beherbergt eine Vielzahl von seltenen Vögeln und steht aufgrund seiner artenreichen Flora und Fauna auf der Liste der RAMSAR-Naturschutzkonventionen. Seit 1980 ist das Gebiet, auch angesichts seiner historischen Bedeutung, UNESCO-Weltnaturerbe. Die Ufer der Seen waren bereits zu prähistorischer Zeit besiedelt. Heute sind die Dörfer auf albanischer Seite fast alle von Mazedoniern bewohnt. Das günstige Klima, die reizvolle Landschaft, die Gastfreundlichkeit der Menschen und die kulturelle Vielfalt machen den Ohrid- und die Prespa-Seen zu einem beliebten Urlaubsziel. Seit 2014 besteht im Sommer eine Bootsverbindung von Pogradec nach Ohrid auf mazedonischer Seite.

Relaxen am Prespa-See

Bei der Anfahrt über den Thana-Pass (SH3 von Elbasan), nordwestlich des Ohrid-Sees, eröffnet sich ein fantastischer Blick auf das Naturwunder. Unbedingt einen Abstecher wert ist das kleine Fischerdorf Lin, die erste Anlaufstelle am See. Es wirkt trotz des zunehmenden Tourismus, der inzwischen eine wichtige Einnahmequelle darstellt (Gästehäuser vorhanden), mit seinen kleinen Steinhäusern, engen Gassen und freundlichen Bewohnern noch sehr ursprünglich und traditionell. Fischernetze hängen zum Trocknen, kleine, farbige Holzboote liegen an den Ufern. Auf dem Hügel oberhalb des Dorfes, über einen Fußweg zu erreichen, befinden sich die Reste einer frühchristlichen Basilika aus dem 6. Jhd. mit sehenswerten Mosaiken.

Strand am Hotel/Camping Victoria

Ausflugstipp - Kloster Sveti Naum

Pustec (alb. Liqenas) und die Insel Maligrad (Top-Tipp) (Karte 1:150.000 von freytag & berndt: N 13)

Am großen Prespa-See liegt der idyllische Ort Liqenas. Er wurde im März 2013 offiziell umbenannt und heißt nun Pustec. Hauptsächlich wird die Gemeinde von Mazedoniern bewohnt, auch befindet sich hier das einzig mazedonisch-sprachige Gymnasium des Landes. Man fühlt sich um Jahrzehnte zurückversetzt. Vieles wird hier noch per Esel transportiert, die schlichten Natursteinhäuser wirken sehr ursprünglich. Einen guten Blick über den See hat man von der kleinen Kapelle, auf dem Anfahrtsweg gelegen. An den Uferstegen wachen Graureiher und mit viel Glück kann man selten gewordene Pelikane beobachten. Es zeigen sich bereits erste touristische Ansätze. Das Dorf ist Ausgangspunkt für privat organisierte Bootsfahrten zur Klosterinsel Maligrad. Sehr sehenswert dort ist das kleine Felsenkirchlein Shën Mërisë, 1396 von einem serbischen Adligen erbaut, der sich dort niederließ. Zur Kapelle gehören einige Einsiedlerklausen in den Hängen des Felsens.

Weitere sehenswerte Felsenkirchen und Höhlen befinden sich in nördliche Richtung zur mazedonischen Grenze in Goricë, Kallmas und Globoko, letztere ist nur per Boot von Goricë zu erreichen. Für beide Bootstouren muss man mit etwa je € 20,-- rechnen.

Anfahrt: 12 km in nordöstliche Richtung von Korça nach links abzweigen. Bis Pustec sind es etwa 25 km, bis Goricë 40 km. Die Straße ist saniert.

Tipp: Generell ist eine Umrundung der Seenlandschaft durch alle drei Länder sehr empfehlenswert. Vor allem der Kleine Prespa-See sollte von Griechenland aus besucht werden, der albanische Anteil ist stark verlandet und nur für Ornithologen interessant. Im kleinen Ort Tren existiert ein Höhlensystem mit Malereien aus prähistorischer Zeit. Eine schöne Panoramaaussicht auf den Ohrid-See bietet sich von mazedonischer Seite vom Galicica-Nationalpark. Ebenfalls interessant auf mazedonischer Seite und ideal für einen Tagesausflug: Kloster Sveti Naum, Museum Bay of the Bones und die Stadt Ohrid.

Pogradec - der Weg zur Burg

Pogradec (Karte 1:150.000 von freytag & berndt: M 11)
Die kleine, angenehme Stadt (21.000 EW) liegt, umgeben von einer wunderschönen Berglandschaft, am südwestlichen Ende des Ohrid-Sees, nahe der mazedonischen Grenze. Sie war bereits zu Enver Hoxhas Zeiten ein in Albanien beliebter Ferienort, und das im Sommer angenehme Klima, Pogradec befindet sich auf etwas über 700 m, zieht immer mehr Urlauber an.

Natur pur im Drilon Quellbereich

Historisch gesehen hat die Stadt wenig Vergangenheit. Eine erste befestigte Siedlung entstand im 5. Jhd. auf einem nahen Hügel, welche jedoch im 10. Jhd. aufgegeben wurde. In Folge wurde am Ufer das heutige Pogradec gegründet. Aus osmanischer Zeit sind in einigen Gassen noch typische Steinhäuser erhalten geblieben, zudem eine Reihe der alten Gebäude aus der Gründerzeit, allesamt wurden sie zu Kulturdenkmälern erklärt. Aushängeschild ist die neue Fußgängerzone und die langgezogene Uferpromenade mit Badestränden und etlichen Fischrestaurants, manche davon auf Stelzen direkt im Wasser. Als Delikatesse gilt der Koran, eine Forellenart, die es nur im Ohrid-See gibt. Die gesamte Region ist bekannt für ihre Vielfalt und Qualität der landwirtschaftlichen Produkte. So kann man hier sehr gutes Obst und Gemüse kaufen. Es gibt einige Moscheen und eine aufwendige orthodoxe Kirche. In der Umgebung haben sich etliche Maler angesiedelt, ein Besuch einer der kleinen Kunstgalerien lohnt sich für Liebhaber expressionistischer Kunst. Die Auffahrt zum ehemaligen Burghügel ist lediglich der Aussicht wegen zu empfehlen, alte Steine gibt es nur noch wenige. Doch auf 900 m Höhe bietet sich ein traumhafter Blick über die Stadt, den See und die umliegenden Berge.

hier schmeckt der Koran (Forelle)

Anfahrt: Am nördlichen Stadtrand mit "Kalaja" ausgeschildert, ab Teerstraßen-Ende ca. 30 Min. zu Fuß oder mit 4x4. In Pogradec gibt es durch den zunehmenden Tourismus inzwischen eine gute Auswahl an Hotels und Freizeiteinrichtungen.

Maligrad im Großen Prespa-See

Tipp für Camper: Hotel Victoria in Memëlisht, 4 km nordwestlich der Stadt, gutes Restaurant und eigener Badestrand, ganzjährig, (www.hotelvictoria.weebly.com; 40°55'58.4"N 20°38'27.2"E)

Sehenswertes in der Umgebung

eine der Grabkammern

So unspektakulär Pogradec selbst ist, bietet das Umland einige interessante Ziele. Auf dem Weg zur mazedonischen Grenze in südöstliche Richtung, liegt beim Ort Tushëmisht ein Quellbereich des Ohrid-Sees (ein weiteres befindet sich auf mazedonischer Seite bei Sveti Naum, zudem wird der See vom Großen Prespa gespeist). Die verschlungenen Spazierwege im Park Drilon umrunden das idyllische Nistgebiet zahlreicher Vögel. Wer möchte, kann sich ein Ruderboot zur Erkundung mieten. Cafés und Restaurants vervollständigen das Angebot.

Die Mokra-Berge westlich von Pogradec entwickeln sich mehr und mehr zu einem attraktiven Wandergebiet, noch kann man die Region aber recht unberührt erleben. Es existieren einige ursprüngliche Dörfer, uralte Klöster und Kirchen, Schluchten und kleine Seen. Ein lohnenswertes Ziel ist Guri i Kamjës, ein durch Wind, Wetter und Erosion weithin sichtbar geformter Felsen.

Anfahrt: Wenige Kilometer südlich von Pogradec, unmittelbar nach dem kurzen Serpentinenanstieg nach Westen abbiegen, nach gut 8 km links halten. Die Strecke ist nicht asphaltiert.

Ebenfalls in den Mokra-Bergen liegt das Dorf Selca e Poshtme. In der Nähe entdeckte man in einer Felswand fünf sehr sehenswerte, illyrische Königsgrabkammern aus dem 4. bis 1. Jhd. v. Chr., sie gehörten zur antiken Stadt Pelion. Die Nekropolen stehen auf der Tentativliste der UNESCO, d.h. sie wurden von der albanischen Regierung zum Weltkulturerbe vorgeschlagen.

Anfahrt: Über die neue Ohrid-Umgehung Qukës-Qafë Plloçë, die bei Qukës von der SH3 zwischen Librazhd und dem Thana-Pass nach Süden abzweigt, nach etwa 10 km links nach Selca abbiegen. Die Stätte ist touristisch noch nicht erschlossen. Entlang der Strecke passiert man die alte Steinbogenbrücke Ura e Golikut, sie war Bestandteil der Via Egnatia.

Korça (Top-Tipp) (Karte 1:150.000 von freytag & berndt: O 12)

Die inzwischen überaus attraktive Stadt (51.200 EW) liegt auf 875 m Höhe, am Fuße des bis zu 1.806 m hohen Morava-Gebirgszuges, im äußersten Osten des Landes. Umgeben ist sie von fruchtbaren Ebenen, die intensiv landwirtschaftlich genutzt werden. Korça gilt als der Ursprung der albanischen Literatur und wird aufgrund ihres adretten Erscheinungsbildes mit den vielen baumgesäumten Boulevards, Parkanlagen und Künstlervierteln auch das Paris Albaniens genannt. Dies und zahlreiche Märkte, Moscheen und Kirchen sowie kulturelle Veranstaltungen machen sie zu einem ganz besonderen Ziel im Land. In ihrer historischen Entwicklung hinkt Korça den spektakulären Werdegängen anderer Städte weit hinterher. Eine erste schriftliche Erwähnung des Ortes geht auf das Jahr 1280 zurück. 1440 wurde die Ansiedlung von den Osmanen zerstört und das Verwaltungszentrum in das 18 km südwestlich gelegene Voskopoja verlegt, die Bewohner flohen in die umliegenden Orte bzw. wanderten nach Amerika aus. 25 Jahre brauchten die Türken für den Wiederaufbau und es entstand in Folge ein florierendes Handelszentrum. Ab 1783 gehörte der Ort zu Ali Paschas Herrschaftsbereich.

"es war einmal" der Neue Bazaar

Die Blütezeit ließ viele Auswanderer spätestens im 20. Jhd. wieder zurückkehren, unschwer zu verbergen ist der Gründerstil der Häuser aus jener Zeit, welche das unverkennbare Stadtbild ausmachen. In jüngerer Vergangenheit war Korça ein

der "alte" renovierte Neue Bazar

umstrittene Kulla, perfekte Aussicht

Rumänienhaus - Fußgängerzone

und noch ein neuer Gegensatz

wichtiges Zentrum der Nationalbewegung und es entstanden etliche Bildungseinrichtungen. 1887 wurde in Korça die erste Volksschule des Landes eröffnet, in der auch christliche und muslimische Knaben gemeinsam unterrichtet wurden. Ausgelöst durch zahlreiche Aufstände albanischer Freiheitskämpfer, herrschten zu Beginn des 20. Jhd. bürgerkriegsänliche Zustände, was eine erneute Abwanderung auslöste. Nach der Unabhängigkeit 1912 war die Stadt bis zur Befreiung 1944 in beiden Weltkriegen vielfach von europäischen Mächten besetzt, die Franzosen riefen sogar vorübergehend eine eigene Republik aus. Aktuell erfährt die Stadt eine deutliche Wiederbelebung, ausgelöst durch den zunehmenden Tourismus, wie in zahlreichen anderen Orten auch. Korça ist inzwischen eine sehr lebendige Stadt mit einem vielfältigen und reichhaltigen Kulturleben.

Sehenswertes in der Stadt

Als neues Wahrzeichen der Stadt gilt der architektonisch umstrittene, 35 m hohe **Aussichtsturm**, auch Kulla genannt. Er liegt mitten im Zentrum am Sheshi Teatrit, für 50 Lek kann man im Aufzug nach oben fahren und den Rundumblick auf die Stadt und die Umgebung genießen. Am einladend gestalteten **Fußgängerboulevard Shën Gjergji** reihen sich neben alten Lindenbäumen zahlreiche Cafés und Läden aneinander. Dazwischen liegen der **Kulturpalast** und das **Bildungsmuseum**, das markante gelbe Gebäude im Gründerstil wird als **Rumänienhaus** bezeichnet. Am Ende der Meile gelangt man zur neuen **Orthodoxen Auferstehungskathedrale**. Sie wurde 1995 fertiggestellt und besitzt eine beachtliche Innenausstattung. Der alte Sitz des Bischofs wurde Opfer der Atheismuskampagne während des Kommunismus. Heute sind die Einwohner Korças hauptsächlich orthodoxe Christen. Bewacht wird das Gotteshaus von der Bronzestatue des **"Unbekannten Soldaten"**. Das türkische Viertel beginnt westlich vom Blvd. Fan Noli, im Anschluss an das rosafarbige Rathaus. In der Rr. Xhavit Dishnica steht die alte **Mirahor-Moschee** aus dem Jahr 1484 (auch 1495), sie gilt als die älteste Einkuppelmoschee des Landes. Das zerstörte Minarett wurde 2008 wiedererrichtet und die Komplettrenovierung erfolgte 2013, seither sind Teile des Portikus verglast. 2016 hat man das Ensemble durch einen 17 Meter hohen **Uhrturm** ergänzt, der alte hat ein Erdbeben von 1960 nicht überlebt. Die baufälligen Buden und mobilen Verkaufsstände mit Billigramsch verliehen dem Viertel einen speziellen Charakter. Sie mussten den renovierten, gepflegten Häuserzeilen des **Neuen Bazars** weichen. Nun kann man hier stilvoll Kaffee trinken und schicke Kleidung sowie Souvenirs erstehen, ein modernes Einkaufszentrum soll das heftig kritisierte Areal zusätzlich aufwerten. Am Rande des Marktviertels konnte man noch eine der alten Karawansereien um einen Innenhof mit Brunnen erhalten, das **Han i Elbasanit**, eines der ursprünglich 18 Gästehäuser der Stadt. Über das gesamte Stadtgebiet erstrecken sich noch jede Menge alte Straßenzüge mit Kopfsteinpflaster, osmanischen Häusern und stattlichen Villen mit typischen Elementen des Jugendstils und Klassizismus. Der auffällige Bau der **Brauerei Korça** nebst verlockendem **Biergarten** liegt auf dem Weg nach Mborja am Boulevard Fan Noli. Sie wurde 1928 von einem italienischen Geschäftsmann gegründet, pro Jahr werden hier mit 125 Mitarbeitern 125.000 Hektoliter Bier, auch ein schmackhaftes Dunkles, produziert. Auf dem Weg von der Kathedrale zur Brauerei zweigt die Rr. Çlirimi i Korçes ab. Auf ihr gelangt man zum Ausflugsrestaurant Montagna und zur **Kirche Shën Ilia** auf dem Berg. Von hier hat man einen traumhaften Blick über die Stadt und die Hochebene.

Museen - Korça ist wohl die Stadt in Albanien mit der größten Vielfalt und Anzahl an Museen, eines davon sollte man mindestens besucht haben.

Nationales Bildungsmuseum - Im historischen Gebäude der ersten albanischsprachigen Schule am Blvd. Shën Gjergij befindet sich das kleine Muzeu Kombëtar i Arsimit. Es wird davon ausgegangen, dass Korça der Ausgangspunkt für die Einführung einer albanischsprachigen Schulbildung war. Im März 1887 fand hier erstmals Unterricht statt. In acht Ausstellungsräumen wird die Geschichte der albanischen Sprache und Schrift sowie der Literatur und Bildung dargestellt.

i *200 Lek, Mo-Fr 8.00-14.00, 17.00-19.00 h, Sa 9.00-12.00 h, So 17.00-19.00 h*

Museum für Mittelalterliche Kunst - In einem neuen Haus am Bulevardi Fan Noli befindet sich eine umfassende und überaus sehenswerte Sammlung von über 6.500 Exponaten aus dem südalbanischen Raum aus dem 16. bis 19. Jhd., hauptsächlich religiöser und kulturhistorischer Natur: Gemälde, Ikonen und zahlreiche Kunstgegenstände. Das Ausstellungshaus wurde 2016 komplett umorganisiert und erweitert. Es ist einzigartig in Europa.

i *200 Lek, Di-So 9.00-14.00 h, 17.00-19.00 h, Sa+So 09.00-12.00 h*

Archäologisches Museum - In einem schön renovierten, osmanischen Haus mit großem Innenhof in der Rr. Mihal Grameno (hinter der Kathedrale) ist eine umfangreiche Sammlung mit Fundstücken aus der Zeit von 6000 v. Chr. bis 600 n. Chr. zu besichtigen, welche das Leben der Menschen in diesem Gebiet dokumentieren.

i *200 Lek, Mo-Do 8.00-14.00 h, Fr 8.00-12.00 h*

Bratko Museum - Ein sehr avantgardistisches Gebäude am Bulevardi Fan Noli beherbergt über mehrere Stockwerke eine sehr umfangreiche Ausstellung von Kunstgegenständen aus 17 asiatischen Ländern und Afrika. Dhimitër Bratko (1903-1990) war im Zweiten Weltkrieg ein angesehener Militärfotograf mit unzähligen Kontakten in der ganzen Welt. Es entstanden viele beeindruckende Fotografien, nebenbei sammelte er die ausgestellten Kunstgegenstände und Antiquitäten, welche er der Stadt Korça vermachte.

i *200 Lek, Di-So 8.00-13.00 h, Do-Sa auch 17.00-19.00 h*

Vangjush Mio Museum - Der begabte Impressionistenkünstler Vangjush Mio (1891-1957) verewigte seine Heimatstadt innerhalb von 40 Jahren auf über 400 Gemälden und 300 Zeichnungen. Ein Teil davon ist für die Öffentlichkeit zugänglich, zu finden in einem alten Gebäude direkt hinter der Kathedrale.

i *50 Lek, keine festen Öffnungszeiten*

das Dunkle Korça ist sehr lecker

Eine **Touristeninformation** befindet sich etwas zurückversetzt am Sheshi Teatrit, man vermittelt auch Touren in die Umgebung und Führer für Kirchenbesichtigungen. Die GIZ ließ an mehreren Stellen der Stadt Orientierungstafeln mit den Sehenswürdigkeiten aufstellen.

Parken: Im Stadtgebiet etwas schwierig, besser an der westlichen Umgehung SH75 oder am Rinia-Park bzw. Park der Tränen nördlich vom Zentrum. Auch noch gut möglich am Blvd. Fan Noli nahe der Brauerei. Jeweils nur wenige Gehminuten ins Zentrum.

Busbahnhof: Korça hat drei Busbahnhöfe: An der SH3, Rr. Muzakajt, 1 km nördlich vom Kreisverkehr an der SH75 zum Zentrum (Überland); Bulevardi Fan Noli/Rr. Kiço Greço, parallel zum Neuen Bazar; Rr. Ismail Qemali, 100 Meter nördlich vom Vangjush-Mio-Park.

Übernachten:

Gab es bis vor wenigen Jahren nur eine Handvoll Unterkünfte, hat die Stadt inzwischen enorm aufgeholt und es existieren Möglichkeiten für jeden Geldbeutel.

Casa Gaçe - sehr schickes und modernes Ambiente, sehr zuvorkommendes Personal, bester Service, fantastische Lage mit Blick über die Stadt, etwa 1 km vom Zentrum, sehr gepflegter Garten, Restaurant mit internationaler und albanischer Küche. DZ ab € 60,-- inkl. Frühstück. Rr. Çlirimi i Korçës, Tel. +355696255552, www.casagace.com, casagace@gmail.com

Guesthouse Bujtina Leon - familiär und freundlich geführte Unterkunft mit gemütlichen, stilvollen Zimmern im Zentrum nahe der Kathedrale, sehr angenehme Atmosphäre auf der Aufenthaltsterrasse und dem Frühstücksraum. DZ ab € 42,-- inkl. Frühstück. Rr. Shpresa Palla 3, Tel. +35582256405, www.facebook.com/Bujtina-Leon-302517496453197

Bujtina e Bardhe - schlichtes aber gemütliches und sehr gepflegtes, familiär geführtes Haus in zentraler Lage, freundlicher Service. DZ ab € 30,-- inkl. Frühstück. Rr. Spiro Ballkameni, Tel. +355672005015, www.facebook.com/BujtinaeBardhe

Außerhalb & Tipp für Camper: Wenige Kilometer südlich von Korça befindet sich beim kleinen Ort Kamenicë ein wahres Idyll - die **Rezidenca Kamenica**. Ein Ensemble aus stilvollen Steinhäusern mit 12 geschmackvoll eingerichteten Zimmern, in einem gepflegten Garten mit Pool, Sauna sowie Bar und Restaurant (ab € 45,--); zum Gelände gehört eine große Wiese, welche Camper als Stellplatz nutzen können (€ 10,-- inkl. Stromanschluss);
Tel. +355 8637000; 40°31'52.9"N 20°43'48.7"E

Essen und Trinken:

Taverna Vasili - unscheinbares Lokal aber innen mit gemütlichen Räumen und einer schönen Terrasse, traditionelle Küche und ausgezeichnete Steaks und Salate, üppige Portionen und lobenswerter Service, moderate Preise. Rr. Qemal Stafa nördlich vom Zentrum,
Tel. +35569990 0009, Mo-So 10.00-23.00 h

Life Gallery Avenue 55 - drei verschiedene, sehr beliebte Lokalitäten (inkl. **Hotel**) unter einem Dach, die **Oriental-Bar** ist spezialisiert auf orientalische Tees und Shisha, die **Avenue 55 Bar** bietet unzählige Cocktailvarianten inkl. musikalischer Untermalung; im **Beer 55** bekommt man eine Auswahl an Bieren aus aller Welt, dazu frische Snacks und verschiedene Grillspezialitäten. Bulevardi Republika 24, www.lifegallery.al

Vila Cofiel - aussergewöhnlich hübsch dekorierte, gemütliche Lokalität und traditionelle Spezialitäten, welche man nicht überall in Albanien bekommt, guter Service und moderate Preise, auch Frühstück erhältlich. Rr. Avni Mustemi 39, Tel. +355696402500 Mo-So 8.00-00.00 h

findfour - beliebtes und mehrfach ausgezeichnetes Lokal mit umfang- und einfallsreicher Speisekarte, albanisch und mitteleuopäisch, auch Frühstück. Bulevardi Republika 30,
Tel: +35566225555, Mo-Fr 8.00-02.00 h, Sa+So 9.00-5.00 h, www.findfour.al

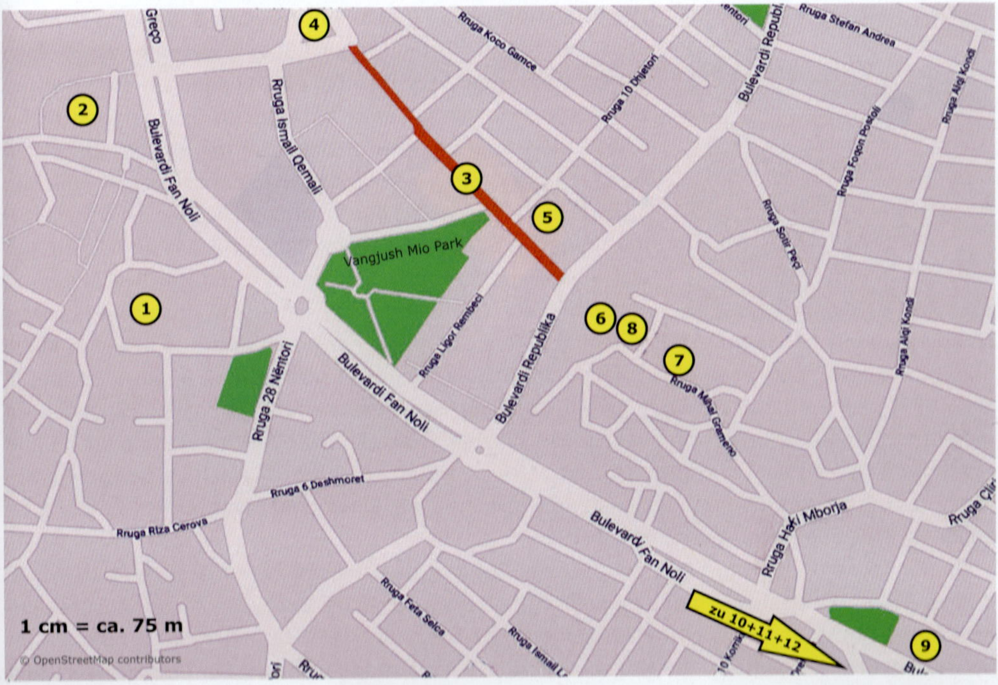

1 Mirahor Moschee
2 Neuer Bazar
3 Fußgängerzone
4 Aussichts-Kulla
5 Nationales Bildungsmuseum
6 Neue Kathedrale
7 Archäologisches Museum
8 Vangjush Mio Museum
9 Bratko Museum
10 zur Brauerei,
11 zum Aussichtspunkt
12 und nach Mborja

Sehenswertes in der Umgebung

In Korças Vorort Mborja, hier befand sich übrigens früher der Hauptmarktplatz der gesamten Region, liegt auf dem Dorfhügel eine typisch byzantinische Kreuzkuppelkirche, die **Kisha Shën Ristozi**. Das kleine aber markante Kulturdenkmal wird auf das späte 14. Jhd. datiert und ist außergewöhnlich gut erhalten, auch die wunderschönen, farbenprächtigen Fresken im Inneren. **Anfahrt:** An der Brauerei vorbei, etwa 1,5 km südöstlich von Korça. Kurz vor der Kirche zweigt ebenfalls eine Straße auf den Berg zur Kirche Shën Ilia ab.

Mborja - Kirchturm? Geht auch so

Kamenica Tumulus - Acht Kilometer südlich von Korça liegen ostseitig der Straße die beeindruckenden archäologischen Funde der Hügelgräber vom Kamenica. Das moderne, kleine Ausgrabungsgelände belegt die Entdeckung von über 400 ringförmig angelegten Gräbern, man schätzt das Alter der Stätte auf etwa 5.000 Jahre. Es ist die größte Ansammlung von Hügelgräbern in Südosteuropa. Das Hauptgrabmonument weist etwa einen Durchmesser von 40 x 74 m auf und hatte eine ursprüngliche Höhe über 3 Meter. Der spektakulärste Fund war das Skelett einer schwangeren Frau inklusive des Säuglings. Insgesamt wurden 400 Gräber, 440 Skelette und 3.500 Artefakte freigelegt. Die mit modernsten Methoden ausgewerteten Objekte werden im zugehörigen Museum präsentiert - *200 Lek, Di-So 9.00-19.00 h.*

typische Bauweise in Dardha

Dardha (Karte 1:150.000 von freytag & berndt: O 12)
Etwas abgelegen, hoch oben auf 1.300 m in den Morava-Bergen östlich von Korça, liegt Dardha, eine kleine, am steilen Hang errichtete Ortschaft mit einer für Albanien einzigartigen Architektur. Die stattlichen alten Steinhäuser mit ebenso steinernen Dächer vermitteln einen ganz besonderen, ursprünglichen Charakter. Etliche der schmucken Häuser weisen an den Fassaden hübsche Details mit Kleinreliefs und Daten der Erbauer auf, viele sind inzwischen fürsorglich restauriert worden.

Dardha entstand vermutlich während der osmanischen Ära, als einige orthodoxe Albaner vor dem unsteten Leben in Korça flohen. 1810 gründete man eine griechische Schule, weitere Lehranstalten folgten. Bereits in den 1920er Jahren entwickelte sich an den im Winter schneereichen Hängen nahe des Dorfes ein beliebtes Skigebiet, inzwischen ist es das einzige Wintersportareal Albaniens mit Lift und Sprungschanze. Zu kommunistischer Zeit wuchs Dardha zu einem adretten Luftkurort heran. Nach dem Ende des Kommunismus flohen die meisten Einwohner nach Amerika, die dort sogar eine eigene kleine Gemeinde bilden.

In den letzten Jahren hat sich der hübsche Ort touristisch enorm herausgeputzt. Inzwischen gibt es sogar ein kleines Regionalmuseum. Die netten Tavernen des Ortes bieten ausgezeichnete lokale Küche und vorzüglichen Pflaumen- und Birnenraki (alb. dardhë = Birne). Die Gästehäuser werden nicht nur im Winter bewirtschaftet, in den angenehmen Sommermonaten lädt die reizvolle Umgebung zu ausgedehnten Wanderungen nahe des Drenova-Nationalparks ein, etliche Trails sind bereits gekennzeichnet. Der dicht bewaldete, artenreiche Park ist die Heimat des seltenen, vom aussterben bedrohten Bozdovec-Braunbärs.

Anfahrt: Dardha ist etwa 5 Kilometer südlich von Korça nach Osten ausgeschildert. Ab hier geht es über knapp 15 km stetig bergauf durch eine überaus ansprechende Landschaft.

Voskopoja (Karte 1:150.000 von freytag & berndt: O 12)
Korças bedeutsame Vorgängersiedlung hat geschichtshistorisch und landschaftlich enorm viel zu bieten. Schon die Fahrt in den 1.150 m hoch gelegenen Ort, 21 km westlich von Korça (ausgeschildert), führt durch eine sehr reizvolle Gegend. Rotbraunes Gestein wechselt mit grüner Vegetation, im Hintergrund liegt Korça überaus malerisch in der Ebene.

Erste Aufzeichnungen gehen auf das Jahr 1300 zurück. Zur Zeit des Osmanischen Reiches war der Ort eines der reichsten Handwerks- und Handelszentren der Region, bevor dieser Titel wieder Korça zufiel. Vor allem Aromunen tätigten Geschäfte mit halb Europa. Hier entstand die erste Druckerpresse des Balkans, es gab Banken und Hochschulen. Seine Blütezeit erlebte Voskopoja um 1700, großzügige Schätzungen geben die Einwohnerzahl mit bis zu 50.000 an. Eindrücke der einstigen Hochzeit vermitteln heute nur noch die zahlreichen, von den reichen aromunischen Kaufleuten gestifteten orthodoxen Kirchenbauten mit auffälliger Architektur und sehenswerten Fresken, von ihnen gab es hier einst 26 Stück. Für eine Toleranz der Gotteshäuser war die Vorgabe der Türken, dass keines von ihnen mit Türmen und Kuppeln ausgestattet sein durfte. Somit gestaltete

einen Besuch wert - Shën Prodhomit

man sie im Inneren umso auffälliger. Die Malereien sprechen biblische Bände, auch Tragödien wurden ergreifend dargestellt. Die ständigen Angriffe der Türken ließ die Bevölkerung schließlich in die umliegenden Orte fliehen, die Stätten verfielen, heute erlebt Voskopoja, vor allem dank des aufstrebenden Tourismus, eine zaghafte Neubesiedelung.

Fünf der Kirchen, dreischiffige Kuppelbasilika, sind teils gut erhalten und auch innen eine Sensation: **Shën Mërhili** (1722), **Shën Mërisë** (1712) - eine der größten Basilika des Landes, **Shën Kollë** (1722), **Shën Ilias** (unbekannte Jahreszahl), **Shën Thanase** (1724). Teilweise sind Informationen zu den Kirchen auf Tafeln in englisch zu erfahren, sie sind alle ausgeschildert. Einige Kilometer nordöstlich auf einem Hügel gelegen, nahe des beliebten Hotels Akademia, findet man eine bewirtschaftete Kreuzkuppelkirche aus dem Jahr 1632, die **Kisha e Shën Prodhomit**, mit einer von außen sichtbaren Kuppel. Folgt man dem Weg (4x4) ab Shën Thanase 5 km, gelangt man nach Shipskë mit einem weiteren Kirchenkleinod, **Shën Gjergij**. Der Ursprung des Baus geht auf das 5. Jhd. zurück und wurde vor wenigen Jahren aufwendig und modern restauriert. Die großartigen Fresken, bunt marmorierten Säulen und das gesamte Interieur sind gut erhalten. Teile sind zwar von außen durch Glasfronten einsehbar, doch besser man besorgt sich vorher den Schlüssel. Voskopoja ist aber inzwischen nicht nur ein beliebtes Ziel für Kulturinteressierte, sondern auch bei Wanderern noch ein Geheimtipp. Mittlerweile wurde auch eine Touristeninformation (nahe des Dorfplatzes) eingerichtet, hier erhält man ausführliche Infos zu den Kirchen und kann sich die Schlüssel organisieren lassen. Zudem gibt es eine Verzeichnis der Gästehäuser und der Wandertrails.

Shën Gjergij in Shipskë

Vithkuq (Karte 1:150.000 von freytag & berndt: O 11)

Etwa 26 km südwestlich von Korça liegt auf 1.300 m Höhe das idyllisch anmutende Bergdorf Vithkuq. Es ist umgeben von einer großartigen Gebirgslandschaft, deren Gipfel knapp 2.000 m erreichen. Geschichtlich erlitt es nach einer Blütezeit im 17. und 18. Jhd. ein ähnliches Schicksal wie Voskopoja und nur einige alte, aber durchaus sehenswerte Kirchen und Klöster sind Beweis einer teilweise glanzvollen Vergangenheit. Ursprünglich gab es 18 orthodoxe Gotteshäuser und 3 Klöster bei einer Bevölkerungsanzahl von gut 15.000 Menschen. Heute bietet sich Vithkuq als Basis für ausgedehnte Wanderungen in unberührter Natur an, es existieren bereits einfache Gästehäuser. In den üppigen Eichen- und Buchenwäldern leben zurückgezogen wilde Tiere wie Bären, Wölfe, Füchse, Wild und Hasen.

auch innen sind alle gut erhalten

Am Ende des Hauptweges befindet sich **Shën Mëhili**, eine dreischiffige Basilika aus dem 17. Jhd. mit einem außergewöhnlichen 12-säuligen Wandelgang. Auch dieser Bau wurde auf Anweisung der Türken mit einem Flachdach gedeckt, als Kirche durfte er nicht erkennbar sein. Dafür hat man sich mit dem Inneren besonders intensiv beschäftigt und die Fresken, die Ikonostasen und die marmorierten Säulen sind fast vollständig erhalten, wenn auch teilweise restauriert. Auch das **Kloster Shën Pjetri** (s. Bild oben) mit einer Kreuzkuppelkirche aus dem 18. Jhd. hat innen wunderschöne Malereien und eine reich verzierte Ikonostase (vor der Brücke ins Dorf geradeaus, dann nach rechts oben). In der kleinen Kapelle dahinter, sie steht meist offen, stapeln

und es sind tatsächlich 12 Säulen

sich eine stattliche Menge an Schädel und Gebeinen. An der neuen Kirche im Zentrum kann man sich die Schlüssel zu den alten Bauwerken organisieren.

1936 entstand etwas unterhalb des Ortes Albaniens erstes Wasserkraftwerk. Auf dem Weg nach Vithkuq passiert man einen malerisch gelegenen Stausee mit einem kleinen Inselchen und kurz vor dem Dorf eine Steinbogenbrücke. Unter ihr wird der Quellort des Flusses Osum definiert.

Tipp: Durch den Bau der Erdgaspipeline wurden hier komplett unerschlossene Gegenden zugänglich gemacht. Westlich hinter Vithkuq führt nun eine neue Straße hoch in die Bergwelt. Sie geht nach etlichen Kilometern in eine Piste über und stellt keine Verbindung nach Skrapar dar, jedoch lohnt sich der Abstecher auf gut 1.800 m mit garantiert eindrucksvollen Ausblicken auf jeden Fall.

Ersekë (Karte 1:150.000 von freytag & berndt: P 12)

Diese eher schläfrig wirkende Kleinstadt (3.800 EW) befindet sich abgelegen 45 km südlich von Korça auf dem Weg nach Leskovik. Auf 1.020 Meter ist sie die höchst gelegene Stadt Albaniens. Zu osmanischer Zeit war es ein wichtiger Marktflecken für die landwirtschaftlichen Produkte der Region. Während des Kommunismus kam die Produktion von alkoholischen Getränken hinzu. Das Museum im Zentrum an der adretten Fußgängerzone enthält Ausstellungsstücke unterschiedlicher Richtungen, wie archäologische Funde und Belege der Bildungsentwicklung - i *200 Lek, Mo-Fr 10-14 h*. Zudem gibt es ein Kulturzentrum, eine umfassende Bibliothek mit über 50.000 Werken und einen kleinen Stadtpark mit einem Partisanendenkmal.

Östlich der Stadt erhebt sich das bereits in Griechenland befindliche Gramoz-Gebirge. Im weiteren Verlauf durchquert man in einer Berg- und Talfahrt eine einsame aber prächtige, teils stark bewaldete Region. Immer wieder erinnern Denkmäler an die Greueltaten des Zweiten Weltkriegs, wie beispielsweise in Borova und am Barmash-Pass.

Tipp für Camper: 15 km südlich von Ersekë liegt direkt am Weg in einem Waldstück die **Farma Sotira** - eine ökologisch betriebene Farm und Fisch-Taverne mit Blockhütten und Ausflugsangebot (www.farmasotira.com, 40°12'52.3"N 20°38'47.5"E);

der wilde Osten - Landschaft pur

Leskovik (Karte 1:150.000 von freytag & berndt: R 11)

Der kleine Ort (1.550 EW) im äußersten Südosten Albaniens liegt recht malerisch auf etwa 900 Meter, den 1.410 m hohen Mali i Melesinit im Hintergrund. Der griechische Grenzübergang Tre Urat befindet sich in unmittelbarer Nähe und ist sowohl über die landschaftlich sehr reizvolle, neu asphaltierte SH65 (14 km) als auch über Çarshovë und die SH80 (25 km) zu erreichen.

Zu osmanischer Zeit war Leskovik ein kleines regionales Handelszentrum, an einer wichtigen Durchgangsroute gelegen, einige der alten Häuser konnten bis heute erhalten werden. Und das, obwohl die Ansiedlung vor allem im Ersten Weltkrieg stark in Mitleidenschaft gezogen worden ist, in Folge nahm die Einwohnerzahl stetig ab. Am südlichen Ortsrand befindet sich eine ältere orthodoxe Kirche, die Statue am Schulhaus im Zentrum erinnert an Jani Vreto, einem Mitbegründer der ersten albanischen Schulen. Oberhalb des Dorfplatzes sprudelt an einem überdachten Andachtsort eine Trinkwasserquelle. Im Frühjahr zur Obstbaumblüte hat der Ort einen besonderen Reiz. Westlich von Leskovik erreicht die SH75 bald nur noch eine Höhe von etwa 350 m, begleitet von der Vjosa und den erhabenen Gipfeln des Nemërçka-Gebirges.

Benja (Highlight)
(Karte 1:150.000 von freytag & berndt: Q 10)

Dieses kleine Fleckchen Südostalbanien bietet gleich mehrere Highlights und zählt mit Sicherheit zu einer der unvergesslichsten Landesdestinationen. Eine der schönsten Steinbogenbrücken Albaniens, die ottomanische Ura e Kadiut aus dem Jahr 1760, erhebt sich gegen die großartige Kulisse des nahe gelegenen Nemërçka-Gebirges mit seinen bis zu 2.485 m hohen Gipfeln. Bei klarem Licht ein fantastischer Anblick. Noch angenehmer genießen lässt sich das Ambiente bei einem gesunden Bad. Vor und hinter der Brücke staut sich am Ausgang der Lengarica-Schlucht das schwefelhaltige, bis zu 30° warme Wasser unterirdischer Quellen in mehreren steinernen Badekolken. Einige größere Pools wurden inzwischen befestigt. Die Thermalquellen zählen zu den wasserreichsten des Landes. In den trockenen Sommermonaten gehört es schon fast zum Pflichtprogramm, die atemberaubende Schlucht einige Kilometer weit bis in den hinteren Teil zu erwandern. Dabei kreuzt man immer wieder den seichten Fluss, die vielfarbigen Felswände ragen steil nach oben, teilweise gibt es Höhlen, die vor langer Zeit bewohnt waren.

die Traumkulisse mit der Brücke

Baden im warmen Schwefel-Wasser

die grandiose Schluchtwanderung

Benjë - ein sehr ursprüngliches Dorf

Wunderschön ist auch das gleichnamige Dorf Benjë-Novoselë, der Abzweig liegt etwa 1 km vor den Quellen in einer Rechtskurve nach links oben (nur 4x4). Der autofreie Ort besteht aus uralten, authentischen Steinhäusern mit liebevoll angelegten Gärten entlang der steilen Gassen, Fortbewegungsmittel ist der Esel. Einladungen können sich zu einem kleinen Land- & Leute-Erlebnis entpuppen und sollten unbedingt (gegen ein angemessenes Entgelt) angenommen werden.

Auch die Lengarica ist von der Erschließung durch ein Wasserkraftwerk betroffen, die gewonnene Energie wird bei Përmet in ein überregionales Verbundnetz gespeist. Und die Pläne, die Thermalquellen zu einer professionellen Badeanstalt umzustrukturieren, lassen Schlimmes erahnen, schon jetzt ist der Andrang an den Wochenenden und in den Sommermonaten hoch.

Anfahrt: 10 Kilometer südöstlich von Përmet ausgeschildert, von hier nochmal 6 Kilometer bis zur Brücke, die Straße ist geteert. Der Parkplatz (200 Lek) eignet sich gut als Wohnmobil-Stellplatz. Samstag und Sonntag viel Ausflugsverkehr.

Përmet (Karte 1:150.000 von freytag & berndt: Q 10)

Das Stadtbild Përmets (6.000 EW) erinnert mit seinen gepflegten Parkanlagen und Straßenzügen sowie dem altem Baumbestand und den Denkmälern an einen kleinen, kultivierten Kurort. Überragt wird die „Stadt der Rosen" von den bis zu 2.000 Meter hohen Gipfeln des Mali i Dhëmbelit-Gebirgszuges, als landschaftliches Wahrzeichen gilt der über 40 Meter hohe Solitärfelsen am südlichen Stadtrand. Unterhalb des Ortes bahnt sich die Vjosa ihren Weg.

Erste geschichtliche Aufzeichnungen gehen auf das 15. Jhd. zurück, Reste der Altstadt sind noch vorhanden. Bedeutung erlangte Përmet aber erst 1944, hier fand der erste antifaschistische Kongress statt, welcher ein 13-köpfiges Übergangsparlament unter der Leitung Hoxhas wählte.

Die Umgebung ist sehr landwirtschaftlich geprägt, das Gebiet berühmt für seine Weinkellereien. Die wenigen Sehenswürdigkeiten sind schnell erreicht. Jenseits der Zufahrtsstraße liegt das ehemalige türkische Wohnviertel mit noch einigen wenigen bezeichnenden Steinhäusern. Am Ende der Straße und dann links gelangt man nach etwa 50 Metern zur bemerkenswerten, spätbyzantinischen Kirche **Shën Premtes**. Ohne Turm erinnert das Kulturdenkmal weniger an ein religiöses Bauwerk als an ein kleines Wehrhaus. Der Bau überlebte diverse Brandattacken in beiden Weltkriegen, Italiener und Deutsche brannten die Stadt mehrmals nieder. Anders erging es der Kirche **Shën Kollit**, nur wenige Meter weiter nördlich gelegen. Sie erlitt während der Atheismus-Kampagne des Kommunismus großen Schaden, konnte aber wieder weitgehend hergestellt werden. Südlich des Solitärfelsens liegen die **Neue Moschee** und die **protestantische Kirche**. Der Felsen selbst ist über Treppen zu erreichen, oben sind noch Überreste einer osmanischen Verteidigungsanlage zu erkennen. Der Stadtpark enthält **zwei Werke** des bedeutenden, aus Përmet stammenden **Bildhauers Odhise Paskali**, ein Denkmal eines Freiheitskämpfers und einer Partisanenkämpferin.

Tipp: Für lokalen Wein, Raki und andere Naturprodukte der Region gibt es spezielle Direktverkaufsstellen, so z.B. das Glokoje Almeg im Nordwesten der Stadt (westseitig der Vjosa), das Bejko Richtung Kelcyrë oder in Badëlonjë, wenige km südöstlich. Nähere Infos erteilt die neue Touristeninformation im Kulturzentrum, sowie auch Infos zu den Ausflugszielen.

die Moschee und das Wahrzeichen

die Heilige Maria von Leusa

Sehenswertes in der Umgebung:

Das Umland von Përmet ist bekannt für seine bemerkenswerten alten Kirchenbauten und Klöster. In der idyllischen Waldlandschaft von **Leusa** liegt die stattliche, im byzantinischen Stil erbaute Marienkirche **Shën Mërisë**. Ihre Ursprünge gehen in das 14. Jhd. zurück, in ihrer heutigen Form entstand sie im 17. Jhd., 1963 wurde sie zum Kulturdenkmal erklärt und im Jahr 2000 umfassend restauriert. Sowohl die Fassade als auch das Innere sind mit aufwendigen Fresken versehen. Von Përmets südwestlichstem Ortsteil wandert man in ca. 40 Minuten nach Leusa, den Schlüssel zur Kirche erfrägt man am besten im ersten Haus des Dorfes.

Auch in **Kosina**, wenige Kilometer nördlich von Përmet, gibt es eine sehenswerte Marienkirche. Der aufwendige byzantinische Kreuzkuppelbau stammt vermutlich aus dem 13. Jhd. Die kunstvolle Außenfassade zieren Rundziegeln, Säulen und Reliefs. Kosina ist Richtung Këlcyrë ausgeschildert, die letzten Meter sollte man zu Fuß zurücklegen.

Das bedrohte Vjosa-Tal - Die Vjosa ist mit 272 km einer der längsten Flüsse Albaniens und durchfließt vorwiegend kaum oder nur wenig besiedeltes Gebiet. Ihr Ursprung liegt im griechischen Pindos-Gebirge, wo sie ihre ersten 80 km bis zur Grenze als Aoos zurücklegt. Dort ist der Fluss bereits Bestandteil eines Nationalparks. Ihr Einzugsbereich wird teilweise intensiv landwirtschaftlich genutzt, bevor sie nördlich der Narta-Lagune die Adria erreicht. Die Vjosa ist einer der letzten Wildwasserflüsse Europas und noch komplett unverbaut. Ein ungezähmtes Gewässer, das seit Jahrmillionen nach jedem Hochwasser seinen Lauf verändert und die Landschaft formt. Ein bislang ungestörtes Ökosystem, welches die Heimat unzähliger Tierarten ist und wo 2017 sogar eine neue Insekten- und eine unbekannte Fischart entdeckt wurden. Doch das Paradies ist in höchstem Maße bedroht, in Albanien ist die Zähmung der Flüsse in vollem Gange, das Land gewinnt seinen Strom fast nur aus Wasserkraft. Hier, im blauen Herzen Europas, passiert das, was in Mitteleuropa schon vor langer Zeit Lebensräume zerstörte. Nach den Plänen der Regierung, eines italienischen Investors und türkischen Erbauers soll die Vjosa bei Poçem für ein weiteres Wasserkraftwerk zur Energieerzeugung reguliert werden, um den steigenden Strombedarf zu decken. Über Alternativen wie Importe aus den benachbarten Ländern, wo praktisch jährlich viel ungenutzte Energie "den Bach runtergeht", wird kaum nachgedacht. Eine vorgelegte Umweltverträglichkeitsprüfung wurde als unvollständig und mangelhaft beurteilt, was aber keine endgültige Entscheidung über den Bau darstellt, der Kampf vor Gericht geht weiter. Trotzdem ein kleiner Erfolg für Umweltschützer und Anwohner, denen ihre Existenzgrundlage durch die Überflutung ihrer Felder und Weiden entzogen würde. Weltweit stellen Wissenschaftler die Frage, ob sich der Bau eines Kraftwerkes mit Staudamm überhaupt rechnet. Man geht davon aus, dass spätestens 30 Jahre nach Fertigstellung die Stromproduktion eingestellt werden müsste, da die transportierten Sedimente den Stausee bis dahin wieder gefüllt hätten. Seit 2014 setzen sich Naturschützer aus ganz Europa für den Erhalt der Vjosa als Wildfluss und die Einrichtung eines Nationalparks ein - hoffentlich mit Erfolg!

Nationalpark Bredhi i Hotovës-Dangelli, Dorf Frashër - Anfahrt nur für Allradahrzeuge! (Karte 1:150.000 von freytag & berndt: Q 10)

Nördlich und östlich von Përmet erstreckt sich der sehr waldreiche Bredhi i Hotovës-Dangelli Nationalpark (dt.: Tannen von Hotova-Dangell). Mit einer Größe von 34.361 Hektar ist es das größte geschützte Gebiet Albaniens und beherbergt einen stattlichen Bestand an Mazedonischen Kiefern, die einst den größten Anteil an Nadelgehölzen rund um das Mittelmeer bildeten. Die „Lunge des Balkans" ist die Heimat von Rehen, Bären, Wölfen, Rotfüchsen und anderen Wildtieren. Im Waldgebiet verstreut liegen einige kleine Dörfer, das bekannteste von ihnen ist Frashër, der Geburtsort der drei berühmten Brüder Abdyl, Naim und Sami, die allesamt während der zweiten Hälfte des 19. Jhd. eine bedeutende Rolle in der nationalen Freiheitsbewegung Rilindja spielten. Eine erste schriftliche Erwähnung des Dorfes geht auf das Jahr 1431 zurück, bis Anfang des 20. Jhd. war daraus fast eine Stadt mit 550 Häusern geworden. Heute leben nur noch wenige Menschen dort. Sehenswert sind die verbliebenen ursprünglichen Steinhäuser und die restaurierte Tekke des ehemaligen Bektashi-Klosters. Das Geburtshaus der Frashëri-Brüder wurde zwar ebenfalls renoviert und sollte als Museum eröffnet werden, ist aber immer noch in einem schlechten Zustand. Im Nationalpark wurden inzwischen etliche Wanderwege von den Schweizer Eidgenossen gekennzeichnet.

die Zufahrtsstraße - nur für 4x4

die Büsten der 3 Brüder

Anfahrt: Die ausgeschilderte, offizielle Zufahrt liegt 8 km nordwestlich von Përmet, ab hier 30 km bis zum Dorf. Eine weitere Piste führt von den Thermalquellen bei Benja nach Frashër. **Achtung:** Beide Anfahrtswege nur für 4x4 (s. Bild).

Reiseinfos und praktische Tipps

Anreise per Auto: Für die Anreise mit dem PKW gibt es mehrere Varianten. Über Österreich und dann über Slowenien, Kroatien oder Bosnien und Montenegro, oder über Ungarn, Serbien und den Kosovo. In Montenegro wählt man zwischen den Grenzübergängen Muriqan/Sukobin südlich, bzw. Hani i Hotit nördlich des Skutari-Sees. Vom Kosovo kommend über Morinë (Achtung: hier gilt die Grüne Versicherungskarte nicht, ein Extra-Schein muss gelöst werden - ab € 15,--).
Bahn: Das Land verfügt über keine internationale Streckenanbindung. Eventuell in ein Nachbarland reisen und dann von dort mit dem Bus weiter.

Bus oder Fähre - gute Alternativen

Bus: Mehrmals die Woche fahren Busse mit Umsteigen nach Tirana, wahlweise auch über den Fährweg, buchbar z.B. über www.eurolines.de oder www.fernbus24.de.
Mit der Fähre kommt man von Italien (Triest, Ancona, Bari oder Brindisi) nach Durrës, im Sommer auch nach Vlorë. Alternativ ist auch Venedig - Igoumenitsa (Nordgriechenland) möglich und von dort über den Grenzübergang Konispol/Qafë Botë nach Südalbanien.
Flug: Albanien verfügt über einen internationalen Flughafen bei Tirana (Rinas - TIR). Günstige Flüge bieten zwischenzeitlich mehrere Gesellschaften ab zahlreichen europäischen Flughäfen an. Es empfiehlt sich jedoch eine frühzeitige Buchung oder Flexibilität bzgl. Abflughafen und Flugdauer (oft mit Umsteigen). Eine preiswerte Alternative ist Prishtina/Kosovo, Podgorica/Montenegro oder auch die griechische Insel Korfu und dann mit der Fähre übersetzen (www.finikas-lines.com) und weiter mit dem Mietwagen (s. Mietwagen).

Autofahren - Mitzuführen sind KFZ-Schein, Führerschein (kein internationaler) sowie die internationale Grüne Versicherungskarte. Die Autobahnen, Schnellstraßen und einige Nebenstrecken sind inzwischen gut ausgebaut, viele Verbindungen warten aber noch auf die Sanierung bzw. haben durch Baumängel bereits wieder Schaden genommen. Generell wird mit Hochdruck an der Verbesserung des Straßennetzes gearbeitet, öfter kommt es zu Behinderungen durch Baustellen. Schadstellen und Randabbrüche sind selten ausreichend gekennzeichnet oder abgesichert. Man sollte sich unbedingt an die Geschwindigkeitsbegrenzungen halten (innerorts 40 km/h, außerhalb 90 km/h, Autobahnen 110 km/h), Radarkontrollen finden häufig statt. Von Nachtfahrten ist dringend abzuraten. Unbeleuchtete Verkehrsteilnehmer sind auch keine Seltenheit. Umsichtiges Fahren stellt sich meist nach wenigen Kilometern automatisch ein, die Albaner haben zwar einen gewöhnungsbedürftigen Fahrstil, es ergeben sich jedoch selten gefährliche Situationen. Häufig ist man auf dem eigenen Fahrstreifen mit Gegenverkehr in Form von Radfahrern, Eselskarren und freilaufenden Tieren konfrontiert. Ebenso mit plötzlich bremsenden Busfahrern, es gibt keine offiziellen Haltestellen. Das Verkehrsaufkommen steigt von Jahr zu Jahr und das albanische Straßennetz ist dem Ansturm noch nicht gewachsen. Die derzeitige Regierung legt großen Wert auf Sicherheit im Straßenverkehr, es wurden bereits viele sichtbare Verbesserungen vorgenommen. **Es herrscht Tageslichtpflicht, Anschnallpflicht sowie die 0-Promille-Grenze.** Die Ausschilderung der Orte, sogar mit Kilometerangaben hat einen enormen Fortschritt erfahren.

Von den braunen Touristenschilder sollte man sich jedoch keine Genauigkeit erwarten. Oft sind die Sehenswürdigkeiten nur einmal ausgeschildert und spätestens an der nächsten Kreuzung gerät man in die Gefahr sich zu verirren. Inzwischen existieren allerorts Straßenschilder. Das bei den Navigationsanbietern im Europa-Paket angebotene Albanien beschränkt sich immer noch meist nur auf die Hauptverkehrsstraßen. Evtl. kann man sich je nach Anbieter ein zusätzliches Programm auf sein Gerät laden. Für die Autobahn A1 mit dem 5.650 m langen Thirrë-Kalimash Tunnel ist eine Maut von € 5,-- in Planung. Autostop ist weit verbreitet. Man macht den Menschen eine große Freude, wenn man sie ein Stück mitnimmt, der Fußweg beträgt oft mehrere Stunden. Zudem kann man auf diese Art gut Kontakt mit der Bevölkerung knüpfen, oft wird man auch eingeladen.

Camping - Inzwischen existiert ein vernünftiges Angebot an Campingplätzen, zumindest in den von Touristen hauptsächlich angefahrenen Regionen. Nur im Osten und Südosten besteht noch Aufholbedarf. Neben den bereits bestehenden Möglichkeiten mit unterschiedlichem Standard schießen vor jeder Saison immer wieder Alternativen aus dem Boden, meist handelt es sich um unerschlossene Wiesengrundstücke ohne Komfort (Strom und Sanitär) und Genehmigung. Wildes Campen ist nicht verboten und bietet durch die Vielzahl an Möglichkeiten eine schöne Abwechslung. Aktuelle Informationen bietet die neue Campingbroschüre Albanien mit Montenegro-Sonderteil des hobo-team-Verlages inkl. freie Stellplätze (EAN: 0714118695804).

Diplomatische Vertretungen
Deutsche Botschaft: Tirana, Rruga Skanderbeg 8, Tel.: +355 (0)4 2274505, Fax: ~ 2232050 info@tira.diplo.de, www.tirana.diplo.de/Vertretung/tirana/de/Startseite.html
Österreichische Botschaft: Tirana, Rruga Xibrakeve 4, Tel.: +355 (0)4 2274855, Fax: ~ 2233140 Mail über Kontaktformular, www.bmeia.gv.at/oeb-tirana
Schweizer Botschaft: Tirana, Rruga Ibrahim Rugova 3/1, Tel.: +355 (0)4 2240102 oder 2236535, tirana@eda.admin.ch, www.eda.admin.ch/albania

Drogen - Immer wieder gerät Albanien durch den internationalen Drogenhandel leider in die Negativschlagzeilen, auch im eigenen Land. Vieles wird übertrieben dargestellt, einiges aber auch verharmlost. Doch generell ist die Thematik aktuell und sollte nicht unterschätzt werden. Viele Einwohner sind in die schier endlose Kette vom kleinen Produzenten über den Mittelsmann bis hin zum mächtigen Fadenzieher verwickelt, sogar Kinder versuchen, auf den Zug aufzuspringen. So mancher Arzbesuch kann davon bezahlt werden und noch mehr Luxus wird davon finanziert. Wahr ist auch, dass sich die Cannabis-Anbaugebiete inzwischen über das ganze Land verteilen. Man sollte sich dadurch jedoch nicht verunsichert fühlen und desshalb von einer Reise absehen, für den ausländischen Besucher bestehen absolut keinerlei Gefahren, sofern er sich nicht in unseriöse Geschäfte verwickeln lässt.

Einreise - Für die Einreise ist ein Personalausweis ausreichend. Für einen Aufenthalt länger als 90 Tage wird ein Reisepass benötigt, dieser wird zudem meist für den Erwerb einer Internet-SIM-Karte benötigt. Kinder benötigen einen eigenen Ausweis mit Lichtbild.

wer fragt, bekommt ein Lächeln

Fotografieren - Meist ist es kein Problem, Menschen und ihre Situationen bildlich festzuhalten, im Zweifelsfall oder bei Frauen in den Bergregionen vorher aber bitte unbedingt fragen!

Gesundheit und Hygiene - Man sollte sich im Vorfeld um eine Auslandskrankenversicherung kümmern. Anfallende Kosten müssen vorgestreckt werden. In allen Ortschaften gibt es gut ausgestattete Apotheken, viele Medikamente sind hier günstiger und rezeptfrei zu bekommen (z.B. Antibiotika). Die gesundheitliche Versorgung hat in den letzten Jahren einen gewaltigen Sprung nach vorne gemacht. In den großen Städten gibt es modernste Privatkliniken mit exzellent ausgebildetem Personal, meist spricht man Deutsch oder Englisch. Impfungen sind keine vorgeschrieben.

Durch die lange Isolation vom Rest Europas entsprechen manche Einrichtungen noch nicht dem westlichen Standard und man sollte Verständnis dafür aufbringen, so existieren in manchen kleinen Bars und Tavernen noch Hock-/Stehtoiletten. Durch die engeren Abwasserrohre vor allem in ländlichen Gegenden (in den großen Städten gibt es inzwischen eine ausgebaute Kanalisation) entstehen häufiger Verstopfungen, man sollte kein Papier etc. in die Toiletten werfen, dafür stehen Abfalleimer zur Verfügung. Für die Müllbeseitigung gibt es noch keine befriedigenden Lösungen, jedoch wird bereits viel getan. In den Ortschaften stehen große Müllcontainer, um einer illegalen Beseitigung in der Natur vorzubeugen und die Straßen werden durch bezahltes Personal sauber gehalten. Zahlreiche Müllkippen vor den Ortschaften wurden beseitigt und es existieren inzwischen etliche große Müllhalden in der Nähe der großen Städte.

Das Wasser in den Bergflüssen (und offiziell auch das Leitungswasser) ist trinkbar, im ganzen Land gibt es am Straßenrand Quellen mit frischem Trinkwasser. Bei Zweifeln sollte man auf abgefülltes Wasser zurückgreifen.

Internet - Der weltweite Dienst ist aus Albanien nicht mehr wegzudenken und wird in ausnahmslos allen Hotels, Restaurants, Bars und allen sonstigen Freizeiteinrichtungen bereitgestellt. Manchmal liegt die Reichweite aber nur im Bereich des Routers. Die Campingplätze sind ebenfalls mit W-Lan ausgestattet. Eine Ausnahme bilden die sehr abgelegenen Gästehäuser und Privatunterkünfte. Reine Internetcafés findet man in allen Ortschaften. Preis ab € 0,50 pro Stunde. Alternativ kann man sich einen Stick der Anbieter Telekom, Eagle, Plus oder Vodafone holen, Preis ab € 7,--/Monat bei 3-4 GB Datenvolumen, für die Registrierung wird oft ein Reisepass gefordert. Das Netz der Anbieter funktioniert fast flächendeckend.

Kinder (Urlaub mit Kindern) - Durch die bisher kurze touristische Entwicklung gibt es noch keinen echten „Kindertourismus". Doch das Land zu erkunden ist spannend genug und bietet für jede Altersgruppe der Jüngeren viele unvergessliche Eindrücke. Die Bevölkerung selbst ist äußerst kinderfreundlich und die jungen Albaner sehr kontaktfreudig. So kann man sicher sein, dass bei einem längeren Aufenthalt schnell Freundschaften geschlossen werden. Zudem lädt die reiche Tier- und Pflanzenwelt zum Beobachten ein. Pelikane in den Lagunen, Wildvögel, Schildkröten, (harmlose) Schlangen, Murmeltiere..., die Natur bietet vieles, was die Kinder zuhause nur noch aus Büchern kennen. Die zahlreichen Esel- und Pferdekarren sind eine selten gewordene Sensation - im Osten des Landes jedoch noch weit verbreitet.

Kirchen (verschlossene) - Fast alle Kirchen sind zum Schutz vor Plündereien und Vandalismus stets verschlossen. Der Aufsperrdienst befindet sich aber immer in unmittelbarer Nähe. Am besten frägt man im nächsten Dorfladen, der Bar oder einen Passanten: Ju lutem, kush ka çelësin per kishën? (ju lutem, kusch ka tschelösin per kischön? - bitte, wer hat den Schlüssel zur Kirche?)

Vandalismus - leider weit verbreitet

Kleidung und nützliche Ausrüstung - Generell ist robuste und bequeme Kleidung zu empfehlen. Für die Sommermonate die in den südlichen Urlaubsländern gewohnte Leichte, in der kühleren Jahreszeit sind oft eine dicke Winterjacke, Handschuhe und entsprechende Schuhe von Vorteil. Für die Bergregionen unbedingt auf wetterfeste, warme Kleidung achten. Für Flusswanderungen und die Küstenregion im Süden sind Badeschuhe von Nutzen und in den regenreicheren Monaten auch Gummistiefel sowie Schuhe mit rutschfestem Profil, da viele Städte im Altstadtbereich mit Kopfsteinpflaster ausgelegt und die Wege steil sind. Kurze und knappe Kleidung ist für religiöse Stätten, vor allem Moscheen und Klöster unangebracht, ansonsten lebt die junge Bevölkerung bereits die Freizügigkeit vor. Geeigneten Sonnenschutz (evtl. auch Kopfbedeckung) sollte man von Zuhause mitnehmen, Cremes mit hohem LFS sind nicht überall erhältlich und zudem relativ teuer. Ansonsten bekommt man im Land alles Notwendige wie Mückenschutz etc.

Für die Besichtigung von manchen Festungen sowie Höhlen ist eine Taschenlampe von Vorteil. Ein Fernglas ist zur Beobachtung der Tierwelt von Nutzen. Ein Stromadapter ist nicht notwendig.

Klima und Reisezeit - Das Klima des Landes ist in den diversen Regionen unterschiedlich geprägt, die durchschnittliche Landes-Jahrestemperatur beträgt 16°C. An der Küste herrscht mediterranes Klima, wobei der Sommer südlich des Llogara-Passes ein wenig länger dauert. Das Landesinnere gilt als submediterran, die Gebirgsregionen und Ostteile des Landes sind kontinental geprägt. Die beste Reisezeit für Entdeckungen liegt zwischen April und Anfang Juni sowie September und Oktober. Nach starken Regenfällen (im April und Oktober durchaus möglich), sind etliche Wege kaum passierbar. Die heißen Sommermonate Juli/August sind perfekt für einen Bade-/Strandurlaub, die Strände jedoch überall sehr voll.

Kurz-Knigge - Die Begrüßungen in Albanien fallen sehr herzlich aus mit Händeschütteln und Wangen küssen, auch bei Männern, ebenso die Verabschiedung. Je häufiger geküsst wird, desto länger hat man sich nicht gesehen. Die Gesten des Kopfschüttelns sind entgegengesetzt anderer Europäer zu deuten. Nicken bedeutet „Nein" (manchmal wird zusätzlich der Zeigefinger geschwenkt), Hin- und Herbewegen des Kopfes seitlich hingegen „Ja". Aber zu diesem Thema gehen selbst im Lande die Meinungen auseinander und man sollte sich nicht verwirren lassen. Geschenke in Form von Geld wirken beleidigend. Eher angebracht sind Süßigkeiten und Kugelschreiber für die Kinder, kleine Fläschchen alkoholischer Getränke, Rotwein, Bilder, Zigaretten oder irgendein Krimskrams. Bei Betreten von Privathäusern muss man unbedingt die Schuhe ausziehen. Einladungen sollte man nicht ausschlagen, es wirkt unfreundlich. Albaner lieben es, Fremde zu bewirten und sei es nur ein Glas Raki. In abgelegenen Regionen ziehen sich Frauen bei Erscheinung von Fremden noch zurück, hier sollte man zudem mit dem Fotografieren vorsichtig sein. Die ländlichen Bars werden immer noch fast ausschließlich von

Männern besucht, welche dem Dominospiel nachgehen, ausländische Frauen werden jedoch akzeptiert. In den Städten hat sich das Bild inzwischen gewandelt und auch die jungen Frauen zeigen sich gerne in der Öffentlichkeit. Die Albaner sind ein sehr freundliches Volk, gutgesinnte Gesten des Grußes sollten unbedingt erwidert werden.

Landkarten und Lektüre - Eine sehr gute Straßenkarte ist die des Verlages freytag & berndt im Maßstab 1:150.000 (einziger Nachteil ist die erschlagende Größe; auch zu beziehen über www.hobo-team.de). Die Karten des albanischen Vektor-Verlages sind nicht ganz so genau, Vorteil ist die kompakte Größe und dass es für jede Region eine Extra-Karte gibt.

Wer wandern möchte, ist mit dem "Peaks of the Balkan" oder dem allgemeinen Wanderführer über Albanien aus der Reihe der Rother Wanderführer gut ausgestattet. Hier findet man detaillierte Routen durch die nordalbanische Bergregion, Küstenwanderungen und Gipfeltouren; High Albania von Edith Durham, Bericht einer Albanienreise um die vorletzte Jahrhundertwende - englisch; "Freundliches Albanien" Bilder von D. & J. Sieckmeyer, großartiger Bildband mit einfühlenden Texten eines albanischen Schriftstellers; die Romane des Nationalliteraten Ismail Kadaré informieren spannend über Geschichtsereignisse, z.B. "Chronik in Stein", "Die Festung" oder "Der General der toten Armee"; "Kauderwelsch Albanisch Wort für Wort" aus dem Reise-Know-How-Verlag. Diese Titel stellen nur eine kleine Auswahl dar.

Mietwagen - Autos aller Klassen von nationalen (sunnycars, happycar, albarent) und internationalen (sixt, avis, hertz, europcar;) Firmen gibt es in den großen Städten. Die Fahrzeuge können vorab über das Internet gebucht werden. Bei Mietübernahme im Ausland und auch für geplante Grenzübertritte unbedingt die Bedingungen vorher abfragen.

Eine Auswahl auch über www.albanien-mietwagen.com.

Notruf - Erste Hilfe: 127; Feuerwehr: 128; Polizei: 129; Straßenverkehrspolizei: 126;

Öffentliche Verkehrsmittel (Zug, Bus, Taxi) - In Albanien reist man zu unglaublich niedrigen Preisen mit Bussen und der Bahn. Das Reisen mit der Bahn hat seinen eigenen Flair und bietet ein Stück Abenteuer. Mit wenig Bequemlichkeit, langsam aber billigst kommt man hier voran. Aktuell unterliegt das Schienennetz einer Sanierung, der Bahnhof in Tirana entsteht neu und auch die Züge werden nach und nach ausgetauscht. Der Knotenpunkt befindet sich derzeit in Durrës. Mit Bussen und Minibussen erreicht man jedes Ziel, meist unschlagbar günstig und teils ebenfalls noch mit eingeschränktem Komfort, obwohl immer mehr neue Busse zum Einsatz kommen. Für die großen Überlandbusse gelten Fahrpläne (häufig wechselnd), die kleinen Furgone fahren von früh bis spät in unregelmäßigen Abständen. In den größeren Städten existieren mehrere Stationen (im Internet findet man kaum Fahrpläne, am besten wendet man sich an die Touristeninformationen oder an seine Unterkunft). Taxis sind im Vergleich zu Deutschland um ein vielfaches billiger, hier vorher den Preis erfragen, man kann handeln.

Öffnungszeiten (Geschäfte, öffentliche Institutionen, Museen) - Die Geschäfte öffnen in der Regel gegen 8.00 h und sind bis in die späteren Abendstunden geöffnet. Auch samstags und sonntags. Banken haben Mo. bis Fr. von 8.00-14.30 h geöffnet. Museen und Archäologieparks haben inzwischen keine einheitlichen Öffnungszeiten mehr, sind aber ab spätestens 9.00 h geöffnet, machen in der Regel eine Mittagspause und öffnen nachmittags ab 14.00 h wieder.

Während der Sommermonate werden erweiterte Öffnungszeiten eingeführt. Die Botschaften haben nur vormittags Parteienverkehr. In Tirana ist an den Kiosken und der Touristeninformation ein monatlich erscheinendes Heft mit aktuellen Veranstaltungen und Öffnungszeiten erhältlich.

Post - Öffnungszeiten Mo. - Fr. 8.00-17.00 Uhr, Sa. 8.00-13.00 Uhr. Postkarten in die EU kosten € 0,65, außerhalb der EU € 0,80 und sind ca. 10 - 15 Tage unterwegs.

Preise und Geld - Albanien hat trotz einer tendenziell nach oben gerichteten Entwicklung im Vergleich zu anderen südosteuropäischen Länder noch sehr moderate Preise und ist in jeder Hinsicht ein sehr günstiges Urlaubsland. Natürlich schwanken in den Touristengebieten die Preise saisonbedingt und an der Küste etwas mehr als im Osten des Landes. Lebensmittel und Dienstleistungen haben in den letzten Jahren preislich angezogen, viele Produkte (z.B. Gemüse im Sommer) müssen inzwischen importiert werden und ein Reifenservice oder Friseur passt seine Forderung natürlich auch dem Klientel an (daher sollte man mit Trinkgeld unbedingt bedacht umgehen!). Genügend Bargeld in Landeswährung ist von Vorteil und Eintrittspreise oder Sprit somit günstiger. Benzin und Diesel sind im Vergleich recht teuer: 1 L ~ € 1,25-1,30. Wechseln kann man getrost in Wechselstuben oder auch bei Geldwechslern auf der Straße (trotzdem nachzählen). Ansonsten stehen zum Wechseln zahllose Geldautomaten zur Verfügung. In Euro zu bezahlen ist inzwischen fast überall möglich, bringt aber immer einen Währungsverlust mit sich. Viele Tankstellen weisen auf ihren Pylonen zwar auf Kartenzahlung hin, das ist aber nicht immer möglich, vorher unbedingt fragen. Die Eintrittspreise in diesem Reiseführer haben den Stand von 2017. Es ist zu erwarten, dass kulturelle Stätten (Ausgrabungen, Museen, etc.) ihre Preise deutlich anheben werden, viele werden mit elektronischen Einlass-Geräten ausgestattet. An dieser Stelle sei bemerkt, dass viele Albaner noch mit alten Lek rechnen. Das geht auf die Währungsreform in den 60er Jahren zurück, da waren z.B. 100 ALL noch 1.000 ALL - also nicht erschrecken, wenn der Tante Emma Laden 2.000 Leke aufschreibt aber die Rechnung nur 200 macht, hier wird noch mit einer "Null" mehr gedacht. Das ist nicht böse gemeint und keine Übervorteilung. Handeln ist im ganzen Land (außer in Kruja) eher unüblich.

Sicherheit - Albanien ist, entgegen immer noch bestehender Vorurteile, ein sehr sicheres Reiseland. Überfälle und Raub kommen nicht vor, man sollte aber auch "seinen Reichtum" nicht übermäßig zur Schau stellen und provozieren. Die Menschen sind äußerst zuvorkommend und hilfsbereit. Alleinreisende Frauen werden keine Probleme haben. Von Nachtfahrten ist aufgrund mangelhafter Baustellenabsicherungen, ungesicherten Randabbrüchen und offenen Gully-Deckeln generell abzuraten. Bei nächtlichen Spaziergängen, auch in den Städten, ist eine Taschenlampe hilfreich.

Sportmöglichkeiten in Albanien - Das kleine Land bietet vielfältige Möglichkeiten für einen Aktivurlaub. Dabei beschränkt sich das Angebot nicht nur auf die warme Jahreszeit, jede Saison erfüllt Grundlagen für Aktivitäten. Wasserratten finden bereits ab Mitte/Ende April Gelegenheit, die moderaten Wassertemperaturen zu nutzen. Zahlreiche Sportarten sind von Ende April bis Mitte Oktober möglich, die Wassertemperaturen reichen in dieser Zeit von 20-24 Grad. Albanien entwickelt sich immer mehr zu einem sehr beliebten Wanderziel, die Voraussetzungen sind optimal und immer mehr Regionen werden erschlossen. Die Saison für diese Aktivitäten ist jedoch etwas kürzer, in den Bergregionen liegt oft bis in den Juni Schnee. Jedoch erfreuen sich hier die Wintersportarten wachsender Beliebtheit. Es gibt sogar Skipisten, jedoch meist noch ohne Lifte. In den letzten Jahren wurden etliche Klettersteige befestigt und Paragliding-plätze erschaffen. Kite-Surfen ist ebenso möglich wie Surfen oder Schnorcheln und Tauchen. Die großen Flüsse werden zum Raften (bis Juni) und für Kajak genutzt. Generell ist es ratsam, für alle Sportmöglichkeiten die Geräte selbst mitzubringen.

Sprache und Verständigung - Die Albaner sind sehr offene Menschen und freuen sich über jede Kommunikation. Nur wenige Worte Albanisch öffnen Tür und Tor. An der Küste kommt man oft mit Italienisch recht weit und in Touristenorten mit Englisch natürlich. Auch Deutsch setzt sich mehr und mehr durch. Generell kommt es selten zu Missverständnissen, im Zweifelsfall wird jemand zum Übersetzen angerufen.

Telefonieren - Vier Mobilfunkbetreiber - Telekom, Eagle, Plus und Vodafone decken das Netz ab, der Empfang ist in der Regel überall gut. Prepaidkarten (ab 500 Lek, ca. € 3,70) dieser Gesellschaften sind in den entsprechenden Shops bzw. an Kiosken erhältlich. In den größeren Ortschaften stehen Telefonsäulen zur Verfügung, Karten hierzu sind ebenfalls an Kiosken oder in den Postämtern erhältlich. Die internationale Vorwahl ist die +355.

Tiere (eigene und wilde) - Die Mitnahme von Hunden ist generell kein Problem, vorhanden sein müssen gültige Gesundheitspapiere. Streunende und wilde Hunde stellen für ängstliche Menschen manchmal ein kleines Problem dar, dem kann man durch das Androhen eines Steinwurfes entgegenwirken, dann machen sich die Streuner schnell aus dem Staub. Bellende Hirtenhunde hingegen üben nur ihre Pflicht aus und beschützen die Herde.

Trinkgeld - In Albanien war es bis vor kurzem fast ganz unüblich Trinkgelder zu geben. Mit zunehmendem Tourismus hat sich diese "Un"-Sitte leider schon sehr weit ausgebreitet. In ländlichen Gegenden sollte man trotzdem davon absehen, hier wirkt es unhöflich und wird auch oft nicht akzeptiert. Ansonsten sind inzwischen auch schon 5-10% üblich (Restaurants Hotels). Absolut falsch ist es jedoch, bei sonstigen Dienstleistungen wie Reparaturen, Beförderungen, Friseurbesuch usw. den verlangten Preis aufzurunden. Die Menschen wissen genau, wieviel ihre Arbeit wert ist, mehr zu geben macht die Preise schnell kaputt!

Unterkunft - Die Möglichkeiten sind vielfältig. Mehr und mehr Campingplätze entstehen und in sämtlichen Regionen bieten Familien liebevoll ausgestattete, preisgünstige Privatunterkünfte bzw. Zimmer in Guesthäusern an (beschildert mit "Dhoma", ab € 10,--). Auch oft von Familien betrieben werden kleinere Hotels. In den Feriengebieten und den größeren Städten gibt es zahlreiche komfortable Hotels unterschiedlichster Preisklasse, Appartements und Ferienwohnungen. Einfachere sind ab € 20,-- pro Doppelzimmer zu bekommen. In Ortschaften ohne Unterkunftsangebot kann man sich auch durchaus nach einer Privatunterkunft im Hause einer Familie erkundigen. Diese werden gerne angeboten und man bekommt so Anschluss an die Bevölkerung. Da das Angebot inzwischen vielfältig ist, sind Reservierungen, außer im Sommer an der Küste für die Wunschunterkunft, nicht nötig. Die Buchungsportale bieten eine gute Übersicht (z.B. booking.com). In den größeren Städten winken Einheimische in der Saison am Straßenrand mit Schlüsseln - diese Leute haben Zimmer frei. Einfach Stift und Zettel rausstrecken und den Preis notieren lassen, falls es mit Englisch nicht klappen sollte.

Verkehr, Straßenzustände und Pannen - Gefahren lauern überall, aber es passiert relativ wenig (Tiere, unbeleuchtete Fahrzeuge, Schlaglöcher, Randabbrüche, etc.). Dem rasant steigenden Verkehrsaufkommen ist das albanische Straßenverkehrsnetz nicht gewachsen, auch die neu ausgebauten Straßen nicht. Der Straßenbau schreitet überdurchschnittlich schnell voran, was gestern noch eine Piste war, ist heute asphaltiert und leider aufgrund der oft schlechten Qualität morgen schon wieder sanierungsbedürftig. Für die Reisedauer einer Strecke sollte man mindestens die doppelte Zeit wie gewöhnlich einplanen, gerade im Osten und in sehr bergigen Regionen sind mehr als 150 km am Tag kaum zu schaffen. Inzwischen gibt es in Albanien einen offiziellen Pannendienst (ACA, www.aca.al), der auch mit dem deutschen ADAC zusammenarbeitet und das Abschleppen und Werkstätten organisiert. Reparaturen sind in der Regel sehr günstig und Ersatzteile können ohne Probleme besorgt werden.

Währung - Die albanische Währung ist der Lek. Durchschnittlicher Kurs: 1 Euro = 125 Lek (Oktober 2018). Es gibt Banknoten zu 200, 500, 1.000, 2.000 und 5.000 Leke. Münzen zu 1, 2, 5, 10, 20, 50 und 100 Leke. Die Währung kann im Ausland nicht ge- oder verkauft werden.

Zeit - Es gilt die MEZ bzw. MESZ (Deutschlandzeit).

Zoll - Kontrollen finden nur ganz selten statt, z.B. bei übermäßig viel Gepäck. Bei Erwerb von Kunstgegenständen, Antiquitäten, Edelmetallen sollte man sich um eine Ausfuhrgenehmigung bemühen (evtl. direkt beim Kauf). Bei der Rückreise dürfen pro Person folgende Freimengen ausgeführt werden: 200 Zigaretten oder 100 Zigarillos oder 50 Zigarren oder 250 g Tabak. 2 Liter Spirituosen unter 22% oder 1 Liter Spirituosen über 22% Vol., 4 Liter Wein und 16 Liter Bier. Größere Bargeldbeträge (über € 7.000.--) sollte man bei der Einreise anmelden (doch wer hat das schon dabei?), ebenso technisch hochwertige Geräte.

Die Autoren - Wir beide, Martina Kaspar (geb. 1968) und Günther Holzmann (geb. 1965) haben 2011, nach vielen Reisen in der ganzen Welt (leider erst seit 2008 gemeinsam) unsere Liebe zum Westbalkan und speziell zu Albanien entdeckt. Die traumhaften Landschaften und die herzliche Bevölkerung sind uns sehr schnell ans Herz gewachsen. Anfang Januar 2012 wurde dieses kleine Land zu unserer Wahlheimat und stellt immer noch unseren Lebensmittelpunkt dar, privat wie beruflich. Seit Mai 2011 haben wir zig-tausende von Kilometern in diesem kleinen Land und auch seinen Nachbarländern zurückgelegt und bereits fast jeden kleinen Winkel bereist und erkundet. Aus den Eindrücken und Erfahrungen auf diesen wunderschönen Fleckchen Erde sind seit 2012/13 diverse Reiseführer entstanden, unter anderem auch dieses Reisehandbuch, inzwischen bereits in der vierten Auflage, es ersetzt den bisherigen 116-seitigen „pocket-guide", dessen Existenz nun der Vergangenheit angehört. Immer mehr Destinationen Albaniens werden erschlossen und mit dieser Entwicklung müssen auch unsere Reiseführer mithalten. Zu unserem Albanien-Angebot gehört des Weiteren ein Wohnmobilführer, ein Campingführer inkl. Stellplätze und ein Offroad-Guide. Bzgl. der Nachbarländer decken wir Montenegro, Kosovo und Mazedonien mit aktuellen Reiseführern ab. Durch unsere ständige Präsenz, Recherche- und Reisetätigkeit in diesen Ländern, auch im Rahmen geführter Touren, können wir natürlich für die jeweils aktuelle Auflage des entsprechenden Reiseführers dessen Aktualität garantieren.

Martina bei der Arbeit

hier hat Günther gearbeitet

Flísni shqip? Ti flet shqip? - Sprechen Sie Albanisch? Sprichst Du Albanisch?
Die albanische Sprache gehört zur indogermanischen Sprachfamile, hat 36 Buch-staben, davon 29 Konsonanten und 7 Vokale, wird phonetisch (gleichlautend) geschrieben und mit einigen ganz wenigen Ausnahmen auch so gesprochen:

ç	wie tsch etwa wie in "tschüss"
ë	wie ein offenes ö - **wird am Wortende oft nicht ausgesprochen**
th	wie im englischen th - this
x	als stimmhaftes c
xh	tsch, ähnlich wie im englischen john
y	wie ü im deutschen - grün
z	stimmhaftes s wie in Tasse
zh	stimmhaftes sch wie in Journal

Die Betonung liegt in der Regel auf der vorletzten Silbe.

Basiswortschatz:

ja - nein - vielleicht	po - jo - ndoshta
danke - bitte	faleminderit - ju lutem
Guten Morgen!	Mirëmëngjes!
Guten Tag!	Mirëdita!
Guten Abend!	Mirëmbrëma!
Hallo!	Ç´kemi - Tung!
Auf Wiedersehen!	Mirupafshim!
Entschuldigung!	Më falni!
Gern geschehen!	S´ka përse!
Ich spreche kein Albanisch!	Unë nuk flas shqip!
Ich verstehe nicht.	Nuk kuptoj.
Was kostet das?	Sa kushton kjo?
Wo ist...	Ku është...?
Bis bald!	Shihemi pastaj!
Hilfe!	Ndihmë!
Ich heiße...	Emri im është...
Ich bin aus...	Unë jam nga....
Wie geht es dir - ihnen?	Si je - Si jeni?
gut - schlecht	mirë - keq
Prost!	Gëzuar!
Kein Problem!	S´ka problem!
Ich möchte zahlen.	Dua të paguaj.
Ich weiß es nicht	Nuk e di.
Es freut mich!	Gëzohem!
Wie bitte?	Udhëroni?
Ich verstehe nicht.	Nuk kuptoi.
Gesundheit!	Shëndet!
Alles Gute!	Gjithë të mirat!
links - rechts	majtas - djathtas
geradeaus	drejt
hier - dort	këtu - atje
drinnen - draußen	brenda - jashtë
Fluß - See	lumi - liqeni
Strand - Wald	plazh - pyll

Unterwegs

Verzeihung, wo befindet sich...?	Më falni, ku ndothet....?
Bahnhof	stacioni i trenit
Flughafen - Hafen	aeroport - port
Bushaltestelle	stacioni i autobus
Wo ist die Straße nach...?	Ku është i rruga per në...
Ist es weit nach...?	A është larg per në...?
Wo ist die Toilette?	Ku është tualet?
Eingang - Ausgang	hyrje - dalje
Wir haben eine Panne.	Ne kemi një avari.
Wo ist die nächste Werkstatt?	Ku është ofiçina e tjetër?
Bitte eine Fahrkarte nach...	Ju lutem unë dua një biletë për..
Überqueren sie die Brücke, Platz...	Kalojnë urën, hapësirë...
Gute Reise!	Udhëtim të mbarë!

Besichtigungen

Wann ist das Museum geöffnet?	Kur është muzeu hapur?
Wann beginnt die Führung?	Kur do të udhëheqjes?
Betreten verboten!	Hyj i ndaluar!
Altstadt	Pjesa e vjetër e qytetit
Kloster - Kirche - Moschee	Manastir - Kisha - Xhamia
Burg - Festung	Kalaja
Stadtplan	Hartë

Zeitangaben

Montag	e hënë
Dienstag	e martë
Mittwoch	e mërkurë
Donnerstag	e enjte
Freitag	e premte
Samstag	e shtunë
Sonntag	e diel
gestern - heute - morgen	dje - sot - nesër
Wie spät ist es?	Sa është ora?
Den Wievielten haben wir heute?	Sa është data sot?

Essen und Trinken

Bitte die Speisekarte.	Menu, ju lutem.
Was wünschen Sie?	Çfarë doni?
Bringen Sie uns bitte...	Na sjellë ...
Was möchten Sie trinken?	Ç´farë ju pëlqen të pini?
Bitte ein Glas - Besteck - Teller	Ju lutem një gotë – takëm - pjatë
Messer - Gabel - Löffel	thikë - pirun - lugë
Vorspeise	meze
Hauptspeise	pjatë kryesore
Nachspeise	buding
Salz - Pfeffer	kripë - piper
kalt - warm	ftohtë - ngrothë
Guten Appetit!	Ju bëftë mirë!
Schmeckt es ihnen?	E bën atë shije të mirë për ta?
Ich möchte bitte zahlen!	Unë dua të paguaj ju lutem!

Einkaufen

Wo finde ich...?	Ku ndothet...?
Apotheke	farmaci
Haben sie... - gibt es...?	Ka...?
Gibt es nicht.	Nuk ka.
Ich möchte....	Unë dua ....
Was kostet das?	Sa kushton kjo?
Preis	çmim
geöffnet - geschlossen	hapur - mbyllur
Was wünschen sie?	Ç´farë doni?
Nehmen sie Kreditkarten?	Ata marrin kartat e kreditit?
Ein Stück hiervon.	Një pjesë e tyre.
Es gefällt mir.	Më pëlqen.

Übernachten

Hotel - Zimmer - Bett	hotel - dhomë - krevat
Ich habe ein Zimmer reserviert.	Unë kam rezervuar një dhomë.
Haben sie noch Zimmer frei?	A keni një dhomë të lire?
Einzelzimmer - Zweibett	dhomë njëshe - dhomë per dy
Was kostet ein Zimmer mit Frühstück?	Sa kushton një dhomë me mëngjes?
Schlüssel	çelësi
Es fehlt... oder Es gibt nicht...	Nuk ka...
Es funktioniert nicht.	Nuk funktionon oder Nuk punon.
Dusche - Toilette - Bad	dush - tualet - banjë
warmes - kaltes Wasser	ujë i ngrohtë - ujë i ftohtë
Bitte machen sie die Rechnung fertig.	Ju lutem bëni faturën gati.
Ich suche nach einem Einzel- oder Doppelzimmer.	Unë kerkoj një dhomë teke ose dyshe.

Praktische Informationen

Ich brauche einen Arzt.	Kam nevojë për një mjek.
Ich bin verletzt.	Unë jam lënduar.
Ich habe Durchfall.	Kam diarre.
Wiederholen sie bitte für mich!	Përsëritur ato për mua!
Wo kann man Geld tauschen?	Ku mund të shkëmbejnë paratë?
Wo ist das Postamt?	Ku është posta?
Briefmarke	pullë
Ç´farë është kjo?	Was ist das?
Ich möchte meine Telefonkarte aufladen	Unë dua për ta plotësuar thirrjen time.

Zahlen

0	zero	11	njëmbëdhjetë
1	një	12	dymbëdhjetë
2	dy	20	njëzet
3	tre	40	dyzet
4	katër	45	dyzet e pesë
5	pesë	51	pesëdhjetë e një
6	gjashtë	100	njëqind
7	shtatë	500	pesëqind
8	tetë	1.000	njëmijë
9	nëntë	1/4	një çerekë
10	dhjetë	1/2	gjysmë

Ein Lächeln überbrückt sämtliche Sprachbarrieren und alle Albaner freuen sich wirklich sehr über die allerkleinsten Kommunikationsversuche in ihrer Sprache!

Mit diesem Bild möchten wir Euch zeigen, dass man es einfach nur tun muss - reden, reden, reden...

Der Albaner spricht das "Y" wie der Deutsche das "Ü" - deshalb heißt das Menü auch "Meny" - der, der es weiß, versteht es.

Und für Rotwein schreibt der Verfasser englisch "Red Wayn" - der, der es weiß, versteht es.

Und für Weißwein schreibt er englisch "Wait Wayn" - auch ganz logisch, oder? Wie man es spricht!

Hier sieht man: Da hat sich jemand getraut - und? Seine Mitteilung wird trotz Fehlern verstanden.

Macht es wie der Verfasser des Schildes, traut Euch, ihr werdet sehen, man versteht Euch auch!

Wenn Ihr dieses Schild am Osum-Canyon, genauer am Pass von Sevran seht, kehrt ein - Ihr werdet dort herzlich empfangen und fürstlich bewirtet!

Die albanische Sprache - Ursprung, Entwicklung, Dialekte - Die albanische Sprache wird im Südwesten der Balkanhalbinsel, vor allem in Albanien und in den angrenzenden Ländern von mehr als sechs Millionen Menschen gesprochen. Das Albanische ist eine indogermanische Sprache und daher mit den meisten Sprachen Europas verwandt. Dennoch handelt sich aber um einen Sprachzweig für sich. Besonders die römische Kolonisierung Albaniens hat starke Spuren hinterlassen. Entlehnungen aus dem Latein über Jahrhunderte hindurch waren dermaßen massiv, dass sie selbst in die Struktur der Sprache eingriffen. Nicht nur im Wortschatz sondern auch in der Form und der Zusammenstellung weist das Albanische viele Gemeinsamkeiten mit anderen Balkansprachen auf, sowohl aufgrund der Auswirkung ausgestorbener Sprachen (Illyrisch, Thrakisch, Dakisch, usw.) wie auch durch Jahrhunderte der Parallelentwicklung. Ob das Albanische der unmittelbare Nachfolger des Altillyrischen ist, wie heutzutage weit angenommen wird, lässt sich aufgrund der Seltenheit illyrischer Sprachdenkmäler schwer nachweisen. Die albanische Sprache lässt sich in zwei Hauptdialektgruppen gliedern: das Gegische im Norden und das Toskische im Süden. Die ungefähre Grenze bildet der mittelalbanische Fluss Shkumbin, der durch Elbasan in die Adria fließt. Hier befindet sich eine ca. zehn bis zwanzig kilometerbreite Übergangszone. Das Gegische zeichnet sich durch das Vorhandensein von Nasalvokalen aus. Es lässt sich weiter in eine nordwestliche (Shkodra und Umgebung), eine nordöstliche (Nordostalbanien und Kosova), eine zentrale (Gebiet zwischen den Flüssen Ishëm und Mat und östlich nach Mazedonien, einschließlich Dibra und Tetova) und eine südliche (Durrës, Tirana) Form gliedern. Das Toskische ist allgemein homogener, kann allerdings in eine nördliche (von Fier bis Vlora an der Küste sowie ganz Südalbanien nördlich der Vjosa), eine labische (südlich der Vjosa bis Saranda) und eine tschamische (Südspitze von Albanien bis in das nordwestliche Griechenland hinein) Form aufgeteilt werden. Die derzeitige Literatursprache (gjuha letrare), die während des Orthographie-Kongresses von Tirana am 20-25. November 1972 ins Leben gerufen wurde, umfasst beide Dialekte, allerdings zu ca. 80% das Toskische. Sie wird nun weitgehend als Standardsprache in Albanien, Kosova und sonst wo angenommen, obgleich sich in den letzten Jahren zunehmend Bestrebungen feststellen lassen, das Gegische als Literatursprache wiederzubeleben. Soviel zur Theorie - in der Praxis ist es auf jeden Fall eine schwer zu erlernende Sprache!

Bildungsmuseum in Korça

Quelle: Robert Elsie "Die albanische Sprache"

Dieses Albanien-Reisehandbuch richtet sich in erster Linie an all jene, welche zum ersten Mal das Land bereisen, auf individuelle Art, per PKW (Mietwagen), mit dem Wohnmobil oder mit öffentlichen Verkehrsmitteln. Idealerweise sollte man zwischen 2-4 Wochen Zeit mitbringen, um sich einen Überblick über das Land verschaffen zu können. Die Beschreibung der eindrucksvollsten und interessantesten Ziele steht hierbei im Vordergrund. Eine logische Gliederung erfolgt vom Norden über die Landesmitte und die Küste in den Süden, den Abschluss bildet der entlegene Osten.

Wer mit öffentlichen Verkehrsmittel unterwegs ist, trifft in Albanien auf unkomplizierte Gepflogenheiten und reist ausgesprochen günstig, stets kann man mit Hilfe rechnen.

Auf vielfachen Wunsch haben wir in dieser Auflage erstmals eine Auswahl an speziellen und empfehlenswerten Unterkünften und Restaurants mit aufgenommen. Eine Reservierung ist allerhöchstens in den Hochsommermonaten nötig und kann dann bequem über diverse Buchungsportale vorgenommen werden. Bei etlichen Orten wird auf Campingplätze verwiesen. Für Camper empfehlen wir an dieser Stelle jedoch unseren ausführlichen Albanien-Campingführer.

Im ersten und letzten Teil des Reiseführers finden sich allgemeine Angaben zu Land und Leuten, eine Übersicht und Beschreibung der Highlights und Top-Tipps, eine Geschichtstabelle, Wissenswertes zum Thema Einkauf, Festlichkeiten und Küche, Reisetipps von A-Z, ein Sprachführer und Hinweise auf weitere Publikationen unseres Verlages. Im Reiseteil erfolgt zu jedem Landesteil eine allgemeine Einleitung, in Folge werden die Sehenswürdigkeiten und Örtlichkeiten ausführlich beschrieben, abgerundet mit Anreisemöglichkeit, Öffnungszeiten und Eintritt. Sämtliche Kapitel wurden mit sogenannten Essays informativ aufgelockert. Den wichtigsten Städten wurde eine Karte zugeordnet, basierend auf OSM. Zu jeder Destination verweisen wir auf das Planquadrat der Straßenkarte von freytag & berndt im Maßstab 1:150 000, die wir als Reisebegleiter als unentbehrlich empfehlen. Anmerkung: Viele als Hauptverbindung angegebene Routen entpuppen sich vor Ort als unwegsame Verbindungen, kleine, weiße Straßen hingegen sind oftmals bereits asphaltiert und gut ausgebaut.

Eine Reise durch Albanien erfordert viel Zeit und Geduld. Man kommt nur langsam voran und es sollte respektiert werden, dass der Tourismus hier noch in den Kinderschuhen steckt und die Infrastruktur noch nicht so weit wie anderswo gewohnt vorangeschritten ist. Reisende, die erwarten, dass hier alles bereits so gut durchstrukturiert ist wie in anderen Teilen Europas, sollten ihre Urlaubspläne für Albanien evtl. nochmals überdenken und um einige Jahre verschieben. Auch setzen wir bei unseren Lesern, die sich an das Abenteuer Albanien wagen, eine gewisse organisatorische Selbständigkeit voraus.

Albanien entwickelt sich rasant schnell in alle Richtungen, so können die Örtlichkeiten (besonders an den Küstenabschnitten) sowie die Anfahrtswege innerhalb kürzester Zeit etwas anders aussehen als beschrieben. Auch bei Informationen aus dem Internet ist das Datum von Wichtigkeit, um aus dem Wert der Information Nutzen ziehen zu können. Dies bitten wir zu berücksichtigen, ebenso die Angaben zu Preisen und Öffnungszeiten, auch diese können sich schnell ändern. Gerade im letzten Jahr mussten wir leider in bestimmten (touristischen) Bereichen enorme Preisanstiege (z.B. Fähre in Butrint, Parkplatzgebühren, Eintritte) feststellen.

Unser Reiseführer lebt nicht nur von den laufenden Änderungen, welche wir durch unsere Reisen im Land in regelmäßigen Abständen in aktuelle Ausgaben einbringen, sondern auch von den Erfahrungen unserer Leser. Daher unsere Bitte: Schreibt uns, was sich geändert hat und auch was man besser machen kann: info@hobo-team.de.

Auf unserer Homepage werden wir dieses Handbuch auch nach Druck im Februar 2018 aktuell halten. Wichtige, zusätzliche Informationen und Nachträge unter: www.hobo-team.de/hobo-team-de/neue-meldungen-tipps.